向阳而教

高中文史学科契合教学实践研究

邓昌柯 罗华勇 谢基祥 著

西南大学出版社
国家一级出版社 全国百佳图书出版单位

图书在版编目(CIP)数据

向阳而教:高中文史学科契合教学实践研究/邓昌柯,罗华勇,谢基祥著. -- 重庆:西南大学出版社,2025.6. -- ISBN 978-7-5697-2668-8

Ⅰ.G633

中国国家版本馆CIP数据核字第2024SU9498号

向阳而教——高中文史学科契合教学实践研究
XIANGYANG ER JIAO——GAOZHONG WENSHI XUEKE QIHE JIAOXUE SHIJIAN YANJIU

邓昌柯　罗华勇　谢基祥　著

责任编辑:文佳馨
责任校对:李　君
封面设计:小树成荫
版式设计:散点设计
排　　版:瞿　勤
出版发行:西南大学出版社(原西南师范大学出版社)
　　　　　地址:重庆市北碚区天生路2号
　　　　　邮编:400715
　　　　　市场营销部电话:023-68868624
印　　刷:重庆亘鑫印务有限公司
成品尺寸:170 mm×240 mm
印　　张:13
字　　数:230千字
版　　次:2025年6月　第1版
印　　次:2025年6月　第1次印刷
书　　号:ISBN 978-7-5697-2668-8
定　　价:58.00元

前言

根据普通高中课程方案和语文等学科课程标准,高中课程应强调发展中国特色社会主义文化,在语文、历史等学科中,应要求学生树立正确的历史观、国家观、民族观、文化观,理解中国特色社会主义文化,能够在跨文化交流中讲好中国故事、坚守中国文化立场。作为教师,我们应结合学科特点,落实立德树人根本任务,发展学生素质教育,我们的教学应充分反映习近平新时代中国特色社会主义思想,全面融入社会主义核心价值观,全面落实中央有关教育要求,引导学生形成正确的世界观、人生观、价值观。

向阳而教强调在传承中华优秀传统文化的基础之上,基于思想政治教育、道德教育和心理健康教育,追求教学的有效性,从内涵上、理论上、目标上下功夫,其培养宗旨是站在圣人的肩膀上,踏着圣人的足迹,遵循天理,顺应自然,行大道,以立德树人为目标。向阳而教通过在语文和历史课堂教学中渗透阳明文化的策略,引导学生不断增进中国文化自信、理论自信,增强对中国特色社会主义的政治认同、思想认同、理论认同、情感认同,增强做中国人的志气、骨气和底气。

一、历史背景

五百多年前,明代著名的教育家、哲学家、军事家王阳明先生在贵州修文龙场悟道,开创了伟大的阳明心学,将"立志、勤学、改过、责善"作为教育学生的四大规程。五百多年后,贵州修文作为王学圣地,依然延续着这一条珍贵的文化血脉,国家在修文龙场这个阳明先生修行悟道的地方打造中国阳明文化园,作为贵阳市青少年学生弘扬中国传统文化的摇篮,让青少年学生认真探寻阳明文化的精髓。

多年来,贵阳贵安依托阳明文化精神,不断创新深挖阳明文化内涵,并多次举办阳明文化论坛等一系列重大活动,助推地方文化旅游与经济发展。2006年电视剧《王阳明》主创人员和剧组人员来到修文县展开考察,并与修文县党政领导座谈。领导告诉剧组:"修文县用发展先进文化理念打好阳明文化牌,努力促进阳明优秀文化向学校推进,推动经济优质转变。"2016年,修文县委、县政府启动阳明文化"九进"工程(进机关、进社区、进农村、进学校、进企业、进景区、进部队、进家庭、进商铺)实施方案。修文县教育局也下发通知,要求各中小学积极申报县级课题研究,开展王阳明教育思想研究,同时,以阳明文化为核心,积极开发校本课程,使阳明文化深入课堂教学。

如今的贵州修文,作为阳明文化圣地,承载着全面弘扬四大文化(红色文化、阳明文化、民族文化和历史文化)之一的重任,有效融合中华优秀传统文化,不断提升"爽爽贵阳"城市品牌形象,让贵州人的文化自觉、文化担当、文化自信等得到前所未有的提升。

二、核心内涵

所谓"向阳而教",即是依据明代哲学家、思想家、政治家、教育家、军事家王阳明先生的心学核心理念,即"心即理""知行合一""致良知",结合《贵州省普通高中新课程实施方案(试行)》,"坚持立德树人,树立科学的课堂教学质量观,深化课堂教学改革。积极转变教与学的方式,探索运用基于情境、问题导向的互动式、启发式、探究式、体验式等教学方式。注重加强课题研究、项目设计、研究性学习等跨学科综合性教学,推进信息技术与教育教学的深度融合,提高课堂教学效率",以王阳明《传习录》中的"种树者必培其根,种德者必养其心"为指导思想,将阳明文化精髓有效地渗透到高中语文和历史教学当中,培养学生成为有爱心、有教养、有担当、知行合一的时代新人。其中,向阳而教主要遵循"生活性、趣味性、灵活性、开放性、实践性"五大原则,课堂必须立足于"修心养性、树立品行、涵养德性、家校合作"四大特色。

三、阳明渊源

1506年,十五岁的明武宗即位,王阳明因仗义上疏营救言官得罪宦官刘瑾,被廷杖四十,谪贬至龙场驿(现贵州省修文县)当驿丞。

1507年,王阳明沿途经江苏到浙江杭州,再从杭州经江西、湖南,进入贵州。

1508年,王阳明历尽千辛万苦终于抵达贵州龙场。当时的龙场可以称得上荒郊野外。阳明初至龙场,驿站已名存实亡,他先是搭草庵暂居,后来住在一个湿冷阴暗的地下洞穴(王阳明命名为玩易窝)中,缺衣少食,处于生死边缘,但刘瑾和地方官吏仍然想加害于他。面对残酷的现实,身心遭受重创的王阳明没有抱怨和消沉,始终不忘"成圣成贤"的志向。他认为得失荣辱皆能超脱,惟生死一念尚觉未化,于是在玩易窝中研读《易经》和程朱理学,作《初至龙场无所止结草庵居之》和《玩易窝记》。这年秋天,王阳明在当地老百姓的帮助之下,将住处搬至龙冈山"东洞",称其为"阳明小洞天",在洞内,他开始聚徒讲学,大兴自由讲学之风,后创建龙冈书院(现修文县第一中学),向纷至沓来的各地学生传道讲学,并写下千古名篇《教条示龙场诸生》。其中的"立志、勤学、改过、责善"是中国教育史上关于如何进行自我修养与成才的重要路径,也是系统完整的首创路径。在此期间,王阳明在贵阳书院、修文龙冈书院等地,为贵州培养了大批优秀人才。据史料记载,有:汤伯元考中进士,官至南京户部员外郎,曾任潮州知府;詹良臣考中进士,曾任大理评事、大理寺副卿等职;蒋信考中进士,曾任兵部员外郎、四川水利佥事、贵州提学副使;等等。

王阳明在龙场写下《五经臆说》《瘗旅文》《象祠记》,提出"贵于改过""天下无不可化之人"等论断,至此,中华儒、佛、道发展的高峰——阳明心学从此发源,并以其强大的生命力闪耀着真理的光辉,从龙场走向贵州,走向全国,走向世界,大行其道,立德、立功、立言,彪炳青史,至今已有500多年。

习近平总书记指出,加强文化遗产保护传承,弘扬中华优秀传统文化。文化传承要求延续城市历史文脉,保留中华文化基因,保护好前人留下的文化遗产,包括文物古迹,历史文化名城、名镇、名村,历史街区、建筑、工业遗产等。

为了弘扬阳明文化,传承王阳明的讲学之风,贵阳市委、市政府做了大量的工作。其中,修文县委、县政府将龙冈书院旧址(经过几轮修建与改造),确立为修文县第一中学校址。至此,修文县作为阳明圣地,每两年举办一次"国际阳明文化节",参加论坛的学者主要来自中国、日本、韩国、新加坡等10多个国家。

向阳而教的策略主要是在学校教育的基础之上,以《贵州省公共文化服务保障条例》为依据,结合《贵州省普通高中新课程实施方案(试行)》,以及阳明文化精髓,在语文与历史教学活动中渗透阳明文化。向阳而教以"培其根,种其德,养其心"为宗旨,落实"四在"育人目标(修心、立德、修身、修行)和"四在"教育策略(立志、勤学、改过、责善),采取具有科学性、多元性、灵活性、系统性与趣味性的形式,以促进学生认知能力、行为能力的发展,唤醒学生的担当意识,让学生不断超越小我,走向大我,牢固树立担当国家使命和社会责任的意识,逐步培养学生成为有爱心、有教养、有良知、有担当的时代新人。

四、内容概述

第一章简要地诠释了向阳而教的概念、教学内容、目标、理念、原则、途径、策略等,旨在让师生明白向阳而教的内涵与外延,历史背景,教学的基础策略,懂得向阳而教教学的最终目标是"培根,润心",培养学生成为有爱心、有教养、有良知、有担当的时代新人。

第二章主要探讨了向阳而教的途径,强调通过"五在"途径(途径一,王阳明逸事渗透;途径二,王阳明警句渗透;途径三,向阳而教渗透;途径四,阅读阳明经典渗透;途径五,社会实践活动渗透),激发学生学习王阳明的兴趣,让学生真正了解王阳明立志要做圣人的心理发展过程,理解王阳明传奇的一生。

第三章系统地总结了向阳而教的方法,重点是利用高中语文和历史教材内容,严格按照"三真六环"的方法有效渗透阳明文化。"三真六环"中,"三真"是指"真发现,真探究、真解决","六环"

是指"预设与生成""课前与课堂""归类与整合""学生与教师""提炼与检测""目标与达成"。每一个环节都以问题为导向,逐步按照教学目标与内容的顺序推进,一是起到检验课堂教学效果的作用;二是检验教学内容的安排与教学设计是否妥当,是否符合学生的年龄特点,以便教师根据反馈进行有效的修改和完善;三是检验渗透过程中学生的接受情况,为后面采取的各种渗透策略打好基础。

第四章探讨了向阳而教的策略,主要包括阅读阳明历史故事、探究阳明文化遗迹、探究阳明书院遗迹、探究阳明教育思想、创新作文教学模式、体验古代诗文韵味、品析现代诗文韵味等。向阳而教主张以高中语文和历史教材为基础,依托中国阳明文化园、玩易窝、阳明洞、修文龙冈书院、贵阳文明书院、思南为仁书院等相关文化遗迹,结合王阳明的历史故事及名言警句等,进行拓展讲解,并组织学生学习与讨论,从而渗透阳明文化精髓,丰富学生的语文和历史课堂教学内容,激发学生的兴趣,增进学生对阳明文化的了解,为学校立德树人打好基础,并为"培其根、种其德、养其心"做好铺垫。

这是课堂教学渗透阳明文化的真实呈现,内容丰富,教学形式多样,手法灵活多样;课堂有交流、有分享、有研讨,师生之间、生生之间互动较多,畅谈与争论较多。这就是向阳而教教学中渗透阳明文化的策略,让阳明文化在课堂上绽放出应有的光芒。

总之,正如王阳明先生在奔赴江西、广东平叛途中致信弟子杨仕德、薛侃时所说:"破山中贼易,破心中贼难。"作为当代教师,我们应该克服心中的"贼",不抱怨,要励精图治,居安思危,认真研究教材、研究课堂,努力用自己的知识结构武装自己,服务于学校,服务于学生。当代中学生,应克服来自外界之"贼",不能因天气寒冷、家庭贫困、学习条件差等而放弃学习的机会,要将存在于心中的"贼"除掉,用智慧战胜自己心中的"贼"。

本课题研究都是从实践中获取真知。从实践中获得的真知,能达到"教"与"学"的统一,具有可操作性与实用性;能够促进学生的认知能力、行为能力的发展,唤醒其担当意识,让学生不断超越小我,走向大我,牢固树立担当国家使命和社会责任的意识,具有较高的理论价值。

本书适合初高中语文和历史教师阅读,因为向阳而教有许多创新的教学策略与方法、课堂渗透阳明文化的途径,值得教师借鉴;适合初高中学生阅读,可让学生真正了解王阳明,理解王阳明先生在贵州境内悟道的具体情况,同时了解王阳明先生的核心理念"心即理""知行合一""致良知",懂得"圣人之道,吾性自足"的自我修炼策略等。对引导学生勤于学习,树立正确的世界观、人生观和价值观具有一定的意义。

罗华勇
2024年4月

目录

第一章　向阳而教概述

一、向阳而教的背景 ··003

二、向阳而教的概念 ··005

三、向阳而教的目标 ··008

四、向阳而教的理念 ··010

五、向阳而教的原则 ··011

六、向阳而教的路径 ··012

七、向阳而教的建议 ··013

八、向阳而教的宗旨 ··017

九、向阳而教的评价 ··019

十、向阳而教的思路 ··024

十一、向阳而教的检查 ···025

第二章　向阳而教教学途径

一、课堂教学——激发兴趣 ······································029

二、思想教育——树立品德 ······································031

001

三、课内活动——拓展研究……………………………………033
四、群体活动——传承美德……………………………………036
五、综合实践——丰富知识……………………………………038

第三章　向阳而教教学方法

一、情境教学……………………………………………………043
二、探索教学……………………………………………………050
三、讨论教学……………………………………………………055

第四章　向阳而教基本策略

一、阅读阳明历史故事…………………………………………063
二、探究阳明文化遗迹…………………………………………070
三、探究阳明书院遗迹…………………………………………076
四、探究阳明教育思想…………………………………………080
五、创新作文教学模式…………………………………………119
六、体验古代诗文韵味…………………………………………139
七、品析现代诗文韵味…………………………………………154
八、感受课本剧的魅力…………………………………………184

参考文献……………………………………………………………195

第一章

向阳而教概述

《普通高中语文课程标准(2017年版2020年修订)》强调,语文教育是提高审美素养的重要途径,要让学生在语言文字运用的学习中受到美的熏陶,培养自觉的审美意识和高尚的审美情趣,培养审美感知和创造表现的能力;语文课程应该引导学生自觉继承中华优秀传统文化和革命文化。《普通高中历史课程标准(2017年版2020年修订)》强调,要发挥历史课程立德树人的教育功能,使学生能够从历史的角度关心国家的命运,关注世界的发展,成为德智体美劳全面发展的社会主义建设者和接班人。在工具与能力方面,高中语文教育的目标是使学生完成知识积累,践行语文核心素养,利用良好的方法,提升自身语文素养,懂得语言灵活运用与表达;在思想方面,高中语文教育的目标是通过教材内容对学生进行情感与价值观的教育,使学生树立正确的世界观、价值观和人生观。历史学科核心素养是学生在学习历史的过程中逐步形成的具有历史学科特征的思维品质和关键才能,是历史学识、才能和方法、情感态度和价值观等方面的综合表现,包括唯物史观、时空观念、史料实证、历史解释、家国情怀等。高中历史教育的目标是坚持落实立德树人根本任务,使学生通过历史课程的学习,掌握必备的历史知识,形成历史学科核心素养,得到全面发展、个性发展和持续发展。

　　向阳而教属于情感教育范畴,结合语文与历史教育目标,主张通过思想政治教育、道德品质教育和心理健康教育,将学生培育为有爱心、有教养、有担当、有良知的社会公民。所以,向阳而教教育学生要有良知,以"良知"塑造灵魂,浸润心灵,遵循社会发展规律和自然规律,不违背天理与事物发展本真。按照通俗的话来说,就是懂得哪些事情该做,哪些事情不该做。

一、向阳而教的背景

　　2017年9月,中共中央办公厅、国务院办公厅印发《关于深化教育体制机制改革的意见》(以下简称《意见》)指出:"要健全立德树人系统化落实机制。强调要构建以社会主义核心价值观为引领的大中小幼一体化德育体系。针对不同年龄段学生,科学定位德育目标,合理设计德育内容、途径、方法,使德育层层深入、有机衔接,推进社会主义核心价值观内化于心、外化于行。深入开展理想信念教育,引导学生坚定拥护中国共产党领导,树立中国特色社会主义共同理想,增强中国特色社会主义道路自信、理论自信、制度自信、文化自信。深入开展以爱国主义为核心的民族精神和以改革创新为核心的时代精神教育、道德教育、社会责任教育、法治教育,加强中华优秀传统文化和革命文化、社会主义先进文化教育。"

为了贯彻落实《意见》精神,实现中华优秀传统文化创新性转换与创新性发展,贵州省结合贵阳市东山阳明祠和修文县中国阳明文化园等阳明文化历史遗迹资源,使阳明文化有效渗透语文与历史课堂教育,不仅对传承中华优秀传统文化具有积极的现实意义,还有助于将王阳明教育思想精髓传递给青年一代,有效地促进贵阳市中学生思想品质的提升。

在教育方面,王阳明在修文悟道期间广收门徒,他在《教条示龙场诸生》中提到的"立志、勤学、改过、责善"教学法值得今天的所有中小学借鉴。首先,要"立志",并且要立大志,在王阳明看来,"志不立,天下无可成之事"。其次,要"勤学"。王阳明认为学贵在勤,我们要善于独立思考,反对人云亦云,不要迷信权威和偶像,圣人的话不一定句句是真理,常人的话不一定没有道理,只有经过自己的独立思考,才能得到真理。他说:"良知良能,愚夫愚妇与圣人同。"又说:"故虽凡人,而肯为学,使此心纯乎天理,则亦可为圣人。"圣人并不是高不可攀的神,凡人经过良好的教育,都有成为圣人的可能。因此,学生不仅要学习前人的良知、良能,还要在前人的基础上超过前人,要有自己的创新。再次,要"改过",学生要善于反思自己的过失,改正自己的错误,才能提升自己的综合素质。最后,要"责善",就是要求人们做事要有善心,但是必须注意方式与方法,出自真心与诚心。王阳明的这一套教学方法对当地中小学教学来说,具有积极的现实意义。

阳明文化影响深远,近年来,特别是在贵州、浙江、江西、广西、北京等地,相关的研究活动变得更加多样,讲座内容多彩,研究文献丰富。如浙江杭州举办了阳明学与浙江文化学术论坛,江西赣州举办了阳明文化国际论坛,贵州也相继举办了多届国际阳明文化节,以及阳明教育联盟第二届国内论坛、阳明文化讲座等。全国各地阳明文化研究学者、专家也在各自的领域开展阳明文化讲座等活动,不仅传播了阳明文化,还探讨了其应用与实践,可谓异彩纷呈。

我们通过与校领导沟通、与教师座谈、与学生访谈、与家长交流等方式逐步开展调查研究,最后发现学校在落实立德树人根本任务方面存在一些问题:一是德育工作方式不够灵活;二是阳明文化进校园内容不够丰富,形式单一,措施不到位;三是阳明文化学科渗透教学薄弱;四是阳明文化进课堂形式化和碎片化比较严重;五是学生品德行为较差,思想涣散,自律性较差;六是学生没有较高的理想与追求,从而导致学生心理抗压、受挫能力较差,缺乏担当等问题。

  针对以上问题,2016年5月,我们以"阳明文化"为依托,开展向阳而教教学实践研究,以王阳明心学的核心理念"心即理""致良知"和"知行合一"为宗旨,告诉学生要做良知之人,做良知之事,保持清醒的头脑,言行一致,表里如一,才能够达到知与行的统一。世间万物都有自己存在的法则与规律,这就是"理"。面对纷繁复杂的世界,我们应合理运用主观意识、客观意识去进行认识与判断,除去心中的恶欲,去探寻事物发展的规律。如果在语文和历史教学中渗透这样的法则,对帮助学生树立正确人生观与世界观具有积极的意义。"致良知"和"知行合一",通俗点讲就是,人行动的内驱动力是致良知的表现形式,一个人有什么样的道德标准和意识,常常就会采取什么的表现形式。在王阳明看来,良知人人具有,个个自足,是一种不假外力的内在力量。所以,在语文和历史课堂教学中渗透这样的思想理念,对规范学生道德水平与行为习惯同样具有重要意义。

  开展阳明文化渗透学科教学实践研究,旨在促进全校教师积极学习阳明教育思想,将阳明教育思想通过研究的方式渗透到中学语文和历史教学中:一是让全校师生了解中华优秀传统文化精髓,了解阳明文化;二是应用阳明教育思想指导教师课堂教学、学校管理,促进学校育人品质和办学水平的全面提高。王阳明在贵阳修文龙场悟道三年,以从事教育为主,以心学哲学思想指导当地老百姓,针对社会时弊,提出了许多独特的教育理论和教学方法,他在平时的教学中积累了丰富经验,为当地教育事业的发展做出了杰出的贡献。他的教育思想及方法是中国历史上的宝贵财富,给我们中小学校的教育教学工作带来了许多启示,对中小学生树立优良品质、提升核心素养具有重要的作用,对继承和发扬中华优秀传统文化有积极的现实意义。

二、向阳而教的概念

  何谓向阳而教?向阳而教就是指依据明代哲学家、思想家、政治家、教育家、军事家王阳明心学的核心理念("心即理""知行合一""致良知"),结合《贵州省普通高中新课程实施方案(试行)》,"坚持立德树人,树立科学的课堂教学质量观,深化课堂教学改革。积极转变教与学的方式,探索运用基于情境、问题导向的互动式、启发式、探究式、体验式等教学方式。注重加强课题研究、项目设计、研究性学习等跨学科综合性教学,推进信息技术与教育教学的深度融合,提高课堂教学效率",以"种树者必培其根,种德者必养其心"(王阳明《传习录》)为指导思想,将阳明文化精髓有效地渗透到高中语文和历史教学当中,将学生培养成为有爱心、有教养、有担当、知行合一的时代新人。向阳而教主要遵循"生活性、趣味性、灵活性、开放性、实践性"五大原则,强调课堂必须立足于"修心养性、树立品行、涵养德性、家校合作"四大特色,进行遵循本性、顺应天性的情感教育,结合古典诗词、优美散文、历史故事、英雄人物传记等进行教学,利用王阳明的经典文章与富有哲理的警句进行有效渗透,以加强政治思想教育、道德品质和心理健康教育,让学生在潜移默化中学会做人、学会学习、学会审美、学会勤勉等,从而落实立德树人根本任务。

为了更好地渗透阳明文化精髓,向阳而教立足四大特色和社会实践,主张在阳明文化与课堂教学间建立合理联系,方式如下。

(一)修心养性

一是学习中国共产党党史,习近平新时代中国特色社会主义思想,习近平总书记关于教育、阳明心学的论述,党的教育方针政策。使学生牢记"四个意识",坚定"四个自信"、做到"两个维护"。二是开展"每周日阅读中华经典"活动,指导学生课下阅读语文经典与历史故事,方式包括略读、跳读、批读、混合读等;课堂上听导读和研读(精读、比较)等。这样做的目的是丰富学生的阅读内容,提升学生阅读能力和综合素养,破除学生心中的"贼",让学生内心不浮躁,清除杂念,不攀比,不焦虑,追求心灵的纯净和升华,保持平和、宽容、包容的心态。

(二)树立品行

一是庄严课堂,课前学生说:"起立！老师好!"行不低于45°鞠躬礼,教师环视(关注)全班每一个学生后回答:"同学们好!"回欠身礼。二是课堂中"三正三看"(三看:学生看书本、看黑板、看教师;三正:头要正,身体要正,脚要正)以达到"正己、正心、正行"。三是下课后学生说:"起立！老师再见!"行不低于45°鞠躬礼,然后教师行欠身礼:"同学们再见!"四是师生见面问候全部使用普通话。五是升旗、集会时,将"快、静、齐"做到位,师生养成良好的习惯。六是课前宣誓,填写立志卡,每天将反思小结填写到良知日志中。七是每天晚自习时开课间良知小班会,旨在培养学生的交流反思意识。八是星期日围绕"自律自强,向上向善"主题组织考德大班会。

(三)涵养德性

一是课桌摆放整齐,桌面不乱放与学习无关的东西,课前准备好该节课所需物品;二是课前宣誓,树立课前信心与形象,端正自己的坐姿;三是认真听课,遇到不懂的问题多与老师或同学进行沟通;四是文明有礼,与老师交流注重自己的言辞用语,双眼看着老师平等对话,做到有礼有节,落落大方;五是开展批评与自我批评,坚持做到三省吾身,排除外界事物的干扰,付出最大的努力建立美好品行,做到诚实守信,行善积德,做一个品行与操行合一的学生。

(四)家校合作

一是多与家长沟通合作,多开展家长解读经典故事和读书分享活动;二是建立幸福阳光之家,创新宿舍文化与学校历史文化;三是开展家训家风分享活动,传承好家训,弘扬好家风;四是定期开展家长会,每学期对学生进行不少于1次的家访活动;五是建立家长委员会,协助学校对班级、食堂、宿舍进行管理,定期开展意见收集与满意测评等活动;六是建立家校QQ群和微信群。

向阳而教的目标不仅仅是知识的积累和语言能力的培养,更重要的是情感与价值观(思想)教育。以"立德树人"为根本任务,以"培其根、种其德、养其心,培养乐善好施的社会公民"为教学理念,以"唤醒、激发和创新"为宗旨,以欣赏教材中的经典文章为方式,采取四大育人策略(立志、勤学、改过、责善),践行向阳而教,将阳明文化精髓渗透到语文和历史课堂教学中,有利于深化学生的爱国主义、集体主义、社会主义情感,使学生坚定理想信念,自觉成为对国家、民族和人民有用的社会公民。方式是利用语文和历史教材内容让学生去品读、去历练、去修心,从而成为有爱心、有教养、有担当、知行合一的时代新人。

三、向阳而教的目标

（一）总体目标

向阳而教的总体目标是培养有爱心、有教养、有担当、知行合一的时代新人。

向阳而教注重学生道德修养建设，始终坚持把立德树人作为根本任务，培养具有理想信念和社会责任感、科学文化素养和终身学习能力，以及自主发展能力和沟通合作能力的社会主义建设者和接班人。通过向阳而教，将阳明文化植根于学生内心，教导学生为别人着想，唤醒他们对生命的担当意识，使他们成为知行合一的时代新人。

（二）分段目标

向阳而教的目的是根据王阳明《教条示龙场诸生》中的四项教育方针进行有目的、有方向、有程序的教化，帮助学生立志、勤学、改过和责善。方式是结合语文和历史教材的要求，遵循四项教育方针，即目标立志、勤学奋进、纠过反思、责善合作，使用灵活多样的教学手段，培养有爱心、有教养、有良知担当的知行合一的时代新人。

（三）分类目标

1. 立志目标

培养学生远大的志向，让学生树立目标，明确方向，有责任心与事业心。

高一年级：通过高中语文、历史学科必修教学课程内容，结合王阳明的《教条示龙场诸生》，让学生形成正确的世界观、人生观和价值观，树立为国家富强、民族振兴、人民幸福做贡献的远大志向。培养有良知担当、有理想信念、有社会责任感的时代新人。

高二年级：通过高中语文、历史学科选择性必修教学课程内容，结合王阳明的《教条示龙场诸生》，渗透阳明文化精髓，引导学生古为今用，庄严立志，明确自己的志向，树立正确的世界观、人生观和价值观。

高三年级：通过课外选修经典与古典诗文，以及历史经典故事，结合王阳明的《教条示龙场诸生》，在复习教学中渗透阳明文化精髓，利用王阳明的经典文章、名言警句、历史故事引导学生树立长期目标,弘扬中华优秀传统文化,培养具有理想信念、社会责任感的社会主义接班人。

2.勤学目标

让学生勤于学习,敏于求知,掌握适应时代发展需要的基础知识和基本技能,自主学习,独立思考,成为具有强烈好奇心、进取心的时代新人。

高一年级:通过高中语文、历史学科必修教学课程内容,结合王阳明的《教条示龙场诸生》和其他经典文章,让学生学会勤奋学习,孝敬父母,尊敬师长,团结同学,不忘志,不抱怨,不懈怠,养成自主学习和独立思考的习惯。

高二年级:通过高中语文、历史学科选择性必修教学课程内容,结合王阳明的《教条示龙场诸生》,鼓励学生不断思考,努力培养"勤"的学习习惯,懂得勤奋谦让,明白成功的秘密在于长期坚持"勤"的道理。

高三年级:通过课外选修经典与古典诗文,以及历史经典故事,结合王阳明的《教条示龙场诸生》,在复习教学中渗透阳明文化精髓,利用王阳明的经典文章、名言警句、历史故事,让学生在实践中养成勤奋学习的良好习惯,自我研修,懂得"学以成人,学以明道",以实现自己的志向。

3.改过目标

让学生学会纠正过失,改正错误,自我管理。能调整心态,主动应对出现的问题,对自己的思考过程、所学知识进行反思,修身修心,在起心动念处即觉察反省,为善去恶。

高一年级:通过高中语文、历史学科必修教学课程内容,结合王阳明的《教条示龙场诸生》和其他经典文章,培养学生善于对课堂教学存在的问题进行反思,善于分析改正自己的不足,吸取教训,自我调整,主动应对,引导学生走向正确的发展道路。

高二年级:通过高中语文、历史学科选择性必修教学课程内容,结合王阳明的《教条示龙场诸生》和其他经典文章,鼓励学生不断思考,在心上即知即改。在学习方面,让学生用学情周结簿、错题本等进行反复总结,以明得失;在课程中,鼓励学生将自己的学情周结簿汇总,在发现问题的基础上,尝试改变,对自己的品德养成进行思考,对所学知识进行反思。

高三年级:通过课外选修经典与古典诗文,以及历史经典故事,结合王阳明的《教条示龙场诸生》,在复习教学中渗透阳明文化精髓,利用王阳明的经典文章、名言警句,向学生普及法律知识,活用语文教材中的改过教学案例,采用体验式教学帮助学生形成对错意识体系。教师通过日常教学渗透,帮助学生在起心动念处改过。

4.责善目标

让学生学会文明礼貌,诚实守信,友善和睦,尊重他人,与他人和谐共处。学会交流与合作,具有团队精神,牢固树立人类命运共同体意识,从小我走向大我。

高一年级:通过高中语文、历史学科必修教学课程内容,结合王阳明的《教条示龙场诸生》,利用教材中的案例,引导学生诚实守信,尊重他人,与他人和谐相处,培养学生高尚的道德意识。

高二年级:通过高中语文、历史学科选择性必修教学课程内容,结合王阳明的《教条示龙场诸生》和其他经典文章,利用教材中的经典阅读和教学案例,引导学生由爱自己、爱父母、爱老人进而不断去爱更多的人,用爱心链接整个世界,认识世间万物一体。

高三年级:通过课外选修经典与古典诗文,以及历史经典故事,结合王阳明的《教条示龙场诸生》,在复习教学中渗透阳明文化精髓,利用王阳明的经典文章、名言警句和教材中的案例,引导学生积极上进,和睦相处,以感恩的心态与他人相处,学会交流与合作。学会向他人表达善意和自己的看法。不断反思、改进自己,从小我走向大我,树立人类命运共同体意识。

四、向阳而教的理念

向阳而教始终以"人人皆可成才"为理念,依据学科必修、选修教材,结合阳明文化精髓,立足于"培其根,种其德,养其心"的宗旨,落实四大育人目标(修心、立德、修身、修行),采取四大育人策略(立志、勤学、改过、责善),合理统筹安排国家课程资源,结合社会、学生与学生家长的需要,采用具有科学性、多元性、灵活性、系统性与趣味性的教学策略,在教学中渗透阳明文化,促进学生认知能力和行为能力的发展,唤醒其担当意识,让学生不断超越小我,走向大我,逐步将学生培养成"良知担当、知行合一"的时代新人。

五、向阳而教的原则

课程依据《普通高中语文课程标准(2017年版2020年修订)》和《普通高中历史课程标准(2017年版2020年修订)》的具体要求,选取高中教材内容,结合学校实际与学生兴趣,采取灵活多样的教学策略,深入课堂实践。课程以阳明文化精髓为核心,立足立德树人根本任务,主要具有如下原则。

(一)生活性原则

以高中教材内容为蓝本,向阳而教应该追求本真,让整个教学活动也体现生活化与社会化。陶行知先生认为,社会生活就是教育,好的生活就是好的教育,健康的生活就是健康的教育。积极的和创造性的实践生活就是积极的创造性的教育。应让这样的教育真正成为学生追求真、善、美的主要目标。

(二)趣味性原则

根据学生的知识基础、认知水平、心理发展的特点、生活阅历、认知习惯等,教师要尽可能地选择适合学生特点的内容,并以学生喜闻乐见的形式开展教学活动,使教学难易适中、内容丰富新颖、形式多样,以此激发学生的学习兴趣,保持学生的学习积极性,使学生乐于参与,在参与中自信起来。

(三)灵活性原则

教学内容、方法应依学生的实际情况而定,教师应从学生的能力、学习效果等出发,因材施教,灵活进行教学内容上的修改,并且根据教学内容灵活选择课堂形式,适时调整,以便控制课堂,以达到育人成效。

(四)开放性原则

课堂教学的形式多样化,例如演讲、解说、讨论、分享等,教师可根据教学内容需要选择校内外各种合适的场所进行教学,充分发挥不同场所的作用,达到最佳教学效果,让学生对阳明文化校本课程有更全面、更深刻、更新颖、更直观的感受。

(五)实践性原则

课程内容设置与编排,应立足学情、校情,将理论与实践活动相结合,以拓展性实践为主,丰富学生的认知世界,开阔学生的视野,使学生将"致良知"内化于心、外化于行,自觉成为知行合一的时代新人。

六、向阳而教的路径

向阳而教立足于教材内容,以王阳明《教条示龙场诸生》的"立志、勤学、改过、责善"为核心,增设王阳明人生经历、家训家规、军事才能等的介绍,采取灵活多样的方式进行创造性路径设计,将深奥的阳明文化进行通俗化、科学化、系统化转换,使阳明文化精髓有效进入课堂、进入学生内心,从而达到"培其根、种其德、养其心"的目的。

(一)尊重规律

将立德树人作为向阳而教的根本任务,遵循教育发展规律和学生身心健康特点,提升学生的综合素质,着力发展学生的核心素养,使学生成为有理想、有本领、有担当的时代新人。

(二)明确方向

充分利用必修与选修教材,确保向阳而教教学与新课程改革同步协调发展,促进教育教学质量的提升。

(三)精选内容

课程的设置与渗透方式不能脱离教材本身,精选的案例要符合学生身心健康发展规律。另外,在实际操作过程中可以增加一些科学技术相关内容,以拓展学生视野,引导学生创新与实践。

(四)灵活多样

教学方法应该灵活多样,既要能展示新的教学理念与教学技能,适应社会需求和学生全面发展需求,还要综合利用有个性、多样化、有层次、综合性强的教学手段。

(五)创新模式

创设有利于建立新型教学模式与学习模式的氛围,培养师生自主学习、自主发展、自主解决问题的能力。

(六)评价机制

建立与课程相配套的评价机制,在课堂教学中渗透阳明文化,践行向阳而教,促进教育教学质量的提升。

(七)有效渗透

根据课堂教学内容与王阳明经典文章、名言警句或者其他富有哲学意味的语句,结合学生的身心健康特点采取灵活多样的方式进行有效渗透,努力达到"种其德、养其心"的目的,培养"良知担当、知行合一"的时代新人。

七、向阳而教的建议

(一)促进"立德树人"融入课堂教学之中

党的十九大报告明确提出要"落实立德树人根本任务"。《普通高中语文课程标准(2017年版2020年修订)》明确指出,"必须以习近平新时代中国特色社会主义思想为指导,坚持立德树人,弘扬民族精神,融入社会主义核心价值观教育,培养热爱中华文明、热爱祖国、热爱人民、热爱中国共产党的深厚感情"。所以,向阳而教以"修心、立德、修身、修行"为四大育人目标,采取"立志、勤学、改过、责善"四大育人策略,立足国家基础教育改革重要组成部分,围绕课堂教学科学理性地开展教学活动,将阳明文化精髓有效渗透到教学当中,以落实立德树人根本任务。

(二)"修心、立德、修身、修行"育人目标

1.修心

修心,即修心养性。教师在课堂教学过程中有效渗透王阳明的"心即理"核心理念,一是在课堂教学中渗透阳明哲学思想。通过通俗化、趣味化、生活化和活动化的方式引导学生理解课文,帮助学生不断反思总结。二是读书。引导学

生利用早读和晚自习的时间阅读经典文章、历史故事等。三是要求学生填写"立志卡"。鼓励学生长期坚持,不能半途而废,目的是让学生清理内心的杂念,不攀比,不焦虑,追求心灵的纯净和升华,保持平常、宽容、包容的心态,以达到和谐与平衡的心理状态。

2. 立德

立德,即树立品德。立德就是修炼自己,端正自己的行为品德。一是要求学生课前宣誓,树立信心与形象,庄严课堂;二是要求学生认真听课,结合王阳明经典故事,通过道德教育、思想教育,使学生打磨心境,德上立心,事有准备,行有力量,让他们在遇到不懂的问题时多与老师或同学进行沟通;三是要求学生与老师或同学交流时注意自己的言词用语,平视对话者,做到有礼有节,落落大方;四是要求学生开展批评与自我批评,做到三省吾身,排除外界事物的干扰,树立美好品行,遵循客观规律,诚实守信,行善积德,做一个品行与操行合一的人。

3. 修身

修身,即涵养德性。一是通过阅读王阳明的经典文章,研究"致良知"核心理念的内涵,采取通俗化、趣味化、生活化的方式积极探索将其渗透到课堂教学中的策略;二是利用周末或寒暑假带领学生参观阳明文化园和王阳明的其他文化遗址,领略王阳明修学悟道的经历;三是鼓励学生积极参加社会实践活动,开阔视野,放松心情;四是利用德育导师制的方法,在课余时间引导学生正确处理人际关系,鼓励学生勇于面对困难与挑战,调整心态,不能自大和自私;五是组织学生锻炼身体,如打篮球、打乒乓球、跳绳、跑步等。总的目的是培养学生的德性,使学生修持身性,养成洁身自好的良好品德。

4. 修行

修行,即修养德行。修行就是修养自己的德行,端正自己的行为。一是引导学生阅读王阳明的经典文章,理解"知行合一"核心理念的内涵,认真领悟以修炼自己的品德;二是引导学生静心阅读相关古典诗词和历史经典故事等,努力提升自己的精神境界和道德素养,按照自己的奋斗目标努力前行。

(三)"立志、勤学、改过、责善"育人策略

1.立志策略

王阳明曾说:"志不立,天下无可成之事。"所以,向阳而教要加强对学生的立志教育,帮助学生确立方向、树立目标,以充分发挥其自主性和主动性。在教学中,若"立志"教育卓有成效,可以从学习者层面大大提高教育教学活动的有效性。因此,我们要为学生树立榜样,鼓励、指导学生树立正确的志向。

2.勤学策略

王阳明曾说:"已立志为君子,自当从事于学,凡学之不勤,必其志之尚未笃也。"这说明了勤学的重要性与必要性,向阳而教的目的是培养学生的勤学品格,让学生勤学做人、勤学做事、勤于学习。方式是在教学中通过教材中的励志勤学故事或教学案例,逐步进行有效引导,让学生依靠长期的"修"来"变化气质",除此之外,每天通过经典晨读、自主学习等方式,使其逐渐养成勤学品格。

3.改过策略

王阳明说:"故不贵于无过,而贵于能改过。"人非圣贤,孰能无过。向阳而教要培养学生"善于改过"的能力,促进其反思能力的提升,使其情感、态度、价值观等得到良性发展。方式是在教学中让学生明白每个人都会犯错误,帮助学生反思与总结,在起心动念处为善去恶,降低错误带来的负面影响,避免错误再次发生。为了脱离空洞的说教,教师可带领学生每周进行纠过和反思活动。

4.责善策略

王阳明认为,"责善,朋友之道",必须"忠告而善道之"。向阳而教要培养学生良好的人际交往与沟通能力。"责善"首先是责己行善,要带着真诚与善意给他人提出批评与建议,让自己和身边的人向上向善,要"真诚地对他人好"。方式是在教育教学中以课程为载体,让学生在学习中不断反思、改进自己。教师要帮助学生了解"责善"的内涵,以《教条示龙场诸生》为载体,以"致良知"为核心理念,引导学生将"责善"铭记于心,落实于行。

(四)把握好学生的个体差异

常言道,世上没有两张完全相同的树叶。这就意味着个体之间存在差异。就教育的本质来讲,我们要注重"因材施教",从而更好地进行有效教学。向阳而教应抱着"人人皆可成才"的教学理念,关注学生的个体差异,促进每个学生在原有基础上有所发展、有所创新、有所开拓。当学生在学习上有困难时,教师应给予学生帮助,鼓励他们主动参与教育学习活动,及时肯定他们的点滴进步,耐心引导他们分析产生困难或错误的原因,并鼓励他们去勤学、去改过、去责善,从而增强其学习兴趣和信心。对于学有余力的学生,教师要为他们提供足够的书籍和史料,如《王阳明全集》《传习录》等,指导他们进一步学习和思考。

(五)处理好"预设"与"生成"的关系

"预设"是教师教学的必修课,是预知的心理与教学行为活动,前提是必须了解自己的学生,了解所要教学的内容。所以,向阳而教的教学理念要求,就是立足"预设"与"生成"之间,认真上好每一节课,让学生有所收获。

要将阳明文化的精髓进行科学转换,采取灵活多样的方式进行教学,预设就得体现科学性与趣味性。在这个过程中,教师应该注意的是学生对王阳明的经典文章是否了解,在预设的时候一定要进行多方面的考虑,否则,师生双方在互动时容易出现"生成"与"预设"不相匹配的情况,这就需要教师及时把握,因势利导,适时调整预案,使教学活动收到更好的效果。

(六)把握好圣人思想与核心价值观的关系

教师要培养的人是符合社会主义核心价值观的时代新人,教育要充分吸取圣人的思想,与培养目标、时代需求相结合。如"心即理",即为尊重学生的个性发展规律,清除私心杂念,保持一颗纯粹的心灵,师生、生生之间建立平等对话关系,对学生实施合适的教育,唤醒学生心中本有的大我;"知行合一",即知是行之始,行是知之成,行动才是知的最终结果,只有知而无行动,则成空话。所以,向阳而教要培养学生言行一致、表里如一的良好品质。

总之,教师应充分理解和深度挖掘王阳明思想,将其与社会主义核心价值观相结合,从而更好地促进学生的发展。

(七)利用现代信息技术与教学手段

信息技术是帮助教师进行课堂教学的辅助工具,也可以是搭建知识与吸收知识者之间的桥梁的工具。向阳而教的理念与教学目标告诉我们,要立足于信息技术手段,但不可能用其代替教学行为。所以,教师一方面要利用好已有的课程资源,另一方面要积极创造条件,选取合适的现代信息技术与教学手段进行教学。现代信息技术不能完全替代原有的教学手段,其真正的价值在于使原有的教学手段达到更好的教学效果,例如,利用幻灯片能使学生迅速进入课程情境,利用图像复原技术可让学生直观地了解500多年前龙冈书院的盛景等。

八、向阳而教的宗旨

向阳而教的宗旨:一是唤醒,二是激发,三是创新。

所谓唤醒,就是将懒惰的或沉睡的人叫醒,使其振作精神,继续努力工作或学习。这也是教师的职责所在,更是向阳而教教师的使命。在王阳明"格竹"的故事中,他的郁闷、懊悔、醒悟被表现得淋漓尽致。弘治二年(1489年),王阳明带着妻子离开了江西,回到了余姚。在回家途中,王阳明偶然之间结交了一个姓钱的书生。两人志同道合。在一次交谈中,王阳明提出了埋藏在自己心中多年的疑惑:"怎样才能成为圣贤?"听到这个问题后,钱书生一开始有些惊讶,寻思了很久,才缓缓地回答道:"格物穷理。"

为了达到此种境界,王阳明约上钱书生一起在家中面对竹林开始"格竹",坚持"八不精神"(一不怕苦,二不怕累,三不怕困,四不怕饿,五不怕骂,六不怕打,七不怕病,八不怕死)。一个星期之后,钱书生因体力不支而放弃,王阳明坚持了10天左右,因患病而放弃,差一点把命搭上,最终醒悟:"朱圣人的话,真是对的吗?"

针对部分学生面对困难与挫折时,垂头丧气,精神不振,不愿意努力学习的情况,教师可利用毛泽东的《卜算子·咏梅》来引导学生,面对困难与挫折,我们仍然要保持"已是悬崖百丈冰,犹有花枝俏"的积极乐观心态和"待到山花烂漫时,她在丛中笑"的理想与信念。回想中华人民共和国成立初期,中国面临的国际环境多么恶劣,西方资本主义国家对中国进行了经济、外交、军事等方面的封锁;中西方关系破裂;国家经济异常困难。就算这样艰难,我们依然走了过来。

所以，当代中学生不能有"饱食终日，无所用心"的思想，应以积极乐观的心态去迎接新的挑战。

所谓激发，就是刺激使奋发。人的积极性往往是激发出来的，有些是被逼出来的。通常情况下，一个人不知道自己是否有某种潜力，但当人生处于最低谷或为形势所迫时，别人的一句话或一件事就能激发出他的惊人潜能。例如莫顿·亨特的《走一步，再走一步》中有这样一个片段：

我小时候与小伙伴们去野外爬山，爬到悬崖中间，上不去也下不来，同行的伙伴在嘲笑中离去，留我独自一人在悬崖上，恐惧使我不知所措。傍晚时分，父亲用电筒照着我，带着安慰的口气说："要吃晚饭了。"让我下来。

"我不行！我会掉下去的！我会摔死的！"我哭着说。

父亲说："不要想有多远，有多困难，你需要想的是迈一小步，这个你能做到。看着手电光指的地方，看到那块石头没有？"

他对我说："现在转过身去，然后用左脚踩住那块石头。这就是你要做的。它就在你下面一点儿。你能做到。不要担心接下来的事情，也不要往下看，先走好第一步。相信我。"我每次移动一小步，慢慢爬下了悬崖。最后，我一脚踩在崖下的岩石上，投入了父亲强壮的臂弯中。

所谓创新，就是创造、创新、拓展的意思，是指在原有教材的基础上，增加新的东西，引起质的变化。中国人的人格理想，是既有一片理想主义的天空，可以自由翱翔，不妥协于现实世界的很多规则与障碍，又有脚踏实地的能力，能够在大地上进行行为拓展。在课堂教学中渗透阳明文化，就是通过王阳明经典文章与哲学观点，使学生开阔视野，拓展知识面，丰富理解能力与认识能力，从而达到从小我走向大我，走向世界。例如，教学《子路、曾晳、冉有、公西华侍坐》时，可以同王阳明的《诸生夜坐》进行对比阅读，组织学生分析"子曰：'以吾一日长乎尔，毋吾以也。居则曰："不吾知也！"如或知尔，则何以哉？'"体现了什么。还可拓展研讨"你能否谈谈孔子等人与王阳明的'志'的异同？"曾晳描绘了一幅暮春郊游的美好图景，体现的是一种国泰民安思想，在某种情况下与王阳明的志向是有些相似的。

九、向阳而教的评价

向阳而教教学始终坚持以弘扬优秀传统文化为宗旨,坚持落实立德树人根本任务,始终遵循教育教学规律和学生身心发展规律,旨在提升学生的综合素质,把学生培养为具有理想信念和社会责任感、科学文化素养和终身学习能力,以及自主发展能力和沟通合作能力的社会主义建设者和接班人。因此,教师在课堂教学当中渗透阳明文化精髓时,可采取多元化的方式,定性与定量相结合,过程性和结果性相结合,对课堂教学情况和学生在课堂上的表现情况进行全方位评价。

(一)教师评价

对教师的向阳而教课堂教学进行评价。评价的方式是坚持"四大"策略这一主要目标,形式上结合四项原则,即"主体性原则、发展性原则、灵活性原则和开放性原则",内容上严格按照"行为良知""亲闻良知""呈现良知""达成良知"四项进行评价,采取100分制,实行当堂评价。

1.评价原则

向阳而教的教师评价必须遵循以下四大原则:

(1)主体性原则:课堂教学中,教师应以主持者或引导者的身份出现,充分调动学生的主观能动性与学习积极性,让学生真正成为课堂的主人,师生共同探究教学内容,且教师的教学目标不应与当前创新教育改革的进程相违背。

(2)发展性原则:教师的教学程序与教学技能应体现前瞻性与创新性,激发学生的潜能,让学生在课堂上"活"起来、"动"起来。课堂教学的组织方式应遵从发展性与创新性原则。

(3)灵活性原则:在实际操作过程中,教师应以所备课的内容与创新设计方案是否体现向阳而教、是否达到唤醒学生求知欲的目的为评估标准,根据实际教学效果,灵活进行适当的调整。

(4)开放性原则:结合向阳而教课堂教学所选择的内容、教学目标及教学手段,以及课堂教学中的预设目标、学生核心素养的达成度,对树立学生世界观、人生观、价值观和"修己达人"目的的实现效果进行评价。

2.评价内容

评价内容包括师德师风、意识形态、教学目标和内容、课堂教学理念、教学方法和手段、课堂组织、阳明文化渗透方式、课外辅导、作业批改、教学反思等。

3.评价建议

教师的评价以师德为前提,以教学为重点,对教师互动、教师教学手段、教学效果等进行自评与他评,保证评价过程公开透明。(如表1-1)

表1-1 向阳而教教师课堂教学评价表

上课教师:_____ 上课班级:_____ 课题:_____

评价目标	评价内容及标准	得分
课堂行为 (10分)	1.课前起立,学生行45度鞠躬礼:"老师好!"教师环视全班后回欠身礼:"同学们好!"(2分) 2.课堂中"三正三看"(三看:学生看书本、看黑板、看教师;三正:头要正,身体要正,脚要正;正己、正心、正行)(6分) 3.课后再起立,学生行45度鞠躬礼:"老师再见!"老师行欠身礼:"同学们再见!"(2分)	
课堂践行 (50分)	1.教师课堂教学设计体现学科核心素养,选用的教学内容、教材分析、学情分析具体、准确、可观察,体现创新教学(5分) 2.教师教学活动体现传统文化的渗透,注重教学目标的文化价值引导,充分挖掘传统文化,将教学内容和传统文化有机融合(5分) 3.教师课堂教学过程清晰、科学合理,体现逻辑性和递进性(5分) 4.教师课前呈现学习目标,课中紧扣目标开展教学,有效地将中华优秀传统文化渗透到课堂教学当中,课后及时检测目标的达成情况(要体现文化育人目标)(10分) 5.教师面向全体学生,关注个体差异,教学指导、练习内容、课堂提问、评价标准等,照顾到不同层次的学生(5分) 6.注重师生互动,倡导互动式、启发式、探究式和体验式教学,讲授时间不超过25分钟(10分) 7.根据教学需要,合理运用现代教育技术辅助课堂教学,教学PPT图文并茂、简洁精练,并控制在7—12张(学校统一模板,有学校标识,第1张为课题,第2张为目标)(5分) 8.使用简便、实用的传统教学手段;板书规范、科学,体现生成性(5分)	

续表

评价目标	评价内容及标准	得分
参与情况 (25分)	1.学生积极参与学习活动,思维活跃,善于质疑问难,能用合适的方法和途径解决问题,课堂气氛和谐(5分) 2.全员全程参与学习,自主学习时间充分,发言及活动时间不低于20分钟(10分) 3.学生具有良好的学习习惯,教师能及时纠正学生在读书、写字、倾听、表达等方面出现的不良行为(5分) 4.学生回答问题积极,声音洪亮,大胆表述(5分)	
教学效果 (15分)	1.预设目标完成较好,学生的核心素养得到有效培养,对没有完成或完成不好的教学目标进行有针对性的补救训练(5分) 2.学生在原有基础上得到尽可能大的进步与发展,具有学好下节课的强烈愿望,并形成积极的世界观、人生观和价值观,以达"修己达人"(5分) 3.教师能自主设计作业,作业紧扣教学目标,有层次,有梯度,量适中(5分)	

(二)学生评价

向阳而教力求做到"培其根、种其德、养其心",培养有爱心、有教养、有担当的时代新人。学生通过四大育人目标(修身、立德、修身、修行),达到立志、勤学、改过、责善的向阳而教的基本要求。学生评价的重点是对学生的思想品德、学业成绩、身心健康、语文素养、社会实践等各方面进行综合评价,要求学校制定相关的评价原则,科学诊断学生对课程的掌握程度。

1.评价原则

向阳而教的学生评价主要遵循以下原则:

(1)科学性原则:评价的方式要有前瞻性、科学性与时代性等,评价的内容要符合学生身心发展规律、课程要求。

(2)发展性原则:重点是评价学生的潜能和个性化发展方向,目的是促进学生身心健康发展。

(3)拓展性原则:在学生原有的基础上,对学生的创新精神、领悟能力等方面进行科学评价,看学生是否具有开拓创新精神等。

(4)适用性原则:针对不同学生对向阳而教的适应程度、运用能力等,根据学生年龄与个体差异,采取不同的评价方式,力求让每一个学生都获得最适当的评价,这是向阳而教学生评价的重点之一。

(5)动态性原则:对学生评价做到动态滚动,根据各方面的反应,每年进行新的评价,了解学生学习成绩、思想观念、心理发展等状况,并帮助学生解决相应的问题。

(6)主体性原则:以学生为主体,每学期安排学生进行自我评价、学生相互评价。

2.评价内容

向阳而教的学生评价内容主要有以下几个方面:

(1)思想品德:注重学生思想品德方面的评价,考察学生在校期间的道德品质,例如是否诚实守信、仁爱友善,是否有违背校纪校规等方面的行为。

(2)学业成绩:主要评价学生在校期间的考试成绩,方式多元化,综合评价学生在理解和运用知识方面的能力等。

(3)身心健康:重点是评价学生的身体状况,例如是否长期生病请假,是否有不良情绪、行为,面对困难和挫折时的表现等。

(4)语文素养:主要评价学生的阅读鉴赏能力,以及审美感受、理解、评价、语言表达等方面的能力。

(5)社会实践:向阳而教还立足于课内外劳动与社会实践,这也是向阳而教学生评价的重要内容,主要对学生参加向阳而教社会实践劳动的次数、持续的时间、形成的作品、调查报告等进行评价。

3.评价建议

评价的重点是学生在"向阳而教课堂"和"向阳而教晨读课堂"中的行为表现。其中,"向阳而教课堂"专指教师在组织课堂教学时,必须立足于国家课程教材内容,拓展阅读或渗透王阳明经典诗词及散文,同时兼顾王阳明富于哲理的名言警句,以及学生在课堂上的行为表现等。"向阳而教晨读课堂"专指学生利用早读时间诵读经典。对两者的评价都应立足于学生在课堂上的表现,旨在促进学生身心健康发展,提升向阳而教课堂教学的有效性,为后面新课程改革的推进提供参考依据。(如表1-2和表1-3)

表1-2 向阳而教课堂学生评价标准

评价项目	评价标准 A	评价标准 B	评价标准 C	评价结果
参与意识	积极参与,主动性强	能够参与,但欠主动	勉强参与	
个性展示	特长突出	展示充分	能够展示	
实践能力	极强	较强	一般	
合作意识	有较强交往能力,合作能力强	能顾全大局,会与人合作	有合作意识	
创新能力	意识明显、思维活跃	有创新意识	表现一般	
自我评价	客观公正	较公正	片面	
综合表现	积极主动、思维活跃、表现突出	积极参与、展示自我	安于现状、表现一般	

表1-3 向阳而教晨读课堂学生评价量表

序号	项目	目标系数	分值	评分
1	站立姿势	按照军姿标准站立诵读,不能东倒西歪、趴桌子、手托头	20	
2	拿书姿势	双手拿书在胸前,书本上沿与眼睛齐平,不能单手拿书	20	
3	物品摆放	桌面上只能摆放与课堂相关的书本和必需的学习用具,摆放整齐,不能凌乱	20	
4	晨读姿势	精神饱满,声音洪亮;不能讲闲话,要读得整齐	20	
5	读诵时间	站立诵读的时间在20分钟左右	20	
评价记录			总分	

十、向阳而教的思路

向阳而教的教学思路与教学目的,最终以达成如下教学任务,真正体现向阳而教教学为宗旨。向阳而教的教学思路重点立足于立志、勤学、改过、责善,要求学生遵循"我有什么"和"我做什么"的发展思路。

1.立志——确立方向,树立目标

(1)学校立志。营造向阳而教氛围,为落实立德树人根本任务创建良好的育人基地,让师生时时处于良好的工作与学习环境当中,提升学校声誉,提高教育教学质量。

(2)教师立志。争做育人良师,争做"四有"好老师。

(3)学生立志。立鸿鹄之志,做奋斗者,为中华民族伟大复兴而读书。

2.勤学——学以成人,学以明道

(1)学校勤学。立足长远,建立学习型和创新型学校。

(2)教师勤学。师德成长:格物、致知、诚实、正心。专业成长:常规、科研、引领、活动、交流、分享。理论成长:师德涵养培训。

(3)学生勤学。勤于做人,勤于学习。从行为习惯,从孝敬父母、尊敬师长、团结同学开始;从"不忘志、不抱怨、不懈怠"开始;从每天晨读、晚自习,每周的向阳而教课堂等开始。勤学谦抑,道德养成,要靠长期的"修",才可"变化气质"。

3.改过——正心诚意,在心上改

(1)学校改过:善于接受社会、教师、学生及家长的批评与监督,善于整改自身办学所存在的问题,以办好人民满意的教育为出发点。

(2)教师改过:善于反思自身在教育教学、为人处事、指导学生等方面存在的问题,在别人的监督与意见中成长,努力成为"四有"好老师。

(3)学生改过:善于反思,谦虚接受老师或同学的批评与建议,懂得"人人心中都有一个圣人"的道理,学会自我唤醒。有错误,不但要在事上改,更要在起心动念处改。

4.责善——教学相长,内圣外化

(1)学校责善:善待教师和学生,用良知担当、良知大爱营造和谐的工作与学习环境,促使师生向内责己,向外行善,相互砥砺,共同进步。

(2)教师责善:在以"致良知"为核心理念,以语文和历史教材为载体的学习中反思,改正自己,用真心、爱心、责任心与耐心引导学生,在劝勉学生的时候,让学生真正愿意接受,并且落实到改过的行动中。"悉其钟爱,致其婉曲。"

(3)学生责善:从爱自己、爱父母、爱同学、爱老师开始。每天坚持做到:重温一次志愿;晓得一个道理;改正一个错误;完成一次反省;多做一件好事;多问一个问题;诵读一篇经典;完成一项良知日志;关心一件国家大事。

所以,向阳而教要求教师铸魂启智润心,不作花想,不作叶想,不作枝想,只专注于灌溉培根,逐步明白阳明先生的吾性自足、向内求、责善从己开始等圣人之道,从"利己小我"走向"利他大我"。要求学生有远大理想抱负,有深厚家国情怀,有伟大的创造力。用习近平总书记的话说,"新时代的中国青年要以实现中华民族伟大复兴为己任,增强做中国人的志气、骨气、底气,不负时代,不负韶华,不负党和人民的殷切期望"。

十一、向阳而教的检查

践行向阳而教基于对阳明文化的充分挖掘,并以此作为课程资源,结合高中语文和历史教材,实施向阳而教精微工作,落实四项教育方针,开展相应教育教学,充分展示向阳而教课堂的灵魂,培养有爱心、有教养、有担当、有良知的时代新人。向阳而教检查的内容:第一是身体健康情况,如果身体都没了,还谈什么教育呢。第二是学习情况,如果学生能够做到"一""集""钻""剖""韧"这五个字,在学习上一定有豁然贯通之日,于己于人于社会都有贡献。第三是学生在校人际关系、身心健康等方面的情况,重点检查学生的人际关系、工作责任心等方面。第四是品德情况,如果学生每天检查纠正自己的行为,做到反省改过,最后一定会成为一个品德高尚、学习上进的人。(如表1-4所示)

表1-4 向阳而教每日检查表

班级：_____ 姓名：_____ 时间：_____

问题	细分指标	优	良	差
我的身体还好吗？	1.自己的身体情况如何？2.生活饮食情况如何？3.是否有疲劳学习现象？			
我的学习有进步吗？	自己在学习上是否有进步？进步了多少？是否专心学习，一心一意？收集了多少与历史相关的学习资料？积累了多少知识点？是否研究了某些学科或问题？是否解决了问题？是否对不懂的问题进行认真的剖析，并分析问题存在的原因？遇到问题是否保持冷静，寻找问题的根源？			
我的工作怎么样？	在学校中承担的工作有没有进步？是否认真做到三点：第一点，是否履行岗位职责？是否坚守岗位？效果如何？第二点，工作是否正确？有没有粗心大意，弄虚作假行为？第三点，所做的事情效果怎么样？是否做好？是否半途而废？是否坚持做完？			
我的道德品质怎么样？	在"公德"方面，是否维护公德、维护学校公共卫生，不乱丢垃圾，大声喧哗等？在"私德"方面，是否有偷拿别人东西、毁坏公物等行为？			

第二章

向阳而教教学途径

课堂的基本途径是以立德树人为根本任务的课堂教学,而课堂教学的基本途径是课堂里的教师教学。

向阳而教教学途径为重点结合高中语文和历史教材里面的重要篇目,有效渗透阳明文化,具体包括五大途径:王阳明逸事渗透、王阳明警句渗透、向阳而教渗透、阅读阳明经典渗透、社会实践活动渗透等。目的是让教师的教学行为、敬业精神和教研都体现文化内涵;学生在教师的引领下,在行为养成、学习能力、创新精神、实践能力、核心素养等方面有较大的提升,努力实现传承阳明文化、弘扬阳明文化、践行阳明文化,逐步构建强大的心理品质。

一、课堂教学——激发兴趣

教师可根据教材内容与教学目标,通过上课、辅导、参与讨论、家庭作业等形式组织教学,有效插入一些关于王阳明的历史故事或逸事。一来丰富语文课堂教学内容;二来激发学生学习的兴趣,使语文课堂变得风趣、鲜活;三来王阳明的这些逸事能够有效激励学生立志、勤学,从而达到向阳而教教学的目的。

例如,语文教师可以在《诗经·卫风·氓》的教学过程中融入王阳明的婚姻逸事,向学生解读中国历史中的恋爱和婚姻观念,如封建时代大多数子女没有婚姻自由,只能够在父母的旨意下结婚,否则就是不孝。历史教师在教材单元"人口迁徙、文化交融与认同"的教学过程中,可以结合王阳明的逃婚事件对历史婚姻习俗进行进一步的讲解。

案例:

《诗经》两首教学片段

师:《氓》是一首叙事诗。叙事诗有故事情节,在叙事中有抒情、议论。作者使用第一人称"我",采用回忆追述和对比的手法来叙事。全诗分六章,每章十句。作者顺着"恋爱——婚变——决绝"的情节线索,通过写女主人公被遗弃的遭遇,塑造了一个勤劳、温柔、坚强的妇女形象,表现了古代妇女追求自主婚姻和幸福生活的强烈愿望。同学们,阅读《氓》之后,谁来探究一下诗中女主人公的形象?

生1:我认为女主人公是一位善良、热情、坚强的劳动妇女。她是一位热情、活泼的女性，她没有过高的物质要求，和"氓"自由恋爱，结为夫妻。她勤劳、淳朴、不畏贫苦，与"氓"结婚后，真诚地把幸福的希望寄托在"氓"身上。然而，婚后丈夫对她日甚一日的暴虐和欺侮，使她"及尔偕老"的愿望完全破灭了，她由忍耐、不平转为怨恨，继而发出痛苦的呼喊。

生2：我从诗歌中看到封建社会中妇女所受的压迫和欺凌。女主人公的悲剧具有一定的必然性和普遍性，这是由社会特点决定的。在男权社会中，女性在经济上、政治上都处于附属地位，她们的生活天地都很狭小，生活幸福与否完全维系在丈夫身上。如果遇上一个对感情、对家庭不负责任的丈夫，悲剧是不可避免的。

生3：男主人公"氓"可以说是男权社会的一个代表。在求婚时，他对女主人公的感情是真挚的，但是随着时间流逝，女主人公容颜渐衰，他对女主人公的爱情也随风而去。他全然不念往日恩爱，无情地遗弃了妻子，是一个对家庭不负责任的、始乱终弃的人。他以虚假的热情欺骗了淳朴的少女，用谎言空话赢得了少女的信任，一旦骗取到手，便露出了卑劣、凶暴的本性。

生4：我认为婚姻应该要有担当，前几天我在网上偶然看到的王阳明的新婚闹剧，同样说明了古代妇女没有地位的现实。

师：你又是如何看待王阳明的新婚闹剧的呢？

生4：王阳明从小立志要当圣人，整天胡思乱想，他父亲王华想把王阳明的梦想扼杀在摇篮里，于是给他娶媳妇，用婚姻把他牢牢拴住。没有想到的是在结婚当天，大家惊讶地发现，这场婚礼的主角，那位"天赋异禀"的新郎王阳明居然消失不见了！

生5：这还了得！这不是给两家出丑吗？

生6：新郎都不见了，那还结什么婚啊？跟谁结婚啊？

生7：王阳明跑哪儿去了呢？

生4：这下闹得满城风雨、鸡犬不宁了。当第二天太阳高高挂起，人们都决定放弃寻找时，大家惊讶地发现，王阳明独自一人面带微笑、怡然自得地走了回来。原来，在大家为婚事操劳忙碌的时候，王阳明闲来无事，便趁人不注意，偷偷摸摸地走出了家门，跑到了一个道观里面跟一个道长聊了整整一个晚上。好好的一场婚礼被王阳明搞得七零八落，大家全都败兴而回了。这件事对于王阳明来说，真是损人不利己。

师：王阳明为什么不敢反对呢？

生8：那个年代，男女双方不请吃饭，不约会，不看电影，也不谈理想、交流情感，就直接开始办理结婚手续。对这桩婚事，王阳明反对没有用，在那个君君、臣臣、父父、子子的年代，社会的准则就只有两条。

生9：哪两条？

生8：第一条，父母永远都是对的；第二条，万一父母错了，请参照第一条。

师：同学们探讨得非常到位，对婚姻的认识同样非常深刻。婚姻是一种责任，一种担当，不是热恋时期的浪漫，不是小孩子过家家。"珉"在婚姻中表现出来的形象是：没有担当，只追求美丽漂亮，是一个典型的忘恩负义之人。王阳明的婚姻虽然是一个闹剧，但也体现出了封建包办性质。这两个人物形象形成了鲜明的对比。我们青年人要树立正确的婚姻观与恋爱观，正确认识和面对恋爱与婚姻。

二、思想教育——树立品德

教师可结合教材内容和教学目标，通过语文、历史、思想政治课、团队活动、社会活动等，组织学生进行有效的课堂教学，对学生进行有效的思想品德教育。在教学过程中，教师应结合向阳而教的理念和教学方法，进行创造性设计，将王阳明的理论学说与课程相结合，进行有效的比较拓展教学。

例如，语文教师可以在臧克家《说和做——记闻一多先生的言行片段》的教学过程中，结合王阳明先生的"知行合一"理论，拓展讨论"知行合一"这一哲学命题。历史教师可以在单元"晚清时期的内忧外患与救亡图存"的教学过程中，组织学生利用王阳明先生的"知行合一"理论来探究晚清内忧外患的真正原因。

案例：

臧克家《说和做——记闻一多先生的言行片段》教学片段

师：同学们有没有发现，闻一多先生怎么一下子是做了再说，做了不说；一下子是说了就做，这是怎么回事？

生1：人家说了再做，我是做了再说。

生2：人家说了也不一定做，我是做了也不一定说。

生3：做了再说，做了不说，这仅是闻一多先生的一个方面，作为学者的方面。他"说"了,跟着的是"做"。这不再是"做了再说"或"做了也不一定说"了。

师:哦,原来是这样的。文章主要写的是闻一多先生的"说和做"。那作为学者和革命家,闻一多先生分别说了什么,又做了什么?这与王阳明的"知行合一"有何异同呢?

生4:何为"知行合一"?

师:王阳明在龙场悟道,提出"知行合一",是针对程朱理学"知行二分"的说法提出的,其内涵博大精深。对学生而言,可以从中提炼出两层意思:一是以知促行,扎扎实实干事。例如孝敬父母,不能够停留在口头上孝敬,只说一些漂亮的话,而是要用实际行动去践行。二是要有爱心、有担当、有所作为。知,不只是对事物的认知、对自己的认知,我们还要在良知的基础上下功夫,正确认识自己的行为,反思是否违背良知;行,不能够只通过实践行出小我,还要在实践的过程中拓宽视野,成就勇于担当大任的大我。同学们!我们要立志做担当民族复兴大任的时代新人,就要在知上下功夫,在行上下功夫,逐步建立知与行的统一。正如习近平总书记所说:"道不可坐论,德不能空谈。于实处用力,从知行合一上下功夫,核心价值观才能内化为人们的精神追求,外化为人们的自觉行动。"

生5:明白了,如此说来,闻一多先生的行为就是"知行合一"的体现。

师:有何依据?

生6:我认为闻一多先生是"做了再说,做了不说"。他做了三件事:写了《唐诗杂论》《楚辞校补》《古典新义》三本书。从中我们可以看出其卓越的成就。这恰恰与王阳明知行合一的观点不谋而合。

师:还有哪些具体表现?

生7:我认为闻一多先生的行为就体现出了"知行合一",例如,他向古代典籍钻探,如向地壳寻求宝藏。仰之弥高,越高,攀得越起劲;钻之弥坚,越坚,钻得越锲而不舍,难道不是知行合一的具体体现吗?

师:同学们!我们应该像闻一多先生一样,做到"知行合一"。正如王阳明在《传习录》中所言,知行合一,就是将知与行合作一处,才知便是行,能行便是真知。知是行的主意,行是知的工夫;知是行之始,行是知之成。知中有行,行中有知。所以,我们学习此文之后,一定要形成言行一致、诚实守信、一诺千金、表里如一的品质。

三、课内活动——拓展研究

教师可结合教学内容和目标,寻找阳明文化的渗透点,组织课内活动,引导学生进行拓展研究,提升学生的研究能力。例如,语文教师可以利用语文课堂,就某一篇课文,组织学生在网站与图书馆中查找相关资料,进行深入研究,帮助学生理解课文的背景及内容。历史教师可以结合教材某一章节内容组织课堂教学,然后以综合实践的方式组织学生查找资料、进行社会调查等。

这无疑对教师提出了新的要求,同时也是教师创新教学的机遇。所谓"向阳而教",就是通过人性教育、品德教育,培养新时代的公民,方式是将语文和历史教材中的教学内容、目标与王阳明的良知理念融汇在一起,让课堂生发出光彩。例如:在《子路、曾皙、冉有、公西华侍座》的教学过程中,可以组织学生讨论良知与志向;在毛泽东《沁园春·雪》、杜甫《春望》《登高》《石壕吏》的教学过程中,可以组织学生讨论良知与家国情怀;在李白《蜀道难》、庄子《逍遥游》的教学过程中,可以组织学生探究良知人生;在"人口迁徙、文化交融与认同"单元的教学过程中,可以组织学生讨论中国传统文化交流中家庭教育的异同等;在历史政治制度的教学过程中,可以组织学生讨论"中国古代政治制度的形成与发展"等。

案例:

林觉民《与妻书》教学片段

师:今天我们一起学习林觉民的《与妻书》,了解一位矢志不渝拯救国家民族、为天下人谋幸福,不惜牺牲个人幸福,视死如归的爱国青年,在诀别时写了一封怎样的家书。(屏显:《与妻书》全文)

生1:"意映卿卿如晤:吾今以此书与汝永别矣!吾作此书时,尚是世中一人;汝看此书时,吾已成为阴间一鬼……"

生2:从信中我们可以看出,林觉民与妻诀别,倾诉衷肠,一面表达对妻子的至爱,或直抒胸臆或追忆往昔;一面又冲破儿女情长,晓以国家大义,时时作解释和安慰。

生3:这是一封写给妻子的家书,多么情真意浓啊!

生4:其实,除了写给妻子的以外,写给儿女的家书也有许多。

师:是的,明代教育家王阳明同样重视家庭教育。他在《示宪儿》中要求"勤读书,要孝弟。学谦恭,循礼义。节饮食,戒游戏",告诫子女要修身立德,勤学谦恭,志存高远,知孝悌,懂情礼。

生3:我阅读过王阳明的《示宪儿》,可看出王阳明的家风是比较严格的。

师:是的,家庭教育对一个人的影响是很大的。王氏家风比较严格,家规正派。王家几代都出过名人,在当时是有名的旺族。王家世代都非常注重家庭教育,处处规范后辈子孙的行为,营造和谐的家庭和良好的家族氛围。

2015年2月17日,习近平总书记在春节团拜会上曾说过,"中华民族自古以来就重视家庭、重视亲情。家和万事兴、天伦之乐、尊老爱幼、贤妻良母、相夫教子、勤俭持家等,都体现了中国人的这种观念。'慈母手中线,游子身上衣。临行密密缝,意恐迟迟归。谁言寸草心,报得三春晖。'唐代诗人孟郊的这首《游子吟》,生动表达了中国人深厚的家庭情结。家庭是社会的基本细胞,是人生的第一所学校。不论时代发生多大变化,不论生活格局发生多大变化,我们都要重视家庭建设,注重家庭、注重家教、注重家风,紧密结合培育和弘扬社会主义核心价值观,发扬光大中华民族传统家庭美德,促进家庭和睦,促进亲人相亲相爱,促进下一代健康成长,促进老年人老有所养,使千千万万个家庭成为国家发展、民族进步、社会和谐的重要基点"。常言道:家风正,则民风淳;家风正,则政风清;家风正,则党风端。

生5:从我们学过的《答谢中书书》、诸葛亮的《诫子书》和王阳明的《示宪儿》中,都可以看出古代有名望的家族都重视家庭教育。

师:是的,请同学来归纳一下家庭教育思想体现在哪几个方面。

生6:家国情怀。古代名望家族世代以具有强烈的家国情怀著称。就王阳明而言,从小立志做圣人,独自到边关考察战况,向皇帝写奏折,怀抱带兵平乱的远大理想。他心系国家安危、民族兴亡,坚持"天下之本在国,国之本在家,家之本在身"的思想理念,以"身修而后家齐,家齐而后国治,国治而后天下平"为目标。他的这种强烈的爱国之情、报国之志和民族气节,至今都是中华民族爱国主义思想的重要组成部分。

生7:我在学习林觉民《与妻书》的过程中,同样感受到了爱国青年林觉民的深厚的家国情怀。这值得我们尊敬。从历史的角度来看,自古以来,我们国家之所以能够屹立不倒并走向伟大复兴,正是因为有一代又一代林觉民这样的具有家国情怀的青年。

生8:立志报国。王氏家族的理想是励志勤学,鼓励子孙后辈官可不做,但书必须读,只有通过读书来树立自身的人格魅力,才有机会或有能力报效国家。常言道:"玉不琢,不成器;人不学,不知义。"王阳明在修文龙场给弟子授课时,就曾用《教条示龙场诸生》告诫弟子要立志、勤学、改过、责善。他还特别强调:"志不立,天下无可成之事。"从中可体现出王阳明对立志、勤学的重视。

生9:淡泊名利。林觉民淡泊名利,为革命事业抛家舍业,献出了年轻的生命。王氏家族也注重淡泊名利的教育。王阳明的父亲王华,小时候在水塘边拾得一个钱袋,就在原地等待失主的到来。王阳明为官清廉,认为"此心光明,亦复何言"。他被贬到修文龙场后,胸怀坦荡,潜心读书,自己开荒种地,不因被贬而沮丧,主动兴办书院教化百姓。古代知识分子都非常注重培养为官清廉的清白家风,如包拯规定"后世子孙仕官,有犯赃滥者,不得放归本家,亡殁之后不得葬于大茔之中"。

生10:率先垂范。王氏家族注重长辈为晚辈树立标杆榜样,传承良好家风。王阳明的爷爷王伦堪称道德楷模,淡泊名利;父亲王华为官清廉,一身正气;王阳明被贬到修文龙冈时,随从生病,他主动采药给随从治病,还时时写信告诫弟子及家人,加强自省修身磨炼,随时注意内心深思,为他人做榜样。

生11:勤俭节约。王阳明在《示宪儿》一书中反复强调,在生活上要勤俭,行善惩恶、减少恶习是振兴家庭的根本。历览有国有家之兴,皆由克勤克俭所致,其衰也,则反是。例如,唐太宗李世民在《帝范》中训教子孙:"圣世之君,存乎节俭。"再如,曾国藩再三告诫子孙:"居家之道,惟崇俭可以长久。"由此可见,古代知识分子非常注重勤俭节约教育,深知节俭是兴国兴家之道。

生12:谨慎交友。"近朱者赤,近墨者黑",说明环境对人的影响是非常大的。孟母三迁的故事大家都知道,这说明古人已注意到社会环境、友邻品行对子弟成长的重要影响,因而谆谆教诲他们慎重交友。例如,姚江王氏族箴中告诫子弟"慎交游",看清周围的人。如果是"损友",就该"脱去凡近,以游高明"。再如,颜之推在《颜氏家训》中强调:"与善人居,如入芝兰之室,久而自芳也;与恶人居,如入鲍鱼之肆,久而自臭也。墨子悲于染丝,是之谓矣,君子必慎交流焉。"

师:同学们!我们应该汲取传统家训中的营养,加强思想道德建设,弘扬培育民族精神,加强家风建设。学习了林觉民的《与妻书》之后,可以结合王阳明的《示宪儿》进行对比,从而达到"培其根、种其德、养其心"的目的。

四、群体活动——传承美德

所谓群体活动,是指组织全班学生紧紧围绕某一教学主题进行活动,以增强学生的团队意识与民主意识,传承互帮互助、共同进步的优良传统。王阳明的许多经典诗词都蕴含浓厚的哲理,谈人生遭遇、谈理想、谈志向、谈勤学,等等,可谓内容丰富,涉及面广。语文教师可以组织学生开展群体活动,共同欣赏王阳明的诗词,例如《答人问道》《示诸生》《啾啾吟》等;还可以采取对比欣赏古典诗词的方式进行教学,让学生在理解诗词的同时,品味王阳明的人生经历与思想品质。历史老师可在"战争与文化交锋"单元的古代战争与地域文化的演变的教学中,穿插王阳明诗词欣赏的内容。例如王阳明在平定叛乱的过程中感叹:"破山中贼易,破心中贼难。"意思是打败贼寇是比较容易的,但是想要打败心中的贪念就比较困难了。

案例:

阅读王阳明《龙冈漫兴五首》

师:请同学们阅读王阳明的《龙冈漫兴五首》,说说其中体现了一种什么样的思想感情。

众生:投荒万里入炎州,却喜官卑得自由。心在夷居何有陋?身虽吏隐未忘忧。春山卉服时相问,雪寨蓝舆每独游。拟把犁锄从许子,漫将弦诵止言游。

师:这是王阳明被贬谪至贵州龙场后前期的诗作,从诗中不难看出王阳明刚从北京到贵州修文龙场时,心中虽有些苦闷与怨气,但仍表明了对"君上"的忠心。

生1:从最后几句中可以体会到他的广阔胸襟和独特气质。不见悲苦自伤,不装道学,不做逃禅姿态,所做的仍是阳明"自我"。

师:在此之前,王阳明可算是高干子弟、官场的得志青年,也正是在学术圈崭露头角的年纪。而在被廷杖、被贬谪,乃至险些被暗杀之后,仍能保持如此心态,实属不易。

生2:王阳明到底是一个怎样的人呢?

师:王阳明,名守仁,字伯安,号阳明,浙江余姚人,明代著名哲学家、思想家、政治家、教育家、军事家;进士,曾任刑部主事、贵州龙场驿丞、庐陵知县、右佥都御史、南赣巡抚、两广总督等职。王阳明是中国历史上罕见的立德、立功、立言的"三不朽"圣人。王阳明从小立志做圣人,1508年,在贵州龙场悟道:"圣人之道,吾性自足,向之求理于事物者误也。"王阳明文武双全,创立了以"心即理""知行合一""致良知"为理论支撑的"阳明心学",成为中国儒、佛、道三家集大成者,其思想远播海外。王阳明用兵如神,从无败绩,被封为"新建伯",卒后追封"新建侯",谥号"文成"。王阳明终其一生,完美地实现了中国古人读书做圣人的崇高理想。

生3:王阳明是因何种原因被贬到修文龙场的呢?

师:据《王阳明全集》记载,明正德元年(1506),武宗朱厚照幼年登基后,宦官刘瑾窃权,胡作非为。王阳明为营救戴铣、薄彦微等人,直言上疏,提出宽恕赦免直言规劝的官员,罢免除掉弄权作恶的奸宦。结果触怒刘瑾,被廷杖四十,下狱一月,之后被刘瑾假传圣旨,贬为贵州龙场驿丞。

生4:王阳明是如何到达修文龙场的呢?

师:正德二年(1507),王阳明没有办法只得离开北京。一路上还得想办法摆脱刘瑾派来跟踪侦察的差役,他与随从从杭州经江西、湖南,进入贵州。

生5:从王阳明的《龙冈漫兴五首》中我们能体会到他积极的心态。

师:是的,他到修文龙场之后就开始修行悟道。

生6:当时修文的环境是什么样的呢?

师:1508年,王阳明历尽千辛万苦抵达贵州龙场。当时的龙场称得上是荒郊野外。王阳明初至龙场,驿站已名存实亡,他先是搭草庵暂居,后来住在一个湿冷阴暗的地下洞穴(王阳明将其命名为"玩易窝")中,缺衣少食,处于生死边缘,而刘瑾和地方官吏仍然想加害于他。面对残酷的现实,身心遭受重创的王阳明没有抱怨和消沉,始终不忘"成圣成贤"的志向。

生7:在这样的环境下他悟出了什么?

师:王阳明在"玩易窝"中研读《易经》,不断追问:"圣人处此,更有何道?"他日夜端正静坐,内心澄明清静,进入物我两忘之境。龙场是一个神奇的地方,在自由悠远的冥思苦想中,一天午夜,半梦半醒之间,王阳明仿佛听见一个声音说:"圣人之道,吾性自足,向之求理于事物者误也。"这话如同长夜中的一道闪电,冲散一切黑暗,照亮了王阳明的心底!他大声呼喊着跳跃而起,冲出山洞,声音长久地回荡在天地之间。漫长的心路跋涉历程,多年对真理的艰辛求索,都化作那一夜手舞足蹈、泪流满面的狂喜,困惑王阳明乃至若干大儒上千年的"格物致知""圣人之道""知行先后"等教育和哲学问题,终于得到了清晰的答案。

生8:悟道期间,王阳明又做了些什么事呢?

师:悟道期间,王阳明在龙场创建龙冈书院,大兴自由讲学之风,向纷至沓来的各地学生传道讲学,写下千古名篇《教条示龙场诸生》。文中的"立志、勤学、改过、责善"是中国教育史上关于如何进行自我修养与成才的重要路径,也是系统完整的首创路径。他还写下了不朽名篇《五经臆说》《瘗旅文》《象祠记》,提出"贵于改过""天下无可化之人"等论断。

同学们,我们在阅读欣赏这样的诗词时,可以明白一个道理,遭受挫折时要勇于面对,敢于担当,用积极乐观的心态面对现实生活。

五、综合实践——丰富知识

综合实践不仅能丰富学生的学习生活,还能培养学生活泼、敢于挑战的精神气质。在任务的驱动下进行社会性实践活动,有利于培养学生敢读、敢讲、敢评的习惯,培养学生动口、动脑、动手、动脚的能力。这"四动",让学生走进社区、走进自然,体验生活,丰富阅历。

因此,我们可以重点利用阳明祠或中国阳明文化园等地的自然资源和人文资源,组织学生开展以阳明文化为主题的社会调查或实践活动。例如:重走圣人之路系列活动、参观阳明文化园、"踏圣人足迹,领略先圣风采"、"诵读阳明经典,铸就心灵品质"朗读比赛,等等。

案例1:

探寻王阳明传奇人生

师:同学们在假期当中阅读王阳明的《传习录》之后,有何感想?

生1:我阅读《传习录》后,觉得王阳明是个天才。

师:有何依据?

生2:《传习录》记载,有一天,王阳明的父亲王华正在读书,准备参加科举考试,幼小的王阳明不声不响地走了进来。他在屋子里左看看、右看看,希望有人能够陪自己玩,但是大家都很忙,没有人搭理他。王阳明一看没人理自己,顿时觉得无聊至极。他只能找一个地方坐下,跟窗户外面的小鸟叽叽喳喳聊起来。

当父亲背完书,准备休息一下的时候,王阳明突然开口大声朗读道:"大学之道,在明明德,在亲民,在止于至善……"听见自己孙子在背书,而且还是这么高难度的文章,爷爷王伦虽然困惑不已,但十分惊喜。他激动地问道:"孙儿,这些文章,你是从哪里学来的?"王阳明说:"没人教我,这些是父亲刚才背诵的文章,我便记在心里了。"众人惊愕不已。王阳明的父亲王华不禁感叹:"你是一个天才啊!真正的天才啊!"殊不知,正是这位"天才",差点让父亲和爷爷的一世英名毁于一旦。

生3:这说明王阳明记忆力很强。

生4:我读了《传习录》之后,感觉王阳明志向远大。

师:王阳明天资聪明,悟性很高,任何事情都能够举一反三,家里人对他的聪明才智感到"非常震惊"。

生5:王阳明从小爱嚷嚷:"我读书要做圣贤,我读书要做圣贤。"家里人对他的这一举动都认为是孩子整天胡思乱想,没有放在心上。王阳明在15岁那年,居然离家出走了。刚开始家里还觉得可能是出去玩,没当回事,甚至觉得"非常之人",总是喜欢做一些"非常之事"。可过了许久,见王阳明还未回来,家里才意识到真的有些不正常,有些慌了。

一个月过去了,王阳明才风尘仆仆回来。原来他是去居庸关考察明朝边境了。在王阳明看来,所谓"圣贤",就应该是那种"有能力保护人民,打击各种外来势力,让百姓安居乐业的人"。于是,他带着这种想法,整天研读兵书,开始关心明朝边境的战事了。

生6:后来怎么样?

生5:有一天,王阳明突然对父亲王华说:"我已经给皇上写好奏折了,只要给我几万精兵,我愿意出关为国家效忠,讨平鞑靼!"王华听了这番话,一时怔在当场。在思考良久后,拿起手中的书朝王阳明头上打过去,并且劈头盖脸地骂道:"让你小子狂!让你小子狂!"此时此刻,王华彻底把肠子都悔青了,他万万没有想到自己的宝贝儿子才15岁,居然就想带兵打仗!真是什么都敢干啊!

案例2:

探寻王阳明科举考试

——国家制度与社会治理:中国古代官员的选拔与管理

师:同学们,今天我们来学习中国古代官员的选拔与管理,关于明清时期的官员选择与管理这一主题,在明清时期,科举制仍然是选官的主要途径。这一时期的考核与监察制度也更严密。现在我想听听同学们预习得怎么样,能否谈谈这一制度的情况?

生1:我从历史书中了解到了明朝科举考试中的南北制度,明朝为了保证科举制度能够选择最优秀的人才,从1427年起,开始执行南北卷,即若会试每次录取100人,其中南方60人,北方40人。

师:后来有变化没有呢?

生2:后来,南北卷逐渐演变成了南北中卷,录取的比例开始稳定下来了,南卷、北卷和中卷的录取比例分别是55%、35%和10%。

师:同学们,你们在假期当中是否去了中国阳明文化园?

众生:去了。

师:你们在阳明文化博物馆了解到了什么?

生3:了解到了很多东西,展览馆的讲解员谈到王阳明的科举考试经历。这让我非常困惑。

师:为什么?

生4:因为他考了几次,却没有考上。这有点遗憾。

师:是有点遗憾。

生5:我从阳明文化园中了解到王阳明从21岁开始参加乡试,到28岁中进士。耗时8年一共参加了3次考试。

生6:王阳明是一个非常聪慧的孩子,5岁能读能诵,11岁就能作诗,年少成名。

生7:是的,王阳明在21岁时参加乡试高中举人。到了22岁时,王阳明进京赶考,参加会试,结果名落孙山。之后王阳明以积极的心态再次进京参加会试,结果再次落榜。弘治十二年(1499),28岁的王阳明参加礼部会试,因考试出色,举南宫第二人,赐二甲进士第七名,观政工部。自此,王阳明终于步入仕途,成为大明的正式官员。

总之,在课堂上,教师应通过各种形式,组织学生在阅读分析课文的同时,立足于品味文章的内容及思想感情,向积极的、健康向上的方向引导学生成长成才。因为,教师担负的使命不仅是培养学生的核心素养,更重要的是把学生培养成求真、善良、诚信、勤奋、充满远大志向的人。

第三章

向阳而教教学方法

教学方法是教师在教学过程中与学生在课堂上共同完成教学任务和教育目标的行为,是实现教学目的和教学任务的基本途径,也是教师在教学活动中所采取的行为方式的总称。一般而言,教学方法有指导思想、基本方法、具体方法、教学方式四个层面。一个教师利用的教学方法得当,才能够吸引学生认真听讲,并且取得较好的教学效果。

向阳而教主张"三法六式"教学方法。"三法"指"情境教学,探究教学、讨论教学"。"六式"指"预设与生成""课前与课后""归类与整合""教师与学生""提炼与检测""目标与达成"。

一、情境教学

所谓情境教学是指教师在组织教学过程中有目的地引入或创设具有一定情感或情绪色彩、生动形象的、具体的场景,以让学生获得一定的情感和态度体验,从而帮助学生理解教材,并使学生的心理机能得到发展,让学生有获得感与存在感。

在情境教学中创造非常生动形象的情境,考验的是教师的教学智慧与教学技能。课堂教学过程中教师创造出一种净化后的情感体验,能有效地净化和升华学生的心灵。一般而言,情境教学中的情境是与教学内容紧密相联的,是对现实生活的进一步提炼与反映,这其中必然存在着潜移默化的暗示作用,比如常用的榜样力量、影视力量、话剧力量等。这些都天然地赋予情境以启发作用,让学生受到启发后用自己的思维去解决问题。

(一)预设与生成

教师应以"立德树人"为根本任务,结合高中课程标准、教材内容及教学目标,针对当前社会现象或学生思想意识所存在的问题进行针对性教学。课前落实任务(任务驱动),要求学生结合课文内容进行有效的预习。例如,针对学生无法正确判断和辨别语言中的善与恶,常常误解别人意思的情况,教师可以预设相关情境进行教学。

案例：

良知语言——辨别善恶

生1：嗨,几天不见,你想我没有?

生2：哎哟,几天不见,你就变成外国人了?(夸张)

生1：别开玩笑。我成不了外国人,倒是你,都不给我打电话,忙得像个陀螺一样(比喻),你看你那衣服,油光满面的,有十年没有洗了吧?(夸张)我觉得你实在是太辛苦了!(反语)

生2：哪里哪里,我不忙,你最辛苦了!(反语)你看你天天忙着打游戏,你看你那手,都成鼠标了!(反讽刻画)

以上对话,无论是调侃还是讽刺,都是出自人的内心,都不是致良知行为,是心理不纯粹的表现。用王阳明的观点"心即理也""心外无物,心外无事,心外无理"来说,就是外部的具体事物或事物之间的联系并不会产生"理","理"是我们主观对客观事物或规律的认知,是我们心里的想法,没有心也就没有"理"。以上对话案例中,学生通过现场表演展示的方式,品析对话中所包含的讽刺意味是属于善意还是恶意。这样的情境表演,学生是非常喜欢的。所以,我们践行向阳而教,就是培养学生正确区分语言中的修辞和辨别是非的能力,在使学生体会讽刺语言的表达效果的同时,培养学生的良知品质。

生3：老师,什么是致良知呢?

师："致良知"就是要心存善念,做有良知的人。人之初,性本善。我们每个人都有一颗"良知良能"的心,都有恻隐之心、善恶之心、廉耻之心、辞让之心、是非之心等。我们对待父母自然要孝顺,尊重父母的意见,对待兄弟姐妹要礼貌友爱,这就是致良知的表现。王阳明认为,天下间没有比良知更好的东西了。从这也可以看出"致良知"三个字在王阳明心中至高无上的分量。所以,要达到良知这一层,须时时刻刻接受良知的指引。这里所说的"良知",是心底善良,为他人着想,帮助他人。当年,宁王朱宸濠叛乱,面对其软硬兼施的拉拢,王阳明始终不为所动,怀着忠诚担当的初心,迅速平定了叛乱。而当代中学生致良知的核心是爱党、爱国、爱人民,听党话、感党恩、跟党走,担当中华民族伟大复兴的大任。

生4：同学们的对话表演,又是如何体现"心即理"呢?

师："心即理"的关键在于"心"和"理","心"指人心,只要人心纯净高雅,无心外无理,无心外之物,无心外之事,就是"天理"。所以,一个人心灵品质的高贵与低俗都是由心灵的气质所决定,有什么样的心,就有什么样的理呈现出来。

例如,一个学生整天不想学习,没有远大志向,飘荡奔逸是天理;树立鸿鹄之志、自律自强是天理;胸怀天下,为民谋幸福是天理。"心外无物"还可以理解"心外无人""心外无花"等。王阳明曾经举了一个例子:一朵鲜花在深山里面自开自落,如果你没有看花之心,这朵鲜花即便开得再好,你也会视而不见;如果你有心去欣赏这朵花,那么这朵鲜花就在你的心中绽放。

生3:王阳明的这些观点又是依据什么提出来的呢?

师:问得非常好,阳明心学的核心命题是"致良知""心即理""知行合一"。王阳明在陆九渊的"心即理也",以及"宇宙便是吾心,吾心即是宇宙"的思想基础之上提出,世间万物一体,人只要有一颗圣人之心,则皆可成圣人之道。心学之源是"尧舜心法":"人心惟危,道心惟微,惟精惟一,允执厥中。"王阳明心学的根基是"圣人之道,吾性自足,不假外求"。王阳明心学是继孔子、孟子,至宋代程颢、陆九渊之后在龙场悟道而诞生的,走向全国,影响世界,至今仍以其强大的生命力闪耀着智慧的光辉。

生4:通过良知语言表演,再结合老师的讲解,我终于明白什么是"致良知"了。

生5:我还明白了王阳明的"立志、勤学、改过、责善"八字规教学,是王阳明教育学生成君子成圣贤的治学方略,也是我们自主学习修炼的重要路径。

所以,能够随便驱使或主宰我们行为的不是别人,而是自己的内心,只要我们用心管理好自己,就会让自己变得更加优秀,更加强大,使美好的心灵之花绽放得更加鲜艳。向阳而教的重要职责就是在语文教学中有效渗透王阳明的育人观点与哲学思想,培养学生随时保持"心外无物""心外无事"的心态,逐步建立起强大的心理。

(二)课前与课后

教师在组织学生教学之前,应先让学生提前预习。方式是教师指定下节课的教学内容,结合教学内容设计导学案或问题,让学生带着问题去预习,在课堂上讨论,论证课前的想法与课堂上的讨论结果是否一致,课后通常利用试题进行有效检测。例如针对学生意志不坚定、遇到挫折就消沉、没有远大志向的情况,教师可以让学生课前带着任务去阅读课文或思考问题,在课堂上讨论,论证课前的想法与课堂上的讨论结果是否一致,课后进行针对性的测试,逐步引导学生,立大志,担大任。

案例1：

毛泽东《卜算子·咏梅》教学

师：同学们，今天我们一起学习毛泽东的《卜算子·咏梅》和王阳明的《初至龙场无所止结草庵居之》。

（学生阅读《卜算子·咏梅》，PTT展示全文。）

（学生随后阅读王阳明《初至龙场无所止结草庵居之》："草庵不及肩，旅倦体方适。开棘自成篱，土阶漫无级。迎风亦萧疏，漏雨易补缉。灵濑响朝湍，深林凝暮色。群僚环聚讯，语庞意颇质。鹿豕且同游，兹类犹人属。污樽映瓦豆，尽醉不知夕。缅怀黄唐化，略称茅茨迹。"）

师：《卜算子·咏梅》描绘了一个怎样的环境？此环境对作者产生了怎样的影响？抒发了作者怎样的情感？

生1：在毛泽东的词中，梅花的生存环境严酷，在这恶劣的环境当中，竟然"犹有花枝俏"。在王阳明的词中，环境同样恶劣。

生2：但梅花面对"悬崖"险峻和"百丈冰"寒威酷烈，依然俏丽地开放着。"俏"字不仅描画出梅花的艳丽姿态，更突显了梅花傲岸挺拔、花中豪杰的精神气质，表现出梅花的自豪感，坚冰不能损其骨，飞雪不能掩其俏，险境不能摧其志，同时也表现出中国共产党人顽强的斗争精神，以及"报春"的远大志向。

生3：王阳明同样面对恶劣的环境始终保持积极乐观的心态，有一种随遇而安的感觉。其词中并没有太多悲天悯人的感慨，而是认为，在困难的环境里也是能够创造出丰功伟绩的。

师：这都是对理想的执着追求。王阳明认为立志，就是心中念念不忘存天理，持之以恒地将天理存于心，进而言之，不立志就不可能勤学，不勤学志也无法成就，立志是成就的源泉，勤学是实现成就的桥梁。

生4：王阳明是如何做到的呢？

师：王阳明12岁时就跟随父亲到京城，在父亲的批评与教导之下，开始反思自己的"三观"，追问自己的人生价值：读书的最终目的是什么，难道只有追求功名吗？功名利禄非我愿，学圣成贤，普度众生，教化人心才是自我实现的终极目标。

15岁那年，王阳明在居庸关访乡贤，实地考察边境的地势与民俗，凭吊古战场，遥想当年战斗失败之耻，胸怀"明犯强汉者，虽远必诛"之志，筹谋安民靖边之良策。

正德年间，朝臣与宦官刘瑾的权力斗争如火如荼，王阳明因上书劝谏皇帝善待忠臣而被刘瑾诬陷下狱。刘瑾因拉拢王阳明父亲王华不成,将王华下放南京,王阳明也被连降几级,革除兵部主事之职,发配到贵州修文龙场做驿丞。到了修文龙场之后,王阳明以积极的心态开始悟道,参悟真理,把握世间万象的本质与规律,了然事物之实然、应然与必然,遇事不乱于心,不惑于情,不为世俗所累所缚。

参悟生死,想到盖西伯拘而演《周易》;仲尼厄而作《春秋》;屈原放逐,乃赋《离骚》;左丘失明,厥有《国语》;孙子髌脚,《兵法》修列;不韦迁蜀,世传《吕览》;韩非囚秦,《说难》《孤愤》。感悟到真正的英雄要勇于拥抱孤独,不怕孤立与成见,要勇于向自己内心去寻求天理,要有"虽千万人吾往矣"的智慧与坚毅。

生5:王阳明又立了什么功呢?

师:皇帝曾给予王阳明高度评价,说他"两间正气、一代伟人,具拨乱反正之才,展救世安民之略,功高不赏"。王阳明无论在献保境安民之良策时,还是在谋剿匪平叛之方略时,皆能学以致用,以用促学,学用互砥,将其心学智慧淋漓尽致地发挥出来。他心怀生民与社稷,大仁充沛而韬略备至,以民众利益为念,赏罚分明,广施教泽之方略。

生6:有哪些具体事例呢?

师:正德五年(1510),王阳明任江西吉安府庐陵知县。吉安府文化发达,民风好讼,特别是"隔河两宰相,五里三状元"的庐陵县更是其中甚者。王阳明向上级动之以情晓之以理,请求减免苛捐杂税,以此换得庐陵县治讼的空间。为此,王阳明提交了一份报告——《庐陵县为乞蠲免以苏民困事》,为庐陵县争取来了税收减免的优惠政策。同年八月,刘瑾被诛,王阳明的仕途也迎来了春天。之后,他任右佥都御史,巡抚南、赣、汀、漳,受命平定匪乱。正德十二年(1517),王阳明从南京走水路到赣南后,决定采取三个步骤为剿匪做好准备工作。

第一步,施行十家牌法。编制十家为一甲,每甲发一块木牌,从右到左写明各户籍贯、姓名、行业。每天一家轮流执勤,沿门按牌审查,遇见面生可疑之人,立即报官。

第二步,编练民兵,改革军队编制。为满足平叛之需,王阳明发文给周边四省,请求配合从附近各县牢头、捕快和青壮中挑选骁勇绝群之士,组建民兵队伍,二十五人为一伍,长官为小甲;二伍为一队,长官为总甲;四队为一哨,长官为哨长;二哨为一军,长官为营官;三营为一阵,长官为偏将;二阵为一军,长官为副将。

第三步，筹集军饷。兵马未动粮草先行，朝廷只给政策却没有给军费，巧妇也难为无米之炊。王阳明将原来只在南安和赣州两地有经销点的广州盐商的经营范围扩大到南赣。另外，将散布各地的税关统一设在南安的重要关口，集中收税，统一调配。

南赣辖区是江西、福建、湖广和广东四省的交界山区。匪首谢志珊、蓝天凤、陈曰能在江西境内活动；池仲容、高仲仁一伙在广东占山为王；龚福全地盘在湖广；詹师富则在福建打家劫舍。

首先，王阳明轻松解决了詹师富。其次，进剿江西境内的谢志珊、蓝天凤、陈曰能。再次，解决了广东境内的池仲容、高仲仁一伙。最后，平息了江西宁王朱宸濠的叛乱。然而，在平息叛乱与匪首之后，乡里的社会治安却并没有好转，风俗与陈旧的恶习仍使得人们处于恶劣的境地，于是，王阳明通过《南赣乡约》进行管理。

生7：王阳明的"立德"体现在哪些方面呢？

师："此心光明，亦复何言"是王阳明立德的真实写照。王阳明早期也希望能够遇到明君，展现自己的政治理想。然而，政治斗争的残酷无情将王阳明早期得遇明君的理想击得粉碎。但身心俱伤的王阳明没有随世沉浮、随波逐流，反而在修文龙场的艰难岁月中获得顿悟，破除了一般儒生抱有的"得君行道"的期待，以"得君行道"为虚妄，开辟出一条称作"觉民行道"的"人皆可成尧舜"的下行路线，将人人都培养成尧舜一样的圣人。这才是天下大治的根本所在。

王阳明悟道，心清如水，心明如镜，心定如山，心素如简，此其大境界。路曲似波，路险似剑，路美似花，路广似天。随缘不逐愿，此其大人生。行胜于言，行成于思，行知合一，行道于世。王阳明光明磊落一世，修齐治平终一生，力行仁爱墙载万物。立言、立功、立德，此其大智慧与大境界。

在案例中，教师让学生在自主学习王阳明相关历史故事后进行讨论，重点分析和讨论毛泽东与王阳明各自的心境，体会他们在面对困境时是怎样的心态。教育学生在艰苦的环境当中，仍然要保持积极乐观豁达的思想境界，树立远大志向，按照王阳明"三不朽"标准实现自己的人生价值，面对生活的挑战，不要气馁，享受苦难给人生带来的乐趣。所以，在教学时，教师应在引导学生欣赏毛泽东与王阳明的诗词中所蕴含的美感与艺术的同时，更多地让学生领悟他们的精神实质。

案例2：

中国共产党成立与新民主主义革命兴起
——历史教学的课前与课后

师：同学们，今天我们来学习中国共产党成立与新民主主义革命的兴起一课。根据课堂前与课后的具体要求，大家来谈谈你们课前预习的情况。现在，谁来阐述一下五四运动的背景、原因、阶级基础？

生1：历史背景主要是巴黎和会上，强权战胜了公理，中国遭受严重外交失败，这引发了爱国青年的极大愤慨。

生2：还有，当时北京高等师范学校等十多所学校的青年学生，高呼"还我青岛""取消二十条"等口号，齐集天安门前游行示威。

生3：根本原因是北洋军阀的专制统治，让国内的阶级矛盾不断激化。所以五四运动是新文化运动的延续。

生4：一战期间，民族工业迅速发展，工人阶级壮大，工人运动发展。

师：不错，讲得非常好。还有同学要补充吗？

生5：一战期间民族资本主义经济得到快速发展，尤其是纺织业、面粉业等轻工业，这些跟民生紧密相关的行业一旦停摆，将会极大地影响民众的生活。

生6：资本家的利益也受到损害，而北洋政府是资产阶级扶持的政府，一旦资本家给政府压力，政府就很容易妥协，因此五四运动显示了工人运动具有的极大的力量。

师：马克思主义在中国传播的原因有哪些？

生7：马克思主义在中国的传播其实不是在五四运动之后才开始的，晚清时就有西方传教士翻译了一些马克思、恩格斯的作品过来，但是没有引起当时人们的重视。

生8：我认为，有一个原因是马克思主义只是众多社会主义学说里面的一个，而当时整个世界并没有任何一个国家是由这些社会主义去支持建立的，而资本主义政府已经得到实践。十月革命之后，大家看到了马克思主义能够有助于一个国家的建立，所以马克思主义得到了广泛传播。

师：主要方式有哪些？

生9：我认为方式有利用报刊这一种。1919年，李大钊在《新青年》上发表了《我的马克思主义观》。

生10：还有学会，在1920年3月，李大钊在北京成立马克思学说研究会；同年5月,陈独秀在上海组织了马克思主义研究会。

生11:我认为还有个人,李达、陈望道、李汉俊等人积极投身于马克思主义学说的翻译和宣传。

二、探索教学

(一)归类与整合

在教学时,教师应结合课文内容和现实生活中的一些现象进行有针对性的探究,而不是走过场,完成教学任务。当然,在此之前,教师就应该进行有效的整合,例如小说、游记、传记、散文等,思乡、离愁、怀才不遇等。一般以单元为一个教学目标,进行有效的梳理,并设置相应的问题,统一解决课堂生成性问题。

例如人教版高中语文必修5第二单元课文都是古代散文,其中,《归去来兮辞》语言朴实而意蕴深长,抒发了对人生的感悟;《滕王阁序》抒发了人生命运多舛、时运不济、怀才不遇的情怀;等等。这些散文虽然写作时间不同,但有一个共同点,就是感情充沛,字里行间流露出真情实感,令人感慨。针对这类散文,教师完全可以渗透王阳明的《西园》(方园不盈亩,蔬卉颇成列。分溪免瓮灌,补篱防豕蹢。芜草稍焚薙,清雨夜来歇。濯濯新叶敷,荧荧夜花发。放锄息重阴,旧书漫披阅。倦枕竹下石,醒望松间月。起来步闲谣,晚酌檐间设。酣时藉草眠,忘与邻翁别)进行组合阅读分析。教师可以课前让学生进行对比阅读,品味不同作者面对不同的生活环境的心境、情感。还可以创设相应的问题,让学生熟读文章后,在课堂上进行讨论。

案例:

陶渊明《归去来兮辞》教学

师:请同学们阅读陶渊明的《归去来兮辞》,弄清楚"辞""序"和"表"有何异同。

生1:三者都属于古代文体,但"辞"一般以四字句、六字句为主,其中四字句以二、二顿读,如"乃瞻/衡宇,载欣/载奔。僮仆/欢迎,稚子/候门";"序"分赠序、书序、宴集序;"表"一般是下级向上级陈述事实,表达自己的观点与看法。

师:这篇文章的作者追求什么样的精神境界?

生2：我课前认真阅读了这篇课文，可以归入古代抒情散文类，它表达了作者强烈的思想感情，字里行间流露出的真情实感，令人感慨。

师：陶渊明在《归去来兮辞》中与王阳明在《西园》中的心境如何？是否相同？

生3：陶渊明表面上回归自然，心情喜悦，但诗句中透露出淡淡的忧伤，表达的是一种壮志未酬的情感，而王阳明在《西园》中透露出随和、乐观、豁达的心态。所以，两者的心境是不同的。

师：从陶渊明的《归去来兮辞》与王阳明的《西园》中，能否看出他们谁会种菜？这说明了什么？

生4：陶渊明表面归隐田园，但种菜的技术并不高，例如"种豆南山下，草盛豆苗稀"。而在《西园》里面"方园不盈亩，蔬卉颇成列"，可看出王阳明种菜比较在行，是用心在种菜。

师：从王阳明的《西园》中可以看出，王阳明会种菜，且种得挺好。王阳明一生经历坎坷，遭廷杖、下诏狱、贬龙场、功高被忌、被诬谋反，可谓受尽了命运的折磨，但他并没有消极懈怠，反而积极、乐观，可见其气度与胸襟！

生5：老师，为什么会这样呢？难道还是志向的问题？

师：是啊！为什么会这样呢？人人都称王阳明是圣人。其实，哪里有天生的圣人啊，只不过是王阳明自己喜欢读书领悟罢了。早年王阳明被贬到修文龙场，在龙冈书院教化弟子的时候，告诫弟子立志、勤学、改过、责善。实际上，王阳明早在幼小的时候就已经立下了这样的志向。大家想想看，一般人被贬，温饱尚不能得到满足，生命也难保，哪里还有心思读书做圣人呢？但王阳明不同，因为在他心中，人人皆可成圣贤。

生6：是的，从《西园》的"倦枕竹下石，醒望松间月。起来步闲谣，晚酌檐间设。酣时藉草眠，忘与邻翁别"中可看出王阳明志向远大，目标明确，心态良好。

师：王阳明曾经与王艮有一段对话。王艮经常讥笑和误解王阳明的行为。一天王艮从外面回来，王阳明问他："都看到了什么？"王艮刻意说："我看到满大街都是圣人。"王阳明微微一笑，借力打力："你看到满大街都是圣人，满大街的人看你也是圣人。"王艮尴尬一笑："都是圣人。"王阳明点头说："对！人人都是圣人，谁也不比谁差。"同学们！此段对话给我们的启示是什么呢？作为当代中学生,如果你没有考上理想的大学,你会气馁吗?实际我们人人都可以成才,只是早和晚的问题,只要你坚持自己的理想信念,立志于勤学,早晚会实现自己的梦想。你们说是吗?

通过归类教学,课前让学生带着问题去阅读,然后在课堂上组织学生进行讨论,除了理解课文的写作手法和思想感情之外,更多的是探究作者内心真实的情感,从而让学生培养自主学习的习惯,学习几位作者在困境中仍然保持积极乐观、心胸豁达的人生态度。

(二)教师与学生

合作是教学的重要行为过程,教学如果没有师生的通力合作,课堂就没有生气与活力,这样的课堂是无效的。所以,向阳而教的重点在于引导学生积极探究,与教师达成共识,这样学生才能在课堂上绽放出更闪耀的光芒。

案例:

韩愈《师说》教学实录

师:同学们,今天我们将韩愈的《师说》与王阳明的《训蒙大意示教读刘伯颂等》进行对比阅读。现在请大家先阅读《师说》,之后再阅读王阳明的《训蒙大意示教读刘伯颂等》。

生1:王阳明在《训蒙大意示教读刘伯颂等》中有"大抵童子之情,乐嬉游而惮拘检,如草木之始萌芽,舒畅之则条达,摧挠之则衰痿"的观点,就是说作为教师,对于学生的教育应该以鼓励和引导为主,千万不能有过多的责骂与批评,更不能够打击和压制。

生2:是的,孩子就像春天刚刚萌芽的花草树木,如果让它们舒展畅快地生长,它们就能迅速发育,变得繁茂;如果一味地摧残与打压,它们很快就会枯萎。所以,王阳明的观点"人人皆可成为圣人",从现代社会来看,就是我们每一个人都有求知的权利,都有可能成为"圣人"的机会。

师:很好,请结合这两篇文章,来讨论如下几个问题:

(1)韩愈为什么要将这篇文章赠送给学生子蟠?

(2)韩愈在《师说》中是怎样谈师论道的?

(3)从良知的角度讨论当前青年学生应该如何做到"尊师重教"?

(4)你想对韩愈说句什么话?

(5)王阳明在《训蒙大意示教读刘伯颂等》中与韩愈在《师说》中对教师的观点,有何异同?

(让学生在课堂上分组针对以上问题展开讨论,发表自己的观点,提出行之有效的建议。至于《师说》里字词句的翻译、对虚词与实词的理解,可以放在练习中让学生自己去完成,不用放在课堂上。)

生3:我们第一组研讨认为,韩愈批评"耻学于师"的风气,涉及的面很广,例如开头是"今之众人",接着是做父亲的人,最后是"士大夫之族",他的主要批评对象是士大夫之族。理由有二:第一,从行文的语气看,本段结尾对士大夫之族不仅表露了作者的不满,而且显示出一种鄙夷和蔑视的态度,认为他们瞧不起劳动群众,却不如劳动群众聪明,不懂得从师的道理。第二,"位卑则足羞,官盛则近谀"正是这类人的特殊心态,也是门第观念很深的反映,而门第观念跟以"道"为师的正确主张恰恰是格格不入的。

生4:我们还从第一段中了解到,作者举出孔子询官于郯子、访乐于苌弘、学琴于师襄、问礼于老聃的事例,并引用孔子的名言,进而得出"弟子不必不如师,师不必贤于弟子,闻道有先后,术业有专攻"的结论。这个结论,是对第一段提出的"道之所存,师之所存"的深化,也是对士大夫之族耻学于师的进一步批判。

生5:从这一段的结论阐明了一种新型的师生关系,推论出了"弟子不必不如师,师不必贤于弟子,闻道有先后,术业有专攻"的崭新观点,用相对的、发展的眼光看待师生关系,说明师生关系不是一成不变的,是可以相互转化的,教与学是可以相长的。这就将老师和学生之间那条人为的固定界线取消了,对自古以来"师道尊严"的传统提出了挑战,闪耀着朴素的辩证唯物论的思想光辉。这种闪光的思想,被后世许多教育家引申发展,为教育理论做出了很大的贡献。

生6:我们第三组认为,作者称赞子蟠,既是对他不从流俗的肯定,也是对士大夫们"不从师"的有力批判;既针砭时弊,又进一步倡导了从师学习的态度。从而得出作者作《师说》的缘由,总结全文。从师要"不拘于时"和"能行古道"。反对"耻学于师"的坏风尚,赞成"以道为师"的好风尚。

师:同学们在课堂探究中的交流非常精彩,内容丰富,对问题的剖析非常到位。现在请大家安静,听听×××同学的感言。

生7:学习了韩愈的《师说》,我对文中如何当好老师,如何确立师生关系感触很深。在我看来,所谓老师,在某方面的学问肯定要比学生高,才称得上老师。人都会有不懂的问题要问,而如果不向老师求教,那岂不是始终不能解答这些问题了？但是，我认为老师不一定要比学生年纪大，难道年纪小的人就不配当老师吗？只要他在某一方面的知识水平高于我，能懂大道理，他就可以做我的老师。就像文中所写，"道之所存，师之所存也"。只要是有道理的地方，就一定有老师存在。

孔夫子被称为圣人，但他还是不耻下问，他曾以郯子、苌弘等人为师，他的学问绝对不比他们差，只是想学到不会的知识罢了。他说："三人行，必有我师焉。"民间俗语也说："三个臭皮匠，顶个诸葛亮。"的确是这样，不管是谁，都会有不懂的地方，例如，小学生做的数学智力题，有些连博士生都做不出来，就算你是大学中文系毕业的，也不会认识字典里的每个字。如果他们不懂得"不耻下问"的话，又怎会有进步呢？

老师无处不在。巫医、乐师和工匠们，经常互相学习。而那些士大夫们，自己没有学问，一听到有人称"老师"、称"弟子"，就聚在一块儿讥笑人家，还说："他和他年龄差不多，道德学问也差不多啊，以地位低的人为师，就可羞耻，以官职高的人为师，就近乎谄媚！"听起来好像老师的标准都是他们定的！

作为当代中学生，我们学习了这篇文章后，更应该懂得："不耻下问""道之所存，师之所存"的道理。在遇到什么疑难问题时，随时都要警醒自己，要向懂得道理的人学习，坚持"不耻下问"。

教学反思：

说实在的，我在教这篇课文时，用功不少，但教学效果并不是很好。

面对《师说》这样一篇具有深厚文化内涵的课文，我的教法仍然比较传统，没有深入挖掘其蕴含的文化特色和时代精神。同时，由于过分强调背诵，把对课文严密结构的分析放到次一等的位置，使学生在这个问题上的思维密度降低。即便有论证方法和逻辑思路的讲述，也仅仅是为背诵服务，并没有上升到文学欣赏的高度，在提升学生的品位方面有所欠缺。

而且，讲课时过分依赖事先设计和讲究各个环节的无缝衔接，没有安排学生进行课堂讨论，使他们没有机会对课文内容和观点质疑求异，后来有位同学在写《师说》读后感时曾提出："小学而大遗"不是"小的方面倒要学习，大的方面反而放弃不学"的意思，而应该理解为"小孩让他学习，大人反倒不学习"，这样，上下文的意思就贯通了。姑且不论他的理解正确与否，单就这种深入思考精神，他也应该成为大家的榜样。如果我当时提供给他一个展示的机会，相信对课文内容的深入理解，对探索创新精神都会起到非常重要的榜样作用。

在课前我要求学生查找了关于韩愈写这篇文章之前的一些历史文献,以让学生充分了解韩愈先生。因此在课堂上,师生配合整体非常好,整堂课在合作探究中完成了教学任务,遗憾的是没有对王阳明的《训蒙大意示教读刘伯颂等》进行进一步的分析,只有几名学生点评了几句,再没有其他同学深入探究了。

三、讨论教学

(一)提炼与检测

所谓讨论教学,是指师生在合作探究的基础上,结合教材内容与目标,针对性地展开研讨与渗透,让学生在课堂教学中有所获,有所感,有所得。如果要做到这一点,就需要通过提炼,在课堂上进行有效的渗透检测。例如,语文教师在鲍照《拟行路难》的教学过程中,渗透王阳明的《无寐》进行对比阅读教学,一是通过拓展延伸进行讨论,丰富语文教学内容;二是综合检测学生是否真正明白"以意逆志知人论世"的道理。历史教师在"中华文化的世界意义"一课的教学过程中,可以组织学生结合阳明文化精髓开展讨论,探究阳明文化对中国历史的意义与对世界的影响。

案例:

以意逆志,知人论世
——《拟行路难》与《无寐》教学设计

学习目标	1.把握诗歌的内容,理解诗歌所表达的情感 2.比较阅读,理解两首诗歌各自表达的情感有何不同点 3.学会欣赏诗歌的步骤及方法
学习难点	欣赏掌握诗歌的方法及步骤
导入新课	常言道:人生之路难行啊!谈一谈自己对"人生之路"难行的感想与理解。有才难行,无才更难行
提出问题	请同学阅读两首诗歌,然后进行有效分析。理解诗歌的步骤有哪些? 明确:(1)读懂大意;(2)知人论诗;(3)领悟感情;(4)欣赏技巧
问题探究	比较阅读,请从两首诗中最感动的一两句进行阅读理解,并通过朗读来理解感情

续表

问题探究	教师范读,引出以意逆志、知人论世鉴赏方法。 (1)交流鲍照与王阳明的生平与写作背景。 (2)体会与理解诗人的人生之路难吗?难在何处? 明确:钟嵘在《诗品》中说鲍照是"才秀人微,故取湮当代",此诗是诗人的不平之鸣,抒发了其怀才不遇之情。王阳明属于背井离乡,苦闷且孤独
	1.鲍照的《拟行路难》开头用什么修辞手法?诗中的"人生亦有命,安能行叹复坐愁!"体现了一种什么样的思想情感? (1)第一、二句用了什么表现手法?说明了什么道理? 明确:运用了比兴的表现手法。诗人抓出泻水流淌这一自然现象做比兴,引出对社会人生的无限感慨。说明了就像水是依照高下不同的地势流向各方一样,人的际遇往往也是被家庭门第的高低贵贱决定的。 (2)第三句中的"命"是指什么?结合全诗看,作者对此有怎样的看法? 明确:"命"指门第决定人生,有什么样的门第就有什么样的遭遇。作者认为非常不公平,但没法改变,这里只是表面上认命了,实则是对不公平社会发出愤怒的控诉。 (3)第五、六句塑造了一个什么样的形象? 明确:以非常精练的笔法,生动形象地刻画出诗人悲怆难抑的情态。(提示:酌酒原为排遣愁绪,然而满怀郁结的悲愁岂是区区几杯酒能驱散的?"抽刀断水水更流,举杯浇愁愁更愁",平添的几分酒意反而更激起了愁海的狂澜,诗人趁着酒意击节高歌,将一腔悲愤倾泻出来。长歌当哭,这是何等悲烈景况!读者从这举杯驱愁却大放悲声的情节中,亦可想见其悲其愁的沉郁了。) (4)第七、八句写出了什么感情? 明确:第七句是对前面几句的总结,诗人那驱不散的愁苦,实系于对世事的感慨,其心并非无知无觉的木石,理的劝谕、酒的麻醉,都不能使心如槁木。用反问的句式,冲决了自我克制的堤防,使全诗的情感达到了高潮,表达了诗人的抗争。第八句表达的是作者心中的无奈,"岂无感"越是激昂,"不敢言"的痛苦就越是深沉。两句构成了一种鲜明的对照,将诗人忍辱负重、矛盾痛苦的精神状况表现得淋漓尽致。 2.王阳明的《无寐》又在抒发一种什么样的情感? 明确:王阳明的《无寐》直抒胸臆,失眠、煎熬、无奈,体现的是一种被贬谪的孤独苦闷的心情。 3.结合诗来分析,鲍照与王阳明的心境是一样的吗? 明确:鲍照仅仅是在抒发对怀才不遇、世态不公的抱怨与对门阀制度的抗争、不平,但最终只得认命。而王阳明则是表达遭受贬谪,背井离乡的苦闷与孤独,以及对家乡的思念之情

续表

拓展研读	王阳明的《山石》抒发了一种怎样的情感呢？ 明确：这首诗表达了王阳明被贬龙场时的思乡哀愁。"人生非木石，别久宁无思。"人不是石头、木头，离开家乡那么久怎么可能不思念。"有生岂不苦，逝者长若斯"应结合下句"已矣复何事，商山行采芝"理解，其中的典故是"商山四皓"隐居的故事，由此也可看出王阳明当时十分苦闷，所以才会想到先人而萌生隐居之念
小结	个人的命运与所处的时代息息相关，千百年来，多少文人雅士，"才秀"而"人微"，有才而无望，英雄无用武之地。"冯唐易老，李广难封"，这是千古的悲怆。值得庆幸的是，我们生在了一个可以自由施展才华的大好时代，只患己之不能，不患人之不知己，我们要做的，只剩下努力使自己成为一个"德美才秀"的人，在我们的时代，是可以大有作为的
板书	《拟行路难》鲍照　　　　《无寐》王阳明 认命——不认命——认命　　忧思——消愁——思乡 　|　　　|　　　|　　　　|　　　|　　　| 抨击　　悲愤　　无奈　　苦闷　　消散　　郁闷
作业	1.背诵《拟行路难》 2.完成课后第一、二大题

总结：

从《拟行路难》与《无寐》对比教学效果来看，提炼的教学程序，经过课堂检测，其效果是非常好的，已达到教学目标要求。从知人论世的方面来看，鲍照感受到仕途之艰难，但又无法摆脱现实的残酷事实，只能认命，表达的是一种怀才不遇之感；而王阳明苦闷的原因是思念家乡，两者的心态不同。关于圣人的说法，在王阳明看来，圣人并非知识渊博和能力超群的人，而是其心纯乎天理、其欲无杂的人。"圣人之所以为圣，只是其心纯乎天理，而无人欲之杂。犹精金之所以为精，但以其成色足而无铜铅之杂也。人到纯乎天理方是圣，金到足色方是精。"这段话的意思是：圣人之所以成为圣人，就在于他们保持一颗纯净的心，顺应天理自然，没有什么私心杂念，就如同精金之所以成为金，就是因为它的色纯净且足，没有铜铅之类的杂质，所以，人只有纯乎于天理方能成为圣人，金也只有色正且足才能成为精金。

按照王阳明的说法，只有保持纯洁高尚的心理去努力求知，去掉所有的私心杂念，才有可能成为圣人。

(二)目标与达成

一般通过课堂观察、师生互动、课堂练习等形式来评价教师的课堂教学效果,看是否完成了教学目标,预设与生成是否一致。有些课的教学效果不易当堂检验,有些则是可以的。有些可以通过课堂教学现状与学生的反映,检测到学生对课堂教学内容的理解程度。例如,语文教师在李白《将进酒》的教学过程中,可以结合王阳明的《夜雨山翁家偶书》进行对比教学,让学生探究"志于道德者,功名不足以累其心;志于功名者,富贵不足以累其心",体会纯乎天理、顺应自然的民本思想。历史教师可以在"中华优秀传统文化的内涵与特点"的教学过程中,结合阳明文化的内涵与特点展开讨论。

案例:

纯乎天理,顺应民心

——李白《将进酒》渗透王阳明《夜雨山翁家偶书》

对比对象	《将进酒》	《夜雨山翁家偶书》
谁请喝酒?	元丹丘请李白、岑勋喝酒	山翁
为什么要喝酒?	与尔同销万古愁	山翁隔水语,酒熟呼我尝
宴饮后是什么样的形象?	激动:君不见,黄河之水天上来,奔流到海不复回。 悲壮:君不见,高堂明镜悲白发,朝如青丝暮成雪。 欢快:人生得意须尽欢,莫使金樽空对月。烹羊宰牛且为乐,会须一饮三百杯。 自信:天生我材必有用,千金散尽还复来 愤慨:钟鼓馔玉不足贵,但愿长醉不愿醒。古来圣贤皆寂寞,惟有饮者留其名 狂放:主人何为言少钱,径须沽取对君酌。五花马,千金裘,呼儿将出换美酒 愁苦:与尔同销万古愁	浩歌入苍茫 醉拂岩石卧

续表

对比对象	《将进酒》	《夜雨山翁家偶书》
他们是怎样喝酒的？	人生得意须尽欢,莫使金樽空对月:喝得尽兴 烹羊宰牛且为乐,会须一饮三百杯:喝得多 将进酒,杯莫停:喝得急 但愿长醉不愿复醒:喝得纵情 斗酒十千恣欢谑:喝得狂 五花马、千金裘,呼儿将出换美酒:喝得专注,喝得任性 总之,李白的喝法莫过于"狂饮"	露华明橘柚,摘献冰盘香 洗盏对酬酢,浩歌入苍茫
诵读李白《将进酒》、王阳明《夜雨山翁家偶书》，谈谈对两首诗的理解及各自的语言风格	豪放悲壮,气象不凡,尤其是音韵、节奏随着诗情的起伏,时缓时急,忽高忽低,曲折回环,奔腾向前	王阳明的诗歌具有委婉含蓄、语言质朴、意蕴深长等特点

总结：

通过李白的《将进酒》渗透王阳明的《夜雨山翁家偶书》的教学，学生们深切感受到李白喝酒狂欢的尽兴纯粹，怀才不遇、壮志未酬的苦闷，以及王阳明的豁达开阔、随遇而安、顺应自然的民本思想。

从王阳明的诗歌中，可体会到爱民保民、顺应民心、安民富民的民本主义思想。在王阳明看来，"亲民"的核心是"仁"，可用于教化民心。他的这种思想完全汲取了尧舜、孔孟以来的圣贤思想，但也有创造性转化。他不远千里来到修文龙场，没有多久就同当地老百姓融合在一起，而且还得到当地老百姓的拥戴，这与他的"亲民"思想是分不开的。

史书记载，王阳明在江西做官时，有一对父子发生争执，吵闹不休，找王阳明为他们评理。王阳明并没有问是非曲直，而是给他们讲了几句话，结果话还没有说完，父子二人就抱头痛哭而去，和好如初。没有想到的是王阳明的一名学生看在眼里，记在心里。有一天，这名学生终于忍不住问王阳明当时说了什么，而王阳明语重心长地对学生说："我说舜是世上最不孝顺的儿子，瞽叟是世上最慈爱的父亲。"弟子更是吃惊。王阳明解释说:"舜常常以为自己是最不孝顺的,所以他才难做到孝顺。瞽叟常常以为自己是最慈爱的,所以他不能做到慈爱。"实际上,王阳明的这一番话恰恰是正话反说,让争吵中的父子深受震动。

王阳明在南赣做巡抚期间,在管理乡民上很有一套方法,从这些方法中也可看出王阳明的民本思想。

王阳明基层管理乡民经验有"三招":

第一招:仁爱亲民,体恤百姓,强化教化德治。

1518年,王阳明颁布《南赣乡约》,主要目的是在劝谕的基础上,明确乡约内部权利、义务,将儒家伦理道德具体化、平民化、制度化,从而更加行之有效地引导乡民的思想行为。

第二招:设置县治,重建行政区域,推行群众自治。

王阳明初到南赣就颁布了《十家牌法告谕各府父老子弟》《告谕父老子弟》和《南赣乡约》,实现了从官方主导向民间自治的转化,加强了基层政权的领导力。

第三招:整顿吏治,安抚民心,同步加强法治。

王阳明一方面主张以儒家道德的方式来治理吏治,用心去安抚百姓;另一方面又采取强制措施对违法者严加惩罚,体现礼法刑政共治的特点。

从此可看出王阳明的民本思想,与为官、为学、致良知是"一体化"的。为官者要以德修身,提高自身的道德修养和文明素养,做人民的表率,身教重于言教,要代表最广大人民群众的利益。

第四章

向阳而教基本策略

本章将探讨向阳而教的策略,其中,阅读阳明历史故事和探究阳明文化遗迹主张依托中国阳明文化园、玩易窝、阳明洞等,丰富学生的语文和历史课堂教学内容,激发学生的兴趣,组织学生学习与讨论。探究阳明书院遗迹旨在让学生了解贵阳阳明文化书院历史遗迹,如修文龙冈书院、贵阳文明书院等,以及贵阳市以外的书院历史遗迹,如思南为仁书院、凯里学孔书院等,从而增进学生对阳明文化的了解。探究阳明教育思想则以高中语文和历史教材为依据,通过案例的形式来呈现阳明教育思想,同时进行拓展讲解,渗透阳明文化精髓,为学校立德树人打好基础,并为"培其根、种其德、养其心"做好铺垫。创新作文教学模式主要通过王阳明历史故事,以及王阳明名言警句,让学生阅读撰写良知作文。体验古代诗文韵味主要包括对比阅读诗词、古代散文等方面的教学。品析现代诗文韵味主要从抒情散文、现代小说、校本剧创作等方面进行渗透。

一、阅读阳明历史故事

所谓历史故事,不是简单的历史故事,而是由一些人物传记,关于立志、勤学等的故事和案例等组成的文本,具有直观、简明、醒目、概括性强、容易比较等特点。历史故事的主要内容包括与生活息息相关的生活事件、经典故事、人文逸事等。历史故事阅读是语文和历史阅读教学的主要形式之一,是一门运用语言文字的综合性、实践性课程,教师应结合教学内容组织学生阅读相关历史故事,并进行有效的讨论,学生在阅读时要紧扣时代信息与文段主要信息。

例如,历史教师在"从明朝建立到清军入关"的教学过程中,可以综合王阳明的人生际遇和阳明文化园历史资料信息等进行拓展阅读教学,在阅读时重点把握文章主要信息点,在此基础上进行讨论、归纳与整合。

案例1:

王阳明人生际遇

一、阅读探讨

阅读下面几段材料,对相关问题展开讨论。

材料一:什么是知行合一

同学们!作为当代青年学生,我们应该要抱着"知行合一"的理念去做事情,否则就很难成就自己的未来。正如王阳明所说:"知是行的主意,行是知的功夫;知是行之始,行是知之成。"这句话告诉我们一个道理:心之所发便是意,意之本体便是知。明白道理,且有依靠道理而行动的意念,才是真知;明白道理,但没有依据道理而行动的意念,等于不知。例如孝顺父母,即有孝顺的意念,有这样的意念,才能有孝顺的行动。如果整天将孝顺挂在嘴边,内心却没有孝顺的意念,就不可能产生孝顺的行动。再如忠君之心,即有忠君之意,有这样的意念,才能有忠诚的行动,才有忠诚之理。

所以,对中学生而言,整天嚷嚷立志要学习,考上好的大学,可是,自己内心却没有这样的意念,或者知难而退缩,就不可能有实际行动的出现;如果从内心立志要勤学,有强大的意念,且在行动上下功夫,所立的志向就有可能实现。

材料二:践行好"致良知"

王阳明曾说:"某于此良知之说,从百死千难中得来,不得已与人一口说尽,只恐学者得之容易,把作一种光景玩弄,不实落用功,负此知耳。"这是肺腑之言。王阳明认为人人都有良知。从他"盗贼也有良知"的故事中可以看出,"致良知"是心学核心,也是做人的智慧。当代中学生应该立足于扎扎实实求学。一要立志,坚持不懈,专注精一,目标一致;二要勤学谦抑,不骄不躁,为人诚恳,表里如一;三要改过,要有勇气正视自己的错误,改正自己的缺点;四要责善,劝善真诚,自我批评,严于律己,宽以待人。

材料三:经受世间磨难

王阳明曾说:"世间磨难,皆是砥砺,人间是道场,淤泥生莲花,是一种境界。"从这段话不难看出,他所经历的苦难是常人难以理解或感受到的。

王阳明一生大致经历了五大磨难。

其一,身体遭受磨难。

王阳明从小身体就不好,5岁才开口说话,幼年受肺病煎熬,常处于危险之中;他上任途中从马背上摔下来,口吐鲜血;在"格竹"时,他对着竹子一"格"就是几天几夜,不吃不喝,雷打不动,差点把命搭上。

其二,受牢狱的磨难。

王阳明是一个耿直的人,只要见到有违背法令的事,他都要出面管一管。刚上任没有几天,就遇上小皇帝朱厚照登基。可是,以刘瑾为首的宦官玩弄权术,为非作歹,谋害忠良,特别是对那些上疏和进言的忠臣,要求皇帝下令诛杀,并利用锦衣卫暗杀。一时间,朝廷上下人心惶惶。这时王阳明挺身而出,冒死进谏,请求释放朝廷重臣,结果得罪刘瑾而被抓起来,毒打四十大板,被打得血肉模糊、不省人事后,被扔进大牢。奄奄一息的王阳明,在监狱里面仍然坚持读书、写文章,与那些同样被冤枉的狱友讨论学问,这为王阳明出狱后平乱治事奠定了基础。

其三,贫困落魄的磨难。

王阳明被贬之后,在赶往修文龙场的路上,遭到刘瑾派来的人的追杀,虽躲过一劫,但是一路历经千辛万苦,到达龙场时,已经是不成样子了。没有办法,他只好住在山洞里面,但是心态平和,仍安然处之,劈柴煮饭、照顾随从。粮食吃完了,王阳明就用刀耕火种的方式,开辟一块荒地,自己种粮食。从王阳明的《西园》中可看出他种菜的技术较好。从《采薪二首》中可看出,王阳明当时保护生态环境的举动,遭到了当地群众嗤笑。"同行笑吾馁,尔斧安用厉。"王阳明还深刻意识到,"快意岂不能?物材各有适。可以相天子,从稚讵足识"。可以想见,王阳明由采薪推及用人治国,抒发了位卑未敢忘忧国、贬谪未敢忘民众的万世情怀。

其四,饱受战事磨难。

在仕途中,王阳明有很大一部分时间都在处理战事工作。例如,离开修文龙场后,王阳明临危受命来到江西、福建等地剿匪。每到一处,王阳明会先考察敌情,然后制定方案:一是调查实情,体察民情,分辨那些被迫为匪的百姓;同时做好战斗准备工作,训练民兵,筹措军费。二是运用多年研习的军事理论,加强军队建设。三是以民为本,在战争中最大限度减少人员伤亡,战后稳定群众生活秩序和生产秩序。四是建议县制,在加强基层治理上下功夫,修建书院和学校以教化百姓,推行仁礼之风。

其五,受尽侮辱磨难。

王阳明在官场上仕途并不算顺利。他在朝为官时曾遭受诽谤,而同僚为撇清关系疏远他。王阳明只好说:"君子不求天下之信己也,自信而已。"他还给同样受到诽谤的官员说:"不管有没有人理解你,都不能够动摇自己的信念,来自外界的毁誉,不应扰乱内心,我们还应该将其作为磨砺自己的机会。"特别值得一提的是,在王阳明平定朱辰濠之乱后,皇帝朱厚照御驾来南方。一群小人以妖言蛊惑皇帝,想方设法算计王阳明。王阳明虽然饱受冤屈,但他始终坚守一颗良知之心,心系战后民生。

材料四:事上磨难本领

王阳明曾说:"人须在事上磨练,做功夫,乃有益。若只好静,遇事便乱,终于长进。"这话说明了一个道理，人须在世间饱受磨炼，方能立得住，方能静亦定、动亦定。由此看来，作为当代中学生，都应该在世间磨炼，即立足自己的学习，投身到紧张的学习氛围中，参与社会实践，在纷繁复杂的具体事务中锻炼自己的心理素质，做到动静皆定。

例如，王阳明在江西剿匪期间，当地的一名官员非常崇拜王阳明的学识，但是，由于公务繁忙没有时间参与学习。王阳明听后微笑着对他说："我何尝教尔离开公务，悬空去听讲学？尔既有官司之事，便从官司的事上为学，才是真格物。"

王阳明一身正气、呕心沥血、改革有为，却很难彻底改变明朝的黑暗，也难改变当时朝廷的腐败，但他造福了百姓，也推动了社会进步。

二、课后练习

1.对下列材料相关内容的理解，不正确的一项是（ ）

A."知是行的主意，行是知的功夫；知是行之始，行是知之成。"

B.王阳明说人人都是有良知的。

C.只要言行一致、表面如一就是知行合一的表现。

D.小偷的行为可恶，他是没有良知的，应该严惩。

2.对下列材料三相关内容的理解，完全正确的一项是（ ）

A.王阳明在"格竹"的时候，没有用心，所以没有取得成功，属于无聊之举。

B.王阳明想巴结刘瑾反而被抓起来，毒打四十大板，属于因果报应，活该。

C.王阳明离开修文龙场之后，开始走向仕途，践行他的民本主义思想，经常帮助乡民抗洪救灾，关注民生疾苦等。

D.王阳明虽然走上仕途，但是在官场上并不顺利的主要原因是太偏执。

3.对下列问题进行探究，阐明自己的观点。

(1)你是如何理解"知行合一"的，怎样做才能够知行合一呢？

(2)如何利用良知观点去做事？

(3)你对王阳明曾说的"人须在事上磨练，做功夫乃有益。若只好静，遇事便乱，终于长进"有何看法？

三、学生学习感想

（一）

"志不立，天下无可成之事。虽百工技艺，未有不本于志者……"王阳明的这句话已在我的脑海里扎了根，安了家。

从进入修文县第一中学开始,我们班主任老师就没少在班会上讲王阳明的故事。其实,王阳明《教条示龙场诸生》中的"志不立,天下无可成之事"这句话早已深入我心。可是,到底何为立志?立什么样的志?我还是有些把握不住。只记得班主任老师常说:"要立鸿鹄之志,同周恩来先生一样立下'为中华民族之崛起而读书'的大志,目标是努力改变现状,让人民生活得更加美好。"

现在,身为高一年级的学生,我有了自己的想法:"立志"是为了追求内心深处的强大。

(二)

现在,我要坚定自己的理想与信念:要为中华民族伟大复兴而读书。

阳明先生说:"志不立,如无舵之舟,无衔之马,漂荡奔逸。"人若不立志,则如行尸走肉,人若立志,则将披荆斩棘。"志不立,天下无可成之事,虽百工技艺,未有不本于志者。"这是成功的必要不充分条件。

(三)

欲成功者,必先立其志。古往今来,谁人不是先立志,最后才踏上成功之途。吾辈青年,更当自强!

中华民族伟大复兴的中国梦是我们青年一代不可推卸的责任,这是我们的伟大目标,是吾辈少年自强不息的动力。请党放心,强国有我!

案例2:

探究阳明足迹活动

本活动是结合高考非连续性阅读来设计的,旨在通过阅读、分享、交流,让学生了解修文阳明文化园相关知识点。目的一是让学生真正了解"中国阳明文化园"的情况,增进对阳明文化园的认识;二是增强学生阅读能力与判断能力,促进学生语文综合素质的提升;三是通过综合实践渗透阳明文化,激发学生学习兴趣。

请阅读下面几组材料,讨论相关问题。

材料一:中国阳明文化园概况。

中国阳明文化园位于贵阳北面的猕猴之乡——修文县龙场镇。修文县兴建于康熙二十六年(1687),根据"偃息武备,昌明文教"之意而命名。这里是明代著名的思想家、文学家、哲学家和军事家王阳明曾经的修炼悟道之地,也是阳明心学之发源地,文化底蕴深厚。在正德元年(1506),王阳明因揭露宦官刘瑾残害忠臣的行为,被廷杖四十,贬至贵州龙场(修文县治)当驿丞。于是,王阳明在此兴办书院,招收学生,教化当地百姓,为修文乃至贵州培养了大批优秀人才。

在龙场这荒僻幽静、生活艰难的环境里,王阳明结合历年来的遭遇,日夜反省,修炼身心。他认为"心"是感应世间万事万物的根本,由此提出"心即理"的命题。最后参悟到"圣人之道,吾性自足,向之求理于事物者误也",这就是著名的"龙场悟道"。

贵州修文县曾多次举办"国际阳明文化节"活动,海内外王阳明研究专家和学者都会参加。这无疑在提升修文县声誉的同时,又为其注入了丰厚的文化底蕴。王阳明在继承和发展孔、孟儒家学说的基础上,借鉴了孟子的"良知"理论并汲取了陆象山的"心学"观点而开创出新"心学"。其思想集中表现为四个命题:"格物致知""知行合一""心即理""致良知"。其中,"致良知"是其"心学"的核心,贯穿了他的所有思想。所以,阳明文化能激发智慧,净化心灵,是学校教育的主要内容,是落实立德树人根本任务的重要途径。多年来,贵州省修文县一直秉承"格物致知"精神,倡导王阳明的"知行合一",以践行向阳而教为出发点。学习阳明文化,研究阳明文化,践行阳明文化,传承阳明文化,将阳明文化中的精神与学校教育结合起来,落实"良知学习、良知研究、良知教育、良知家校"任务。

师:同学们,我们的第一项活动是提炼材料,请结合以上材料,为"全国阳明文化节"拟定三条标语。

生1:我拟写的三条标语是:(1)热烈欢迎国内外专家学者传播阳明文化精髓。(2)秉承"格物致知"精神,倡导"知行合一"。(3)弘扬优秀传统文化,践行良知核心命题。

师:不错,紧扣主题,还有其他同学补充吗?

生2:我拟写的三条标语是:(1)阳明精神代代传,向阳而教是良策。(2)中国阳明文化园的建设,因有你有我的参与而辉煌。(3)致良知是我们的核心目标,知行合一是我们的体现。

师:很好,同学们回答得非常好。我们的第二项活动是材料记忆,请同学们结合今年的"全国阳明文化节"的主题,设计三项与此相关的活动。

生3:我设计的三项活动是:(1)举办"弘扬和传承'龙场悟道,格物致知'精神"专题讲座;(2)开展"参观阳明文化园,践行阳明精神实践活动";(3)举办王阳明经典吟诵会。

生4：我设计的三项活动是：(1)举办"弘扬传统文化，践行知行合一"精神文艺晚会；(2)举办祭拜圣贤立志宣誓活动；(3)举办"传承阳明精神，践行向阳而教"主题作文活动。

材料二：中国阳明文化园规划。

为了弘扬和传承"龙场悟道"精神，展现"知行合一"的重要意义，以玩易窝、阳明洞为核心，大力推进中国阳明文化园项目建设。中国阳明文化园项目占地面积为3500亩，总体布局为"一带两心三坊六区"。"一带"即修文河滨水景观带；"两心"即阳明文化核心保护区和阳明湖景区；"三坊"即北入口"王学圣地"牌坊、南入口"知行合一"牌坊与东入口的"心学之源"牌坊；"六区"即阳明洞核心保护区、养心度假区、梦回故里主题小镇、文化产业休闲区、文化产业住区、龙场驿站综合区。总投资67.2亿元，是集旅游、文化、休闲、参学、度假及商业开发于一体的综合项目，还建成了"知行合一"广场、"衡南云轩"综合服务区、旅游服务中心、王阳明纪念馆等核心景区，2017年被评为国家4A级景区。

师：假如你要在"全国阳明文化节"主题活动启动仪式上，向同学或国内外专家学者介绍中国阳明文化园的情况，请从以上材料中提取重要信息，作为介绍的要点。

生5：各位专家学者以及同学们好！中国阳明文化园是王阳明悟道的地方，也是中国阳明文化的发源地之一。这里依山傍水，环境优美，气候宜人，文化底蕴深厚。你们在畅游文化园时，不仅能感受到古圣先贤的文化气息，还能领略到王阳明悟道的精神与内涵。在游览核心景区，如"王学圣地"牌坊、"知行合一"牌坊和"心学之源"牌坊等之后，你们定会对中国阳明文化园的意蕴与魅力有一番新的感受和理解。

生6：各位远道而来的专家与学者们！你们好！孔子云："有朋自远方来不亦乐乎？"您们的到来让我们感到非常高兴，中国阳明文化园山清水秀，文化气息浓郁，是王阳明先生修行悟道之地，让我们共同领略古圣先贤的遗风，将阳明文化之精髓融入自己的心中，在各自的工作岗位上积极践行自己的职责，做出辉煌的成绩。

师：非常好！说得漂亮！

总结：

结合以阳明文化为主要内容的材料，组织学生在课堂上进行有效的交流讨论，这种教学方式效果非常好，很受学生喜欢。从教学效果和学生的表现来看，是比较成功的。亮点：一是有效地将阳明文化的相关内容渗透到了教学中；二是这种渗透方式比较灵活，不死板，很受学生喜欢；三是这种非连续性阅读，正好符合高考内容及形式的要求；四是学生参与度高，回答紧扣主题。不足之处在于内容还不够丰富，应该多列举王阳明立志勤学等方面的故事，让学生讨论。

二、探究阳明文化遗迹

中华优秀传统文化源远流长，博大精深，是中华文明的智慧结晶。中华优秀传统文化重视以人为本，提倡爱国，追求家国情怀。孔子、墨子、孟子等均有以天下为己任的思想，而王阳明先生受孔孟思想影响，传承着儒家精髓，他在贵州龙场悟道期间遗留下许多文化遗迹，值得我们后人敬仰学习。教师可以利用阳明文化遗迹资源进行教学，渗透阳明文化，丰富教学内容。例如，历史教师可以在单元"源远流长的中华文化"的教学中融入阳明文化等相关内容，进行拓展。语文教师可以在教学古典散文等的时候，如王安石的《游褒禅山记》，组织学生拓展查找阳明文化遗迹资料，并进行展示，进而欣赏阳明文化的精髓。

案例：

王安石《游褒禅山记》教学实录

第一课时

师：同学们！在初中，我们学习过《醉翁亭记》《岳阳楼记》。游记的特点就是写景，在介绍景点自然景观的同时，还要介绍人文景观，包括各个景点的历史背景等。

师：现在请大家一起来阅读《游褒禅山记》。（要求读准字音）

（学生阅读《游褒禅山记》。）

师：现在请同学们对整篇课文的结构特征进行归纳。

生1：本文共分三个部分。第一部分写游山的经过与见闻；第二部分介绍游山的体会与感受；第三部分写游山的时间与同行人员。

师：作者游览了哪些景点？每一个景点情况怎么样？游览感受如何？

（学生分组讨论，写出心得体会。）

师：同学们！学习这篇课文之后，请展示搜集到的阳明文化遗迹的情况。

生2:修文县是阳明心学的发源地,也是全国乃至全世界仰慕的心学圣地。多年来,中国阳明文化园致力于弘扬和传播阳明文化,打造集展示功能、旅游服务功能、商贸商务功能、休闲养生功能、生态居住功能和公共管理功能于一体的新型城市综合体。

生3:现在中国阳明文化园已经成为贵州省重点旅游景点,每天都有大量来自省内外的游客,其中省内的学生比较多。

师:这在一定程度上要归功于贵州省人民政府、修文县政府的支持与重视。自1999年以来,中国贵阳(修文)国际阳明文化节已举办了六届,先后吸引来自20多个国家和地区的专家学者,其中包括张新民、杜维明、汤恩佳、成中英等国内外知名阳明学专家,搭建了以龙场为中心的重要的研究和传播平台,也让贵州与浙江、江西一同成为阳明学术研究的中心。

生4:我展示的是阳明文化遗址——玩易窝。玩易窝是王阳明生活的地方之一。王阳明刚到龙场的时候,由于身心疲倦、经济拮据,再加上语言不通、环境险恶、条件艰苦,内心极为痛苦与烦恼。经过反复的思想斗争,他最终想到古代圣贤,哪一位不是历经种种磨难。于是他便安心在此阅读修炼,端正静坐,保持内心澄清静默,以求得安逸清静。

生5:是的,我去过几次。玩易窝距修文县城约1千米,位于龙场镇新春村,在吴家湾与毛栗园之间的一座小山丘下,原为修文城廓十二景之一,有"玩易奇观"之称。玩易窝环境非常奇特,是一个天生的小溶洞,大约有3米高,最宽处有4米,20余米深。它的东面是清秀挺拔的天马山,南面是三座相峙的三角山,东南临巍峨耸立的九层坡,西面不远处有终年不竭、碧波荡漾的陶家龙潭。玩易窝是修文较早的一处历史文化遗迹,1985年被列为修文县级文物保护单位,1996年被列为贵阳市级文物保护单位,后为贵州省级文物保护单位,2006年与阳明洞同时被列为全国重点文物保护单位。龙场驿是明代洪武年间贵州著名女政治家奢香夫人所建的"九驿十桥"之首驿,当时驿站规模较小,非常简陋,只有驿丞一人,没有其他固定人员,凡事都要驿丞亲自料理,是一个条件很差、生活很艰苦的驿站。

生6:我来展示第三个阳明遗迹——阳明洞。凡是来修文游玩的人,都应该去阳明洞体验一下当年王阳明先生在洞中修炼悟道的那种感觉。阳明洞坐落于修文县龙场镇阳明村,距离县城约1千米。阳明洞内的地面出奇地平整,洞内的空间也很宽广,呈拱形,洞高处约4米多。洞的四周除了岩石之外,就是杂草与树木。由于贵州属于高原地区,而且修文龙场春天多雨多雾,再加上洞内阴暗潮湿,王阳明刚来不久就出现了水土不服的症状。没有办法,他们只好搬进山洞,但是没有多久家仆还是相继病倒了。王阳明只好每天照顾病人,独自到山中拾柴、劈柴、挑水、生火煮粥。为了缓解家仆的病痛与思乡情绪,王阳明还为他们唱故乡的民谣,诵读诗歌,并时常给他们讲一些故乡的笑话。

师:真是辛苦啊!

生5:根据历史记载,中国古代学校教育的主要形式是官学与私学。何陋轩是王阳明读书与讲学的地方,位于阳明洞顶端约50米处,是当地百姓为了帮助王阳明特地修建的一座茅草房,外观非常简陋,但屋内却非常明亮。其名取典于孔子"君子居之,何陋之有"一句。

生6:王文成公祠也是当年王阳明修炼学习的地方之一。王文成公祠位于阳明洞顶上,与何陋轩相邻,有四间各样的屋子,宽敞明亮,是王阳明读书讲学的地方之一,嘉靖三十年(1551),巡抚贵州监察御史赵锦建阳明祠三楹于书院北旁,仍题匾为"龙冈书院"。

生7:还有君子亭。君子亭位于阳明洞龙冈山巅,王文成公祠对面,四周环境幽雅,树木成荫,鸟语花香,三层都属于瓦木结构,是王阳明休闲娱乐、弹琴讴歌、闲逸赏景之所。

师:同学们!在学习了王安石的《游褒禅山记》之后,大家都对游记这种文体有了一定的了解,还领略了其中所说的山山水水,更多地了解了褒禅山的地理位置与景区特点。通过展示与阳明文化相关的各个景点,我们对王阳明曾经修行悟道的地方也有了更进一步的认识。

第二课时

师:现在我们回顾一下上一节课的主要内容。

生1:上一节课学习了王安石的《游褒禅山记》,同时还有几位同学展示了与阳明文化相关的几个文化遗迹,如中国阳明文化园、玩易窝、何陋轩、王文成公祠等。

师:再回顾一下,褒禅山因什么而得名?原来的名称叫什么?

生2:是因唐朝高僧慧褒而得名,古称华山。

师:王安石此次游玩产生了哪些感想?赏非常之观需要哪些条件?

生3:尽吾志之观尽吾志也而不能至者,可以无悔也矣;对于古书学者不可以不深思而慎取之也。

生4:要有志,有力,有助。

师：学习此文后有何体会？

生5：无论是治学还是处事，都要有百折不挠的意志和顽强的精神，要有深思而慎取的态度。

师：回答得非常好，正如王阳明所言，凡事都得在事上磨炼。王阳明在修文龙场时，就是凭借这样的精神才得以安心悟道。现在还有谁来展示王阳明在修文悟道的遗迹吗？

生6：我来展示，有一处遗迹名叫三人坟。我去了几次了，每一次的感受都不一样。据史料记载，明正德四年(1509)，京城被贬官吏前往南边上任，官吏带着儿子和仆人经过修文龙场，因天气不好又不停下雨，加上三人长途跋涉，顶风霜、冒雨露，又饥又渴，筋骨疲惫，瘴疠侵袭，最终三人死在了蜈蚣坡。王阳明起恻隐之心掩埋三人，并写《瘗旅文》凭吊死者。此坟位于修文县谷堡乡哨上村的蜈蚣坡山腰，距离县城12千米，奢香夫人所开龙场驿到六广驿的古驿道从坟旁经过。现在路边修文县政府还立了一块碑。唉！没想到过去的朝廷官员的日子并不好过啊。

生7：还有木阁箐。木阁箐位于修文县东南约7.5千米处。其山势蜿蜒起伏，雄奇险要，山雄岭峻，重重叠叠，景色苍茫，清幽壮美。明洪武年间，贵州宣慰使奢香夫人开龙场九驿，贵阳至龙场的古驿道便从这里经过，王阳明被贬谪为贵州龙场驿时，多次经过此地，并作《木阁道中雪》。

生8：天生桥位于修文县谷堡乡哨上村，在三人坟前约2千米处，距县城西北约14千米。桥名"天生"，取于天造地设之意。从三人坟处顺着古驿道往前再走约1.5千米，听到隆隆的流水声，望去就是天生桥。这里曾经是王阳明漫游、饱览龙场川流胜景之地，他曾作诗《过天生桥》。现在这里已经成为一个重要的旅游景点。

生9：我认为最美的是六广河，这也是一个旅游胜地，位于有"水果之乡，旅游之乡"美誉的六广镇。早在洪武十九年(1386)，著名的贵州宣慰使奢香夫人在此地开辟龙场九驿，在这里设六广驿站。现在这里交通便利，环境优美，位于遵义市乌江电站上游至猫跳河与鸭池河汇合处，为修文、息烽与黔西、金沙四县界河。王阳明曾经在此游玩时留下诗句"遍行奇胜才经此，江上无劳美九华"，以此赞美六广河的秀美。

生10：大家不要忘了，还有一处阳明文化遗迹——阳明桥。阳明桥位于修文县龙场镇阳明洞后，横跨路家河上。据道光《贵阳府志》记载：阳明桥是明朝王阳明谪居龙场时修建的,具有历史价值和文化价值。它是修文县城方向的交通要道,为青石板砌成的拱桥。

师:同学们展示得非常好,说明你们对王阳明在修文悟道期间的文化遗迹都了如指掌。当然,这些地方,有的是王阳明悟道时休息的地方,有的是读书讲学的地方,有的是曾经游玩过的地方,总之一句话,这些文化遗址都成了旅游景点,每年都吸引大量的游客前来瞻仰祭拜,观光游玩。

第三课时

师:王阳明曾经在修文龙场悟道修行三年,除了在修文县境内读书、讲学、休闲娱乐之外,他还曾到过贵州毕节市各县旅游、讲学,对教化当地老百姓做出了一定贡献,留下了光辉的遗迹。

师:前面两节课都由学生收集材料并上台展示,本节课采取同样的形式。

生1:我先来展示王阳明曾经游玩讲学的地方——毕节市。毕节市交通便利,气候宜人,是贵州省西北部的经济、文化和交通中心,位于黔西北边境,北隔赤水河与四川相望,西与云南镇雄县毗连。面积2.69万平方千米,截至2020年末,全市户籍人口约950万,其中少数民族人口约占总人口的25%。王阳明曾经在此地讲学,对当地百姓进行教化。

师:毕节市原来称什么?王阳明在此做过什么呢?

生2:康熙二十六年(1687)叫大定府毕节县,王阳明曾经在此地讲学,教化百姓。贵州巡抚卫既齐在《修毕节县学碑记》中写下"黔自阳明先生谪居龙场,以致良知之学倡明于世,苗蛮无不憬悟信从,相传于今,百余年矣",这说明王阳明在毕节人民心中的地位是非常高的。黔省旧有阳明书院,前巡抚多次邀请王阳明在书院讲学,传播阳明心学理论及教育思想。毕节虽远,其秀达者亦与焉。潘淳在《水西篇》中写下"往者明祖初定鼎,愿置九驿奢香传。贵荣妄谋请减驿,阳明片纸温犀燃",这些诗句记录了王阳明思想对毕节的影响。

生3:我展示的是毕节的一处阳明文化遗迹——黔西市。黔西东面过六广河为修文县,南面以鸭池河为界是清镇市和织金县,西面以西溪河为界是大方县,北面和金沙县接壤。唐武后时在其境置龚州、犍州等;宋代时为"罗氏鬼国"地;崇祯三年(1630)撤贵州宣慰司,以鸭池、六广河以西地置水西宣慰司,设治所于水西城;清康熙初置黔西府,后为黔西州;1914年(民国三年)改黔西州为黔西县。

明正德三年(1508),王阳明受贵州宣慰使安贵荣之请,到黔西县素朴镇的灵博山,为彝族人民修建的象祠作《象祠记》,其中提出"天下无不可化之人",即人人可成圣人。

清康熙五年(1666),黔西知府王命来、总兵李如碧在东山开元寺内修建了"王公祠"(阳明祠)。道光十一年(1831),黔西知州吴嵩梁在开元寺扩建阳明祠,创办"阳明书院",招收学子入院学习,聘请名儒施教。很多时候,吴嵩梁常常利用节假日跑到书院来与名儒一起讨论学问,共同启迪教化学生,这说明阳明文化教育在水西取得了百姓的认可,同时也取得了相应的成绩。贵阳陈钟祥、独山莫友芝、黔西张琚、史荻洲、戴粟珍等都是吴嵩梁在阳明书院讲学中发现的人才和培养的得意门生。

师:是的,他们为毕节培养了不少优秀的人才。

生4:我展示的是王阳明曾经在毕节游玩过的地方——百里杜鹃。百里杜鹃是一个美丽的地方,交通便利,气候宜人,是王阳明当年慕游之地。位于贵州省西北部、毕节市中部,隶属毕节市百里杜鹃管理区。因其原始林带宽1—3千米,绵延50余千米得名,是国家级森林公园,2013年被评为5A级景区。景区内的杜鹃品种繁多,有马缨杜鹃、露珠杜鹃、团花杜鹃等41个品种,被誉为"世界上最大的天然花园",享有"地球彩带、世界花园"之美誉。

师:有机会一定去百里杜鹃,追寻先生的足迹。

生5:我展示的是王阳明曾经为其作《象祠记》的象祠遗址。遗址坐落在黔西县素朴镇九龙山,古称麟角山。山前是开阔的坝子,坝子边上山势蜿蜒,当地人称为九龙朝拜。它的修建源于一个动人的历史记载:舜和象为同父异母的兄弟,舜仁慈大度而象利欲熏心,多次图谋不轨,加害于兄。舜皆以仁德孝悌待之,最终感化了象而使其改恶从善,百姓遂修建象祠以作纪念。黔西彝族的先祖对象也很崇敬,在灵博山上修建一座象祠,奉祀象。

据史书记载,当年安贵荣在重修象祠的时候,特邀请王阳明写《象祠记》。王阳明认为:人性有善的根苗,只要做好感化工作,作恶的人也可以改恶从善。他以舜之弟象桀骜不驯、作恶多端而后弃恶从善、成为圣贤,深为百姓拥戴为例,阐述了人性本善,皆可教化的"致良知"思想。记中提出"天下无不可教化之人",即人人可成圣人的观点。象祠作为《象祠记》的缘起,以及中原文化与贵州民族文化的结合体,现今已是我国绝无仅有的历史文物,也是阳明先生"致良知"学说起源后期的龙场悟道之源头。

生6：我展示的是毕节市另外一处文化遗迹——大方县。大方县，宋代时为罗氏鬼国，元代时为八番顺元宣慰司，明代时为贵州宣书慰司领地，康熙年间设为府，1913年改为大定县，1958年改为大方县，位于贵州省西北部，居住着汉、彝、苗、白、仡佬等民族，境内矿产资源丰富。道光二十六年（1846），大定知府黄宅中在大定县府城北建"君子亭"，并于亭内壁上书录王阳明《与安宣慰书》，供人们常读牢记。大定府教授吴瑞征作有《君子亭记》。目前，《大定府志》中还记载有王阳明的《谢安宣慰书》《贻安贵荣书》《又与贵荣书》《六广晓发》等文。

生7：我介绍的是毕节市阳明文化遗迹——织金县。织金县位于贵州省中部偏西，地处乌江上游支流六冲河与三岔河交汇处的三角地带，总面积2868平方千米，最低海拔约860米，最高海拔约2260米，县城海拔约1310米。乾隆二十年（1755），李云龙以文教为己任，在平远州（今织金县）创建"平阳书院"，在书院中传播阳明文化。水西地区在清代时，就有不少人崇拜王阳明，对阳明文化进行研究和传承。阳明文化不仅在贵阳地区影响很大，而且在黔西、大方、毕节、织金等地区也是深入人心的，只不过目前专家学者对其在水西的影响和传承的研究较少而已。

师：同学们！在《游褒禅山记》的学习过程中，你们收集展示了王阳明在修文、毕节两地的文化遗迹，非常精彩，有的同学的课件制作得非常好，所讲解的内容也丰富多彩，每一个观点都有凭有据，证据确凿。特别是后面对毕节市几个文化遗迹进行展示的同学，收集的资料比较齐全，有文字，有图片，让课堂变得有声有色。经过3节课的展示，我想同学们收获一定不小。希望你们回去之后，继续搜集王阳明在贵州创办的几所有名的书院的情况，下节课继续展示。

三、探究阳明书院遗迹

在教学过程中，教师可以结合我国书院相关文化遗迹资源，立足阳明书院遗迹这一特殊载体，拓展教学内容，达到渗透阳明文化的目的，例如，在教学王安石《游褒禅山记》的过程中，为进一步进行教学延展，要求学生收集阳明书院遗迹资料，并进行展示。

案例：

王安石《游褒禅山记》教学实录

第四课时

师：同学们，我们前面学习过孟子的《寡人之于国也》这篇文章，其中，孟子的政治主张是施"仁政"，他把道德规范概括为四种：仁、义、礼、智。把人伦关系概括为五种：父子有亲，君臣有义，夫妇有别，长幼有序，朋友有信。在规劝梁惠王时，他提出："谨庠序之教，申之以孝悌之义，颁白者不负戴于道路矣。"即要发展农业，让老百姓有饭吃，有衣穿，更重要的是兴办学校注重教育，让普通百姓懂得礼义，尊敬长辈，须发花白的老人们就不再会肩挑头顶走在路上。

生1：这说明了教育的重要性。

师：孟子的"谨庠序之教"是要兴办学校，对百姓进行教化。王阳明初到修文龙场时也是如此良苦用心。

生2：当时的修文是什么样子的呢？

师：王阳明刚来到修文的那段时间，这里尚属荒蛮之地。他住在山洞里面，阴暗潮湿，但是他心态平和，安然处之。没过多久，就自己创办龙冈书院，教化当地百姓。

师：现在请同学把自己收集到的资料展示出来，让大家欣赏吧。

生3：我从网上查找到书院的一些相关资料。书院的名称始于唐代，最初是官方修书、校书和藏书的场所。有些属于私人读书讲学的场所，也称为书院，例如：江西吉水县皇书院，是唐通判刘庆霖建以讲学的地方；江西奉新县的梧桐书院，是南唐罗静、罗简讲学之处。应天书院、岳麓书院、白鹿洞书院及嵩阳书院，是宋代著名的四大书院。这些书院一般是由乡里的贤达之士出资修建，目的是招收学生，以讲学为主，一般情况都修建在环境优雅、安静而又偏僻的地方。这大概是受了佛教禅林精舍影响的缘故吧。

生4：我从查到的资料中看到，修文龙冈书院是明正德三年（1508）王阳明于此任驿丞时修建的，主要包括讲堂、寅宾堂、何陋轩、君子亭、玩易窝等。他招收"诸夷子弟"训诲其中，亲自主讲"知行合一"学说。最初，王阳明在龙场讲学授徒是在龙冈半山腰的阳明洞中，后来搬迁到龙冈山顶所建龙冈书院（现为修文县第一中学）。王阳明在龙冈书院里修身讲学，传播文化，讲授他的"心即理""知行合一""致良知"学说，听讲者多时达百余人。王阳明在龙冈书院的弟子，史料记载的有28人，其中，汤伯元考中进士，官至南京户部员外郎、潮州知府、巩昌府知府,詹良臣考中进士,曾任大理评事、大理寺副卿等职……龙冈书院盛极一时,对推动和发展贵州乃至西南的文化教育事业,起到了极其重要的作用。

师:是的,王阳明在修文龙冈书院为当地培养了大批人才,为贵州的教育事业做出了巨大贡献。

生5:王阳明除了在修文龙冈书院讲学,还到贵阳文明书院讲学。文明书院位于贵阳市中心城区,人口密集,交通便利。正德四年(1509),该书院为贵州提学副使席书所建,主要作为贵州文人讲堂之地,重点招收当地百姓子弟200余人。王阳明在修文龙场悟道期间,席书曾多次邀请王阳明到这里讲学。

生6:还有贵阳阳明书院。该书院位于贵阳市东扶风山麓,始建于清嘉庆年间,为巡按贵州监察御史王杏为纪念王阳明所建,阳明书院内殿廊相接,林木葱茏,清幽宜人,诗文碑刻汇集,文物荟萃,已成为贵阳市文化旅游的重要景观。

生7:贵山书院设于雍正十一年(1733),属于贵州文人雅士聚居休闲讲学之所,但由于地处环境较好,交通便利,所以此书院修得比较大,有学舍数十间,购买经史典籍给类书1000余卷,还购买田土保障学员生活。嘉庆二十年(1815)贵州巡抚曾燠及同治八年(1869)贵州巡抚曾璧光都曾重修。后因光绪皇帝想实行变法,下诏各省书院改设学堂,贵山书院改为贵州大学堂。

生8:贵阳正本书院位于贵阳市,又称北书院,为清嘉庆五年(1800)布政使常明建,其规制较为完备,祀尹珍(道真)。嘉庆二十四年(1819),粮储道倭臣布增修。同治八年(1869),巡抚曾璧光重修。光绪二十八年(1902)改设贵阳府中学堂,不久改设巡警学堂。民国时为贵阳市北区警署,今为云岩区公安局。

生9:贵阳阳明祠,位于贵阳市中心扶风山景区,因山上岩石为螺旋状,人们又称此山为螺丝山。景区有一寺两祠,中为扶风寺,左为王阳明祠,右为尹道真先生祠。最早的阳明祠始建于嘉靖十四年(1535),巡按贵州监察御史王杏会同贵州左布政使周忠、按察使韩士英等,出资赎回白云庵旧址建"阳明祠",兼作"阳明书院",实际上祠即是书院,书院即是祠,并置田买地来作祠和书院的供养祭祀以维持教学的费用。隆庆五年(1571),贵州巡抚阮文中、左布政使蔡文、按察使冯成能将阳明祠迁建至城东,建于巡抚都察院前,仍题匾为"阳明书院"。1982年其被列为贵州省文物保护单位,1995年被列为贵州省爱国教育基地,2006年与修文阳明洞同时被列为全国重点文物保护单位。

生10:贵阳君子亭位于贵阳市东门外城垣左侧,云岩区环城东路莲花坡上君子巷中段。据嘉靖《贵州通志·寺观》记载,东园君子亭,在总兵府内左,嘉靖间总兵沈希仪建。嘉靖五年(1526),沈希仪曾与提督两广军务兼巡抚的姚镆征讨广西思恩州、田州之乱。次年,王阳明以兵部尚书兼左都御史,总督两广兼巡抚平思恩州、田州之乱。沈希仪对阳明平定思、田之乱的策略很是佩服。嘉靖二十年(1541),沈希仪在贵阳的总兵府内左侧修建了一座君子亭,以纪念王阳明,旧称东园君子亭。

师:除了贵阳的这些书院外,还在其他与王阳明相关的书院吗?

生11:我在网上查找到,还有思南为仁书院。为仁书院也称中和书院,位于思南府城北真武观,原为王阳明弟子李渭讲学之地。明嘉靖三十七年(1558),思南府建观音阁,阁中藏书甚富,贵州巡抚郭子章题"宝藏"匾额,文人常在寺中静室读书。李渭(1514—1588),字湜之,号同野,思南城人。有"南国躬行君子,中朝理学名臣"之称的李渭深受蒋信、湛若水、耿楚侗及罗汝芳等心学家的影响,继承了阳明心学并有所突破,与孙应鳌、马廷锡同为贵州阳明后学三大传人,对阳明心学的传播和兴盛起了重要的推动作用,是贵州明朝时期屈指可数的著名理学家之一。

生12:还有凯里学孔书院。学孔书院位于凯里市清平县伟拔山麓,为王阳明再传弟子孙应鳌所建。明嘉靖二十三年(1544),王阳明大弟子——贵溪徐樾以副使督学贵州。孙应鳌受业于徐樾,为王阳明再传弟子。嘉靖二十五年(1546),孙应鳌乡试第一,成举人。嘉靖三十二年(1553),孙应鳌27岁,入京应试礼闱,中进士,廷试选庶吉士(选取新进士之优者为翰林院庶吉士)。

生13:还有黔西阳明书院。该书院位于黔西县城东郊开元寺。王阳明对水西人民的影响非常大,曾多次被邀请到此讲学。后来人们为了纪念王阳明的功绩,便在寺内修了"王公祠",并树塑像供奉,是水西人民祭祀王阳明的重要场所。

师:同学们辛苦了,你们收集了这么多书院的资料,且这些书院都与王阳明有关,这说明王阳明为贵州教育做出了巨大的贡献,同时也说明王阳明的心学理论与教育思想遗产得到了当地政府及百姓的重视。通过对书院资料的查找和课堂上的展示与交流,我相信你们应该对古代书院的性质与作用有了一定的了解,这就是我们学习的最终目的。

四、探究阳明教育思想

探究阳明教育思想这一策略主要是结合教材内容与教学目标,以及王阳明的哲学思想进行课例渗透,方式是以教材为例,在引导学生阅读分析课文的同时,紧紧围绕成功秘诀、立志成才、如何认识自我等问题进行拓展研讨与分享。这样的课例,既能丰富课堂教学内容,又能激发学生的创造性思维,辩证地看待在人生际遇中的挫折、苦难、艰辛等。但前提是必须让学生在预习课文的同时,结合教学目标,收集相关资料,并在课堂上进行有效的讨论。当然,教师在引导学生讨论时,应立足于教学目标,不偏离主题,并采取公开平等式的教学策略,培养学生自主学习、独立思考的良好习惯。

案例1:

成功来自梦想
——毛泽东《沁园春·雪》课例

师:同学们!今天这个标题,主要来自新东方学校创始人俞敏洪的一句话。他的这句话,让我不难想到人生在世,处在两个世界:一个是物质世界,一个是精神世界。所谓理想就是人的精神世界里处于领导地位的一个支柱,如果没有这个支柱,人的精神世界马上就会崩塌,感受不到人间温暖,更体会不到世间的温情所在。因此,理想是我们生命中的一颗璀璨明星,有了理想,我们的生活就会变得多姿多彩,我们的内心就会变得丰富,处处阳光美好,充满豪情壮志。

在欣赏毛泽东《沁园春·雪》这首词的时候,内心总有一股热血在激励着我,它点燃我的激情,让我勇往直前,在历史洪流中奋力拼搏,让人生变得更加精彩,更有意义。

生1:我在预习的时候,从课后的注释及资料书中查找到,毛泽东的这首《沁园春·雪》写于1936年2月,工农红军到达陕北清涧县袁家沟,在部署长征准备工作时,面对美丽多姿的祖国山河,毛泽东创作灵感涌动,于是一气呵成写下了这首气壮山河的诗篇。毛泽东深情地凝望着祖国的大好河山,满腹涌动的思想,横贯了几千年的中华文明历史,无限的革命豪情油然而生,当晚回到袁家沟窑洞点着蜡烛挥笔写了这首《沁园春·雪》。

师:同学们!你们读这首词,"望"到了什么?

生2:望到了"千里冰封,万里雪飘",还望到了"山舞银蛇,原驰蜡象"。

师:这是一种什么样的感觉?

生3:感觉广阔的郊野上一片白茫茫的景象,空旷的万里长空飘荡雪花,山脉就像银蛇在舞动,高原就像白象在奔跑啊!给人一种气势豪迈的感觉。

生4:一个"须"字,表明雪后初晴之景。红日冉冉升起,放射出万道霞光,染红了天边的白云,映红了皑皑白雪。云海茫茫,雪山巍巍,花松翠柏,郁郁青青。红日白雪交相辉映,祖国就像一位红装素裹的少女,格外娇艳多姿!

生5:一个"惜"字委婉含蓄地肯定了秦皇、汉武、唐宗、宋祖、成吉思汗的赫赫战功,但是他们文治、文学才华不足。

师:这首词,无不体现毛主席对革命事业的理想与信心,还体现了一个伟人博大的胸襟与革命豪情。诗词中采取议论与抒情融于一体的手法,水乳交融,主题鲜明,体现了毛泽东诗词豪放的风格,由景生情,即由山河的壮丽引出对历代英雄的评价。

生7:今天的中国"红装素裹,分外妖娆"。今天中国的事业可真是"江山如此多娇,引无数英雄竞折腰"。中华儿女正为振兴中华而拼搏争取,极力证明"数风流人物,还看今朝"。

师:分析得非常到位!毛泽东在词里生动形象地表达了他的雄伟志向。所谓志,古人解释:"心之所向""心之所之"。古往今来,有成就的人皆十分注重立志。立志可以说是确定人生的方向,指引我们在这个方向上坚持走下去,最终获得成功和幸福。而对于立志与人生的关系,王阳明也有自己的见解,他认为如果要成就一番事业,首先要立志,否则只会一事无成,只有立志,才能培养出坚定的意志。有了目标和意志,就不会在过程中偏离目标,才能实现远大抱负。

生8:这充分表明了立志的重要性,王阳明从小就立志做圣人,因此他才能在贵州修文龙场如此艰苦的条件下不忘初心,坚持往圣人的方向前进,最终成为一代心学大师。

师:狂风夹裹着鹅毛般的雪花,呼啸着横扫秦岭高原,龟裂的沟壑和风剥的山冈,不再裸露出贫瘠的棱角,呈现出一片白茫茫的景象。"望长城内外,惟余莽莽。"这无垠的原野早已和莽莽的天穹混同一体。寰宇中,只剩下飞扬洁净的雪花和一个顶天立地的伟岸巨人,正凝视着这天地之间,倾听着那千百年来被踩蹋和被奴役的生灵的哀号。那遥远的、犹响在耳旁的呼叫,正穿透时空,连接古今,汇成一片低沉不息的哀吟,弥漫在宇宙之中,如诉如怨,像是祈祷,更像是泣求,唯有中国共产党才能拯救这老弱衰残、豺狼当道、贫富不均、蹒跚不前、灾难

081

深重的古朽中华。《沁园春·雪》如东山之阳,正欲喷薄而出,像是立起的战马,双脚凌空,正等待着巨人的召唤。内心的豪情壮志如同滚滚洪涛倾泻而来,看万山红遍,层林尽染;漫江碧透,百舸争流;天翻地覆慨而慷,遍地英雄下夕烟;装点此江山,换了人间。

生9:从《沁园春·雪》中就能看出毛泽东的梦想,他人生的追求。

师:同学们!我们学习了毛泽东的《沁园春·雪》,不难体会到革命的斗志与豪情,领悟到人生要有远大的目标,正如王阳明在《教条示龙场诸生》中所说的立志一样。王阳明说:"志不立,天下无可成之事,虽有百工技艺,未有不本于志者。今学者旷废隳惰,玩岁愒时,而百无所成,皆由于志之未立耳。故立志而圣,则圣矣;立志而贤,则贤矣。志不立,如无舵之舟,无衔之马,漂荡奔逸,终亦何所底乎?"

作为当代中学生,我们要树立远大目标,同时还要有正确的三观理念,好好学习,努力实现自己的人生目标,不能够整天混日子,得过且过,否则就会成为阳明先生所说的"旷废隳惰,玩岁愒时"。

生10:有位哲学家说过,"每个人都有梦想,只要你勇敢地抬起自己的脚,整座山都在你的脚下"。梦想就像黑暗里的指路明灯,照亮我们前进的道路;梦想是一道永恒的光芒,是驱赶我们前行的力量。然而,所有的梦想都要经过努力才能实现,也许在实现梦想的过程中会遇到很多困难和挫折,但是只要坚持下去,每个人都很了不起。

生11:我们每个人都要坚持今天的梦想,勇往直前,才可以收获与众不同、无怨无悔的人生。

生12:我来给大家讲王阳明立志的故事。1483年,王阳明在京城的私塾读书。有一天,他一本正经地问老师:"何谓第一等事?"这相当于是在问,人生的终极价值是什么?他的老师吃了一惊,因为从来没有学生问过他这样的问题。但他还是很快做出了坚定的回答:"当然是读书做大官啊!"王阳明严肃地看着老师说:"我认为不是这样。"顿了顿,一脸郑重地继续说道:"我以为第一等事应是读书做圣贤。"王阳明就是因为从小立志做圣人,经过几十年的努力奋斗最终实现了自己的梦想。

生13:在拿破仑小时候,有一次他的叔叔问他将来长大后想要做什么。拿破仑在听到叔叔这样问他之后,马上滔滔不绝地诉说了自己的构想与抱负,从立志从军开始,一直说到想带领法国军队席卷整个欧洲,建立一个崭新的超级大国,并且让自己成为这个大国的领袖人物。不料,叔叔听完拿破仑的远大抱负之后,当场大笑起来,嘲讽地说:"做梦吧,你所说的完全是梦话!想当法国的国王?那是不可能的!依我看,你长大后当一个小说家还行,反倒更容易成就你的事业……"拿破仑被叔叔一番嘲笑后,非但不发怒,反而静静地走到窗前,看着远处的山岗,然后回过头来对叔叔说:"叔叔!你看得到那颗星星吗?"此时正是中午时分,拿破仑的叔叔走到窗前左右看了看,什么都没有看见,然后茫然地回答说:"什么星星?现在是中午,怎么会有星星呢?你这孩子是不是疯了?"面对叔叔的质疑,拿破仑依然不慌不忙地走到窗前说道:"就是那颗星星啊!我真的能够看见,它依然高高挂在天边,不分白天与黑夜,一直在为我而闪烁着呢,那是属于我的希望之星,只要它存在一天,我的梦想就不会破灭……"事实上,那颗希望之星一直挂在天际,一直在拿破仑的心里,引导他奋发图强。

师:是啊!同学们!人世间许多事情就是这样奇怪,但是有一点必须值得肯定,就是坚持自己的理想,总会有实现的那一天。哪怕现在我们还在迷茫中摸爬滚打,哪怕别人认为我们现在不起眼,没有关系,只要相信自己,付出努力,坚持向着梦想努力奋斗,我们心中的"幼苗"就会开花结果。将平凡的日子活得精彩,成就自己多姿多彩的人生。

案例2:

人贵有自知之明

——教学《藤野先生》课例

师:同学们,今天我们来学习鲁迅先生的一篇回忆性散文《藤野先生》。在学这篇文章之前,我们先来解读王阳明的一首诗:"人人自有定盘针,万化根源总在心。却笑从前颠倒见,枝枝叶叶外边寻。"王阳明的这首诗,意在说明影响一个人判断的最大因素不是外在的种种客观条件,而是一个人内在的本心。老子曾说:"知人者智,自知者明。"意思是说认清别人的是一种智慧,认清自己的就算是圣明。可是千百年来,能够真正认清自己、战胜自己的人却很少,王阳明算是其中的一个。

师:同学们,请先默读《藤野先生》这篇课文,最好将课文中的重点字词句搞清楚,然后结合课文提出一个问题并进行讨论。

(学生开始阅读,教师在学生阅读结束之后开始提问。)

师:有谁先来谈一谈自己阅读后的感受?

生1：《藤野先生》这篇文章表达了鲁迅对先生的感激之情。

生2：读《藤野先生》后，我脑海中会涌现出很多熟悉的人和诗，如文天祥的"人生自古谁无死？留取丹心照汗青"，陆游的"死去元知万事空，但悲不见九州同"，岳飞的"莫等闲，白了少年头，空悲切！"，等等。但我最喜爱的还是鲁迅先生，特别佩服鲁迅先生的爱国主义情感。

师：很好！分析问题有深度，值得表扬！还有谁能够结合课文来分析呢？

生3：文章的开头，提到东京一批"清国留学生"，在鲁迅先生看来有一种恨铁不成钢的心情。其中便有这样的描写："成群结队的'清国留学生'的速成班，头顶上盘着大辫子，顶得学生制帽的顶上高高耸起，形成一座富士山。也有解散辫子，盘得平的，除下帽来，油光可鉴，宛如小姑娘的发髻一般，还要将脖子扭几扭。实在标致极了。"先生虽没有具体描写这群留学生的颓废生活，然寥寥数语，这些所谓留学生的精神风貌已可见一斑。须知，当时能到日本留学的人多是国内的精英，某种程度上是当时中国的希望，本应是在日本学成回国后报效国家的一个群体。然而当时鲁迅先生所见的并非一群奋发向上的有为青年，这怎能不让他失望？

师：他失望后有何举动？

生4：学医。一气之下到仙台医科学校学医。

师：在仙台医科学校又看到了什么？

生5：在课堂里看时事电影，所目睹的情形便只能用痛心来形容了。鲁迅先生写道："但我接着便有参观枪毙中国人的命运了……一段落已完而还没有到下课的时候，便影几片时事的片子，自然都是日本战胜俄国的情形。但偏有中国人夹在里边：给俄国人做侦探，被日本军捕获，要枪毙了，围着看的也是一群中国人；在讲堂里还有一个我。'万岁！'他们都拍掌欢呼起来。"至此，国民的麻木不仁留给先生的怕只有痛心疾首了。

师：心情怎样？

生6：鲁迅先生的心凉了，原本想在这里好好学习，成就一番事业，当见到中国留学生如此这般，于是便在文章中写道："但在那时那地，我的意见却变化了。"我们从先生后来写的文章及其经历来看，应知当时先生是觉得与其学医去拯救身体羸弱的国民，不如用文艺来唤醒麻木的民众，要不然国民身体纵使强健，也不过是培养了一批麻木无聊的看客。

师:放弃学医了吗?

生7:鲁迅毅然决定弃医从文。为了实现自己的人生目标,"每当夜间疲倦,正想偷懒时,仰面看在灯光中瞥见他黑瘦的面貌,似乎正要说出抑扬顿挫的话来,便使我忽又良心发现,而且增加勇气了,于是点上一枝烟,再继续写些为'正人君子'之流所深恶痛疾的文字"。可见鲁迅先生是想用他的笔,用他的思想来唤醒民众,振奋国民的精神,通过提升国民的素质,最终达到强国富民的目的。

师:事实上,鲁迅先生的弃医从文说明他在认清现实的同时,也在认识自己。他知道自己的目标是什么,需要为社会做些什么。他相信自己不站出来,也有许多人会站出来。胡适曾说:"这个世界是给我们活动的大舞台,我们既上了台,便应该老着面皮,拼着头皮,大着胆子,干将起来。那些缩进后台去静坐的人都是懦夫,那些袖着双手只会看戏的人,也都是懦夫。这个世界岂是给我们静坐旁观的吗?"

生8:我记得一位哲学家说:"世界就是认识自己,它无非是自我及其影像。"世界只接受我们自己对自己的看法,如果你坚持相信生命是孤苦的,那么,你的世界很有可能真的就是孤苦的,因为你自己躲藏在阴暗的角落里,温暖的太阳自然就不会照着你。然而,如果你愿意抛弃这种信念,相信"到处充满了爱,人们爱你,你也爱别人",并坚定这种信念,那么你的世界就会变成另外一个样子。

生9:王阳明说"人须在事上磨,方能立得住,方能静亦定,动亦定"。艰难困苦,是对人性最好的磨砺。没有人能一开始就能认清自己,大多数人都要在人生的道路上狠狠摔几个跟头,才能逐渐找到自己的位置。

师:同学们回答得非常好,认识深刻!同样的道理,鲁迅先生本想在日本好好学医,完成本来属于自己的理想信念,用自己的医术解除人们肉体上的痛苦。但面对大批麻木的"清国留学生",他断然放弃自己原来的初衷,走上弃医从文的道路,这难道不是经历一番摔打才认清的吗?坚守自己的理想与信念永不放弃,使鲁迅最终成为一名伟大的文学巨匠。

生10:记得沈从文在北京大学任教时曾经自述早年生活情况:"做过许多年补充兵,做过短期正规兵,做过三年司书,以至当流氓。"人生处于这样的生活状况,我们一定很难想象他日后会成为一个著名的作家。但是,沈从文一直坚信能够走属于自己的人生道路,路虽然充满荆棘与坎坷,但是沈从文始终没有放弃自己的文学创作之路,也让整个世界都接受了他对自己的评价:"我会成为一名作家。"

师：王阳明说："破山中贼易，破心中贼难。"所以，自己的敌人就在自己的心里，贪婪痴疑，消极懈怠，忧愁烦恼，无一不是阻碍我们前进的心魔，能将其降伏的人，是我们自己。

生11：马来西亚有这样一句格言，"天上的繁星数得清，自己脸上的煤烟却看不见。"最困难的事情就是认识自己，自知之明是最难得到的知识。

生12：《论语》里有这样一段对话。孔子问子贡："你和颜回哪一个更优秀呢？"子贡回答道："我怎么敢和颜回相比？他能够以一知十；我听到一件事，只能知道两件事而已。"孔子听完后微笑着对子贡说："你还是有自知之明的啊！"子贡的自知是明智。自知之明对我们来说非常重要，我们只有对自己有清楚的认识，有对自己公正客观的评价，才能不迷失自我。

师：同学们，我来给大家讲一个故事吧。

一只乌鸦飞过皇宫时陡然看见一只黄莺特别受国王的喜爱，好奇的乌鸦问黄莺："国王为什么这么喜欢你？"黄莺回答说："因为我能为国王唱非常动听的歌曲，所以国王喜欢听我唱歌。这就是喜欢我的原因。"乌鸦听后非常羡慕，就想："如果我能像黄莺一样能够唱优美动听的歌曲给国王听，相信国王也能喜欢我。"于是它在家里练习几天之后，趁国王正午睡的时候飞到皇宫顶上叫起来。正在午睡的国王被乌鸦的叫声惊醒，感到十分恐怖。国王忙问这是什么东西在叫，士兵们告诉国王是一只乌鸦。国王非常生气地说："你们赶快去把乌鸦抓起来杀了，且把皇宫里面的所有乌鸦都杀光。"

师：故事中的乌鸦没有清楚地认识自己，最终自食其果。自知者知道自己的短板，懂得扬长避短；而盲目的自负者最致命的一点在于不承认自己的不足。自知是自信的基础，缺乏这一基础的自信是盲目的，容易给自己带来危险。所以，我们要实事求是，恰如其分地感知自我，完善自我，这是一种智慧，也是一种修养。

案例3：

不要轻视自己的梦想

——《我有一个梦想》课例

师：同学们，今天我来学习美国黑人民权运动领袖马丁·路德·金的一篇演讲稿《我有一个梦想》。这篇文章深刻揭示了美国对黑人的歧视，也是对美国种族歧视的批判。气势磅礴，一语惊人，惊醒了美国政府，惊醒了全世界希望和平的人们。

师:请默读课文,勾画出重要的语句,不懂的地方讲出来大家共同讨论。

生1:马丁·路德·金在演讲中说:"一百年前,一位伟大的美国人签署了《解放黑奴宣言》,……这一庄严宣言犹如灯塔的光芒,给千百万在那摧残生命的不义之火中受煎熬的黑奴带来了希望。它之到来犹如欢乐的黎明,结束了束缚黑人的漫漫长夜。然而一百年后的今天,我们必须正视黑人还没有得到自由这一悲惨的事实。一百年后的今天,在种族隔离的镣铐和种族歧视的枷锁下,黑人的生活备受压榨;一百年后的今天,黑人仍生活在物质充裕的海洋中一个穷困的孤岛上;一百年后的今天,黑人仍然蜷缩在美国社会的角落里,并且,意识到自己是故土家园中的流亡者。"这段话应该怎样理解呢?

师:有同学能理解这段话吗?

生2:我认为连续几个连续"一百年后的今天"强有力地讽刺了美国政府的虚伪,不守诚信,不遵守诺言,更不尊重人性。

生3:希望得到一种自由,是对自由发出的呐喊。因为马丁·路德·金的梦想是:"当我们让自由之声响起来,让自由之声从每一个大小村庄、每一个州和每一个城市响起来时,我们将能够加速这一天的到来,那时,上帝的所有儿女,黑人和白人,犹太教徒和非犹太教徒,耶稣教徒和天主教徒,都将手携手,合唱一首古老的黑人灵歌:'终于自由啦!终于自由啦!感谢全能上帝,我们终于自由啦!'"

师:对!马丁·路德·金梦想有一天,深谷弥合,高山夷平,歧路化坦途,曲径成通衢。就因为他的执着与不服输的英雄气概和大公无私的精神,最终美国政府妥协了,他胜利了,黑人胜利了,世界胜利了。

生4:阅读了这篇演讲稿之后,不难想象当时美国对黑人的歧视与压迫已达到了极点,我不由感到强烈的愤慨。今天我们处于和平年代,在这温馨的教室里面读书与学习,我们应明白是谁给予我们自由,又是谁为我们创造了这样的环境。所以,我们得珍惜这来之不易的大好时光,努力奋斗才行。像马丁·路德·金一样,永远不要轻视自己的梦想。

生5:是的,渴望自由的愿望非常强烈,例如林语堂曾说过,"人们为梦想而斗争,正如为财产而斗争一样。于是梦想即由幻象的世界走进了现实的世界,而成为我们生命中的一个真实力量。梦想无论怎样模糊,总潜伏在我们心底,使我们的心境永远得不到宁静,直到这些梦想成为事实才止"。

师:同学们,你们知道梦想是什么吗?是一种信念、一个目标、一个身份,是潜伏在我们心底的另一个自己,也是一段未知的路。每一个人的梦想都不相同,可在林语堂先生的心目中,梦想即是成为另一个自己,我们因为它的新鲜与不曾接触而把它当作心中的梦。昨天,我要求同学结合自身实际,写写自己的梦想是什么,现在大家来一起听听几位同学的梦想。

生6:我有一个梦想,让全世界亲如一家,再也没有种族歧视,让每一个人都生活得自由。

生7:我有一个梦想,所有国家都和睦相处,不再有可恶的战争,让每一个人都享受美好的生活。

生8:我有一个梦想,全世界的沙漠都变成绿洲,人们不再遭受风沙的侵袭,每一只鸟都能在蓝天自由翱翔。

生9:我有一个梦想,乡村的每一块土地都不再有荒废,每一块土地都长出青青的禾苗。

师:同学们的梦想都非常好,现在我们再来看看王阳明的梦想是什么。

生10:十多岁时,王阳明从老家浙江余姚来到北京。当时王阳明的父亲在北京做官,王阳明就在北京读书,有一天,王阳明迫切地问私塾老师:"什么是人生第一等要事?"老师说:"当然是读书做官了。"阳明自信地说:"我看能称为人生第一等大事的是读书做圣人。"他的父亲听说此事后笑道:"难道你要做圣人?"由此可看出王阳明从小就有远大的志向,并依此志向不停地探索着。

师:看来同学们对王阳明的事迹比较了解,非常好!王阳明认为:立志要远大。每个人来到这个世界都有其使命感,何谓远大?立志要赚很多钱,这不叫远大,赚钱造福苍生才叫远大。立志做大官不叫远大,做大官为更多百姓谋福利,才叫远大。心怀天下,是为远大。

生11:梦想会让人变得高尚、积极、精力充沛。很多人之所以能够成功,就是因为比别人多做了一个梦,而且足够重视这个梦。但是,并不是每一个人都能够触摸到自己的梦想。只有在面对困难的时候,能够为了梦想勇往直前的人,才能最终采摘到成功的果实,让梦想成为现实。

生12:我给大家讲述一个球王的故事吧。

在巴西,踢足球几乎是每一个孩子的梦想,贝利也不例外。在很小的时候,贝利就渴望成为一名伟大的足球运动员,但是因为家里没有钱,他买不起足球。有一天,贝利走在他所居住的小区里,看到一户人家晾晒在绳子上的衣服与几双破旧的袜子,便突发奇想,利用袜子是不是可以做一个简单的"足球"呢?于是他立马跑回家里寻找破袜子,再往袜子里面使劲装入一些旧报纸,尽量把它弄成一个球的形状,一个崭新的"足球"诞生了。

贝利非常高兴,他终于有了属于自己的"足球"了。尽管有许多同龄的孩子嘲笑他,但是贝利并不在意。每天坚持在自己的菜园子里面踢球,但是由于里面是纸和布条,显得有些轻飘飘的,时间长了,球的表面粘满了泥土,虽然难看,但重了许多。就这样,随着年龄的增长,他所做的"足球"越来越大,球里面装的东西越来越多,重量也越来越重。贝利每天放学之后就去踢球。为了实现自己的梦想,他采取各种姿势踢。渐渐地,贝利的技术变得越来越好,远距离、近距离、防守、射门等都练习得非常精准到位,使得对手防不胜防。

可以说,正是这个"足球"练就了贝利独特超群的球技,而支撑他一直将这个"足球"踢下去的动力,正是他自己的梦想。他知道只要自己努力,就一定可以战胜困难,实现自己的梦想。而事实也是如此,他凭着自己的努力,一步步走进了足球殿堂。1962至1970年,贝利带领巴西国家队赢得了两次世界杯冠军。连巴西总统都称赞他是"国宝",自此,贝利成了闻名全球的球星。

师:同学们的故事非常精彩,很有教育意义,我想会对我们有所启示。同学们,梦想是什么?梦想是奋斗的动力和源泉,只要不轻视自己的梦想,我们就可以扬起梦想的风帆,翱翔在世界的蓝天与白云之间,去拥抱属于自己的未来。

案例4:

找准实现价值的天平

——《说和做——记闻一多先生言行片段》课例

师:同学们,今天我们来学习臧克家的一篇充满斗志与战斗激情的演讲文章《说和做——记闻一多先生言行片段》,一起体会闻一多先生那种大无畏的精神。为揭露反动派的残酷与丑恶行为,他勇敢地站在群众大会上,大骂特务,慷慨淋漓,声震天地!在这生死关头,他走在游行队伍的最前面,昂首挺胸,最后以宝贵的生命实证了他的"言"和"行"。我也敬仰他一丝不苟、勤勤恳恳、刻苦钻研、言行一致的工作态度。

师:同学们,请认真默读课文,并将重点的语句勾画出来,拟定相应的问题进行讨论。

(学生默读课文,用笔在课文中勾画,有的边阅读边做批注。)

(老师巡视、观察学生阅读情况。)

师：哪位同学先来谈一谈这篇文章的写作背景？

生1：这篇文章的写作背景是1945年10月，蒋介石单方面违背《双十协定》，调遣军队向解放区大举进攻，遭到人民反对。11月19日，重庆各界代表组成反内战联合会，号召全国人民动员起来，用一切办法制止内战。10月25日，昆明学生6000余人举行反内战时事晚会，遭到国民党军警的骚扰破坏，各校学生于第二天起联合罢课。12月1日，昆明国民党当局出动大批军警特务，殴打屠杀罢课师生，死伤多人，制造了震惊全国的"一二·一"惨案。事件发生后，昆明学生罢课达一个月之久，得到了全国各地的广泛声援，一个以学生运动为主的反内战运动，席卷了整个国民党统治区。

师：还有其他原因没有？

生2：1946年7月11日，伟大的爱国主义者、坚定的民主战士、中国民主同盟早期领导人、杰出的社会教育家李公朴在昆明遭国民党特务开枪暗杀，因伤重不治而牺牲。

师：诚实守信是中华民族的传统美德，古人说："言必信，行必果。"一个人的"一言一行，一举一动"关涉这个人的道德修养。只说不做，夸夸其谈，这样的人是行动的矮子，天长日久，终将一事无成。为此，我们要做一个言行一致的人。这方面闻一多先生做到了极致。

生3：蒋介石单方面撕毁《双十协定》，属于言而无信的行为。

生4：闻一多先生"说"了。说得真痛快，动人心，鼓壮志，气冲斗牛，声震天地！他"说"了："我们要准备像李先生一样，前脚跨出大门，后脚就不准备再跨进大门。"

生5：他"做"了，在情况紧急的生死关头，他走到游行示威队伍的前头，昂首挺胸，长须飘飘。他终于以宝贵的生命，证实了他的"言"和"行"。同时也证实他实现了自己的人生价值，他痛骂和揭露国民军阀统治的卑鄙行为，撕开反动军阀丑恶的嘴脸，他说到了并做到了，这难道不是人生价值的体现吗？

生6：闻一多先生曾说，"人家说了再做，我是做了再说""人家说了也不一定做，我是做了也不一定说"。这恰恰符合王阳明所说的"知行合一"，知是行的主意，行是知的工夫；知是行之始，行是知之成。

师：闻一多先生的"言"与"行"所呈现出来的精神价值，正与王阳明所说的知行合一一脉相承。知与行合作一处，知便是行，能行便是真知。这里的知，就是指知善知恶的良知。良知人人都具有，人与其他动物的一个重要区别就是人可以意识到并判断自己的行为,能够辨别善恶,并做出合理的选择,而不是单纯为自己的本能和外物所驱使。只是良知有时被私欲所隔断,或为利所诱,或为威所屈,或畏难而退,对善恶也变得麻木,如同一面铜镜生锈蒙尘,不能照物。当良知不为私欲所蔽而显现的时候,这便是行了。再如,当你看到一个遇到困难的人,产生去帮助他的念头,这便已经是行了;如果这个念头只是一闪而过,你没有去帮助他,便是良知又被遮蔽。一善念产生,便已是行了。在王阳明看来,一恶念产生,便也是行了。而绝其恶念,同样是行。很多道理人们从小就知道,可是这些道理并没有体现在他们的行为当中,在王阳明看来,这并不是真知。

师:通过学习这篇文章,你们如何看待闻一多先生?

生7:我们还是先来看看著名美学教授朱光潜先生曾讲过的闻一多的故事吧。闻一多先生在20世纪30年代到清华大学执教前,在与人交往方面曾受过许多挫折。闻一多先生于1925年5月回国后在北京大学艺术专科学校任教务长。他开始热情很高,全身心扑在工作上。但是由于他空有诗人的热情,没有行政工作的经验,很快就遭受中伤和诽谤。于是他愤慨出走,连衣服、书籍都没有带。1927年秋,"第四中山大学"成立时,聘请他去担任外文系主任。但他还是不能适应环境,不久又离开了。

1932年秋,闻一多应清华大学的聘请,担任中文系教授。这时他觉得比较痛苦。他在给朋友的信里说:"我近来最痛苦的是发现了自己的缺陷,一种最根本的缺陷——不能适应环境……"1933年春,应届毕业生请他为纪念册题词,他竟以《败》为题,信笔一挥就完成一篇文章。随后,出于总结过去"败"的经验教训和任教的需要,闻一多决心改走一条学者的道路,他把它叫作"向内走的道路"。他拟订了一个庞大的研究古典文学的计划,决心在这方面有一番作为和突破。他说:"向外发展的路既走不通,我就不能不转向内走。"于是,他在教学之余,便把自己关在书房研究他的学问,过起"隐士"般的生活。闻一多先生是一个聪明人,他能够做到认识自己,所以才能超越自己,才能够找到自己的归属,走上一条向内走的道路,过适合自己的生活。

师:这个故事说明了什么呢?

生8:说明闻一多先生坚持真理,有为真理而斗争的执着精神,同时能够正确认识自我。在现实中,我们很多人也许都面临这样一个问题:全身心地投入某一项事业,奋斗了几年之后突然发现自己根本不适合这领域。其实,一个人的学习过程就是不断成长的过程。一个人对自我的认识是伴随着年龄的增长和阅历的丰富而加深的。

师：王阳明认为"只有找准适合的方式才是最有效的"。在江西平乱时他就利用了这一点，别看他是一介书生，打起仗来是用兵如神。有一年，王阳明奉旨去平乱，在调查走访之后，他思考再三，觉得如果用武力压迫，自己没有必胜的把握，而且可能会让双方矛盾加深。之后，王阳明打听到了起义的首领是哈吉，并且哈吉的母亲身体不好卧病在床。王阳明便亲自带着医生，去给哈吉的母亲治病。没过多久，在王阳明和医生的照料之下，哈吉的母亲就能够下床走路了。哈吉知道这件事后，对王阳明的为人非常敬佩，觉得这个人值得信任。

就在这个时候，王阳明又给哈吉写了一封信，告诉他不要再叛乱了，大家应该和睦相处，这样打下去，对大家都没有好处。哈吉被王阳明高尚的人格折服，于是王阳明没用一兵一卒就平息了这场叛乱。

生9：得民心者得天下，蒋介石的行为不得人心，这才是他失败的主要原因。作为当代中学生，我们应该懂得这一点，既要言行一致，表里如一，又要诚实守信，做一个有爱心、有良知、有担当的时代新人。

案例5：

以阳光心态对待纠过
——《廉颇蔺相如列传》课例

师：同学们！今天我们来学习司马迁《史记》里面的名篇《廉颇蔺相如列传》。全文记叙了战国时期赵国的四个重要人物廉颇、蔺相如、赵奢、李牧的故事。本课文节选的是第一部分，包含"完璧归赵""渑池之会""将相合欢"三个故事。文章总体来讲，重点描绘了蔺相如智勇双全、能言善辩、顾全大局、维护团结的品质和廉颇粗豪坦荡、知错必改的可贵品质，歌颂了文臣武将竭尽忠智，国难当头以先国家之急而后私仇的爱国精神。

师：现在，同学们，请结合课后注释认真阅读一遍课文，整体感知课文的内容结构。

（学生认真阅读课文。）

师：现在请同学们来谈一谈，本文重点讲了什么？

生1：文章的开头，"完璧归赵""渑池之会"两个故事讲述了蔺相如在国家处于危难之时，挺身而出，靠自己的智慧与胆识打破了秦王的野心，真可算劳苦功高。赵王认为蔺相如有功,将其升为上卿,位在廉颇之上。这显然激怒了一向居功自傲的廉颇。他不时向人们炫耀自己"有攻城野战之大功",鄙视蔺相如"徒以口舌为劳",还几次三番羞辱蔺相如。依我看来,廉颇纯粹是嫉妒心在作怪,痛恨蔺相如仅凭小聪明与口舌便位于上卿。而蔺相如总是退避三舍,大臣们均以为蔺相如怕廉颇,其实他是为了避免两虎相争导致秦国有可乘之机。他对舍人说:"顾吾念之,强秦之所以不敢加兵于赵者,徒以吾两人在也。"廉颇听闻后十分惭愧,背上荆条向蔺相如请罪,也正说明了他的坦诚与可敬之处。

师:同学们,"顾吾念之,强秦之所以不敢加兵于赵者,徒以吾两人在也"是什么意思?体现了蔺相如怎样的品格?

生2:这句话在告诉我们,强大的秦国不敢带兵攻打赵国的主要原因,就是赵国有蔺相如和廉颇这样的人在,如果他们为了自己的私利相互争斗,这恰恰是秦国希望看到的结果。所谓"鹬蚌相争,渔翁得利",就是这个道理。

生3:我觉得蔺相如不仅能言善辩,而且心胸开阔、顾全大局。当然,廉颇虽然有些粗豪,但是光明磊落,直率坦荡,知错能改。

师:王阳明在《教条示龙场诸生》中有一句话是"责善,朋友之道",然须"忠告而善道之"。这告诉我们,在劝告别人的时候,态度一定诚恳,用忠诚的心灵和语言告诉对方,让对方感受到你的真诚。廉颇之所以接受蔺相如的劝告,是因为他体会到这是真心话,同时又是当时赵国的现实情况。

同学们,通过学习这篇文章,我们还应明白一个道理,人生中不如意之事十之八九。中国有句俗话说得好:"比上不足,比下有余。"当我们为自己的不幸而愤愤不平的时候,想一想那些遭受磨难的人,相对于你,他们是否更不公平?而且,人们觉得不公平的痛苦主要还是来自向上看,看到比自己强的人。但要知道,那些看起来"幸运"的人,他们也同样经历了无数的磨难。

生4:是的,不平之事都是客观存在的,我们应该拥有豁达的心态,敢于及时纠正自己的过错,不要抱怨,不要一味地苛求这个世界。生活是没有道理可讲的,当我们遇到不顺心的时候,没有必要怨天尤人,也没有必要自怨自艾。

生5:心态是最好的本钱,常常保持愉快的心态,就是功夫。

生6:在《传习录》中记有这样两件事:第一件事是有一个人眼睛有病,整天担忧,王阳明对他说:"你这是看重眼睛而轻视本心(尔乃贵目贱心)。"第二件事是弟子陈九川卧病在床,王阳明问他:"生病这件事,正确面对它很难,你感觉怎么样?"陈九川回答:"这个功夫确实很难。"王阳明说:"常常保持快活愉悦的心态,就是功夫。(常快活便是功夫)"这两个故事说明人要活得快乐,就必须保持一个好的心态。积极的心态能帮助我们获取健康、财富与幸福。心态,是一个人最大最好的本钱。心态就是人的精神状态,心态好,人自然热情饱满,充满活力,好运自然会来。保持良好的心态,其本质还是看一个人如何面对自己的不良情绪以及生活中的负面影响,这的确要经过岁月的历练,需要一定的定力和修为。

师:总结得非常好,认识深刻。我记得王阳明说认为君子立天地之命,大公无私,光明磊落,养浩然正气,立君子威风,才能久立于天地之间。结合我们的现实生活,这也很容易理解。我们生活中有太多的人,只在乎眼前的蝇头小利,为眼前的一得一失而痛苦和忧愁不已,其实是完全没有必要的。人生的路那么长,你可以把格局放大一点,目光放长远一点。

生7:是啊!人生的路那么长,你怎么知道未来会有什么变化呢。塞翁失马,焉知非福。其实人生的很多事情都是如此,有得必有失,有失必有得。只是你自己没有发觉而已。一个人,有大胸怀、大格局,养一身正气是非常重要的。

生8:从古至今,所有能成大事者,都有一个共同的特点,那就是笑揽风云动,睥睨大国轻,力拔山兮气盖世,有浩然正气,这也是为人处世的一个准则。生活中有的人,表面看上去大大方方,实际上小气猥琐。而有一些人外表上给人的感觉特别平淡,但是他做事的时候不拘一格,从来不计较眼前的一些得失,你能从这平淡的感觉中体会到那种浩然正气。这种人就是我们应该学习的榜样。

生9:王阳明认为,致良知是做人的根本,每个人都应该符合良知的要求,当一个人达到致良知的状态,他为人做事的时候也会不拘泥小节,也会养成一股浩然正气。做一个正直的人,诚实地对待生活中的每一个人,日积月累,你的浩然正气自然就形成了。

师:同学们,今天学习了《廉颇蔺相如列传》,从文中可以看出廉颇是一位了不起的大丈夫。我记得罗曼·罗兰曾说:"只有将抱怨环境的心情化为上进的力量,才是成功的保证。"也有人说:"如果少年时就懂得永不抱怨的价值,那实在是一个良好而明智的开端。"所以,在生活中,我们不能总是抱怨社会的不公平,要勇于面对现实,做个有大格局、大胸怀的正人君子。

案例6：

学会在逆境中生存
——陆游《卜算子·咏梅》课例

一、课例背景

前几天，我发现班上几名平时成绩非常好的学生有些颓废，精神不振，整天垂头丧气，其原因是两次月考没有考好，有些不自信。见此情境我真是看在眼里，急在心里。高三了，如果不能尽快改变这种心态，影响是非常大的。然而，我给他们做了许多工作都无济于事。一天早晨，我组织学生赏析陆游的《卜算子·咏梅》，在要求学生阅读两遍之后，又将毛泽东的《卜算子·咏梅》与其进行对比，并让学生在阅读后谈谈两首词给人的不同感受，品味作者在词中表达的情感。

实际上毛泽东的这首词是仿照陆游的这首词来填的，词牌名和标题都相同，描写的对象也相同。两首词中梅花所处的环境都复杂且恶劣，但传达的心境却不尽相同。

二、教学过程

师：请同学认真阅读陆游的《卜算子·咏梅》，然后将词中描写环境和感受的语句勾画出来，最后阅读毛泽东的《卜算子·咏梅》，比较一下两者有何异同。

（学生紧张地阅读与思考，教师巡视。）

师：同学们在展开阅读讨论的过程中，要把关注的焦点之一放在"梅花"所处的环境。

生1：我认为两首词的物象梅花所处的环境相同，都比较恶劣。陆游词里的梅花在凄清的环境中独自开放，无人欣赏，无人采摘，又遭受风雨的摧残，却不曾向磨难低头，即便落寞，即便无主，也依然盛放。陆游借此表达孤高的性格，决不与争宠邀媚、阿谀逢迎之徒为伍的品格和不畏谗毁、坚贞自守的傲骨之气。而毛泽东词里的梅花在严酷险恶的环境中，竟然"犹有花枝俏"，这更加突显了梅花傲岸挺拔、花中豪杰的精神气质。作者笔下的梅花充满着自豪感，坚冰不能损其骨，飞雪不能掩其俏，险境不能摧其志，这和陆游笔下"寂寞开无主""黄昏独自愁"的梅花形象形成了鲜明的对比。

生2："零落成泥碾作尘，只有香如故"表明梅花在寂寞无主、黄昏日落、风雨交侵等凄惨境遇中饱受雨骤风狂的摧残。梅花纷纷凋落，"只有香如故"，它仍然不屈服于寂寞无主、风雨交侵的威胁，只是尽自己之能，一丝一毫也不会改变。即使是凋落了，化为"尘"了，也要"香如故"。

生3：就词而论，陆游在词中虽然表现出一些悲观情绪、一些抱怨，但还是突显了梅花坚强勇敢的一面。陆游的一生可谓充满坎坷。他出生于宋徽宗宣和七年（1125），正值北宋摇摇欲坠、金人虎视眈眈之时，因此他早早随家人开始了动荡不安的逃亡生活。绍兴二十三年（1153），陆游赴临安参加进士考试，因出色的才华考取了第一。但因秦桧的孙子被排在陆游之后，触怒了秦桧，第二年礼部考试时居然被黜免。秦桧黜免陆游的原因，一方面是挟私报复，一方面也是因其"喜论恢复"，引起这一投降派首脑的嫉恨。直到秦桧死后，陆游方开始步入仕途。这之后，陆游的仕途也并非一帆风顺，而是几起几落。他曾到过抗金前线，身着戎装投身战斗。陆游曾两次被罢官，力主用兵是最主要的原因。尽管陆游的爱国热情惨遭打击，但其爱国志向始终不渝。这在他的诗歌中得到了充分的体现。不难理解，其《卜算子·咏梅》正是以梅寄志，那"零落成泥碾作尘，只有香如故"的梅花，正是诗人一生对恶势力不懈的抗争精神和对理想坚贞不渝的品格的形象写照。陆游，是坚定的抗金派，因而在仕途上不断遭受顽固派的污蔑与打击。虽然他未曾实现其破敌报国之心愿，但却未曾放弃，临终之时仍惦念着国家的统一。

生4：我认为毛泽东在词里表现出一种积极乐观的情绪。我们先来结合毛泽东这首词的写作背景看，作者如此刻画梅花的形象，是有深刻的政治寓意的。那时正值三年困难时期，苏联领导人又挑起中苏论战，对中国施加政治、经济、军事上的压力，中国内忧外困、前路渺茫。"已是悬崖百丈冰"正是那时政治环境的象征。毛泽东写这首词本是托梅寄志，表明中国共产党人的决心，在险恶的环境下决不屈服，勇敢地迎接挑战，直到取得最后胜利。虽然"已是悬崖百丈冰"，但"犹有花枝俏"，中国共产党就是傲霜斗雪的梅花，就是那俏丽的"花枝"。

师：同学们，我们应该注意到一点，两位词人在词中通过"梅花"来比喻自己当时所处的环境与心态。陆游虽然有消极悲观情绪，但不难看出他不与争宠邀媚、阿谀逢迎之徒为伍的品格和不畏谗毁、坚贞自守的优良品质，而毛泽东的词里面透露出积极乐观、豪情壮志的情怀。这是值得我们学习的。

生5："上天赋予我们生命的同时，在上面附加了许许多多的苦难。"在人生逆境面前，每个人都可以选择面对它的态度。但是，要知道，在逆境中抱怨总是无济于事，与其不停地抱怨，还不如把抱怨变成行动，思考一下事情的根由，想一想应该如何改变当前的现状。两位词人笔下的梅花虽然所处环境恶劣，饱受残酷的折磨,但仍然坚强面对现实。所以,一味地抱怨,只是浪费精力,在这样的心境下,会让事情变得更加糟糕。

师:这位同学说得非常好,评价深刻到位,希望其他同学都向他学习,善于思考问题。还有哪位同学再来谈谈自己的见解?

生6:王阳明一贯主张事上磨炼,越是遇到紧急的情况,越是能考验一个人的修为,所以他告诉弟子,一定要放到具体的事情上去修炼,平常谈那些大道理都是没什么用的。遇到事情了,还能做到心静如水,内心光明,那才是真的学到了技能。

师:其实,平时大家都知道很多道理,但是许多人一遇到事情就全都忘得一干二净了,只余恐慌暴躁。为什么王阳明说吾性自足,不假外求?就是这个道理。修身养性,就是光明内心。内心光明了才能做到遇事不慌张,只有这样,你平时懂得的那些道理才能施展出来。别把智慧搞得那么神秘,其实不过是遇到事情还能心中不慌,按照自己的良知指引,去冷静地处理事情罢了。能够做到遇到任何事都不慌不乱,随时保持乐观积极的心态,就能如同陆游和毛泽东在词里所体现的一样,镇定自若,坚持自己的理想与信念,做一个充满智慧的高人了。

生7:是的,北京大学教授谢冕曾说:"顺境是我们的愿望,而逆境则可能是生活中应有之理,应有之义。"不然的话,我们又何必讲"迎接挑战"或"参与竞争"之类的话?

生8:我来给同学们讲一个故事。

有一位老人每天早上都坐在路边的一把椅子上,向开车进城的人们打招呼。有一天,他的孙女坐在他旁边,陪着他聊天。正在这个时候,有一个陌生人来到两人面前,微笑着打听道:"请问,你们住的这个小镇还不错吧?"老人慢慢回过头微笑对陌生人说:"你原来住的地方怎么样呢?"陌生人说:"在我原来居住的地方,人人都喜欢批评别人,邻居之间常说闲话,总之,那地方让人不舒服。能离开那里,我真是非常高兴。"然后老人温和地对陌生人说:"其实啊,我们这个村庄与你原来的村庄差不多。"

又过了一天,一辆载着一家人的大车子在老人旁边的加油站加油。车子加好油后,停在老人和孙女的旁边,车上走下一个男人,对坐在椅子上的老人说:"你们住的这个城镇真不错吧?"老人回答说:"请问你原来居住的城镇怎么样?"男人说:"我原来居住的那个城镇的人们非常亲切,人人都相互尊重,相互帮助,我真舍不得离开。"老人微笑着对男人说:"其实这里也差不多。"

等到车子远离之后,孙女不解地问爷爷:"爷爷,为什么你告诉第一个人这里不好,却告诉第二个人这里很好呢?"老人慈祥地对孙女说:"实际上不管你搬到哪里,你都会带着自己的态度。如果你一直抱怨,那么你的心里就充满了挑剔与不满。如果你不抱怨别人,就能看到人们的善良与可爱。我正是根据两个人不同的心理态度来回答的啊!"

师:这个故事很有教育意义。是啊!心态不同,看到的世界就不同。不抱怨的人,往往知足,有情趣,会看到别人所看不到的风景,人生是多姿多彩的。而抱怨的人生是灰色的,世界在抱怨者眼中总是消极和悲观的,他们的目光也只会为了生活的不如意而停留,他们的生活总是被烦恼占满,他们的心里总是被沮丧充斥着。

所以,我们应该像毛泽东与陆游词里的梅花一样,即使处在恶劣的环境里面,也仍然保持自己的优良品质,不抱怨、不放弃,用超然豁达的心态面对一切,这样才能够做一番事业,人生的景象就会变得丰富多彩。

案例7:
牢记别人的恩泽
——《大堰河——我的保姆》课例

一、课例背景

前几天偶然听到班上一名女生与英语老师吵起来,还把英语老师气哭了。究其原因,是英语老师让全班同学默写英语单词,这名女生没有达到老师的要求,被批评了,结果两人在课堂上当众吵了起来。我认真思考一番,觉得硬来显然不是办法,于是想到借《大堰河——我的保姆》一课对学生进行教育。

二、上课实录

师:同学们,今天我们的任务是学习艾青的代表作《大堰河——我的保姆》。这首现代诗歌带有一定叙事抒情色彩。就这首诗总的倾向而言,作者并没有向读者讲述关于他和乳母之间完整的故事。实际上艾青家乡就在浙江金华"大叶河"村庄,保姆大堰河连姓名都没人知道,所以以村庄的名字替代了她的姓名。她出身于穷苦人家,自幼就被贩卖当了童养媳。她生了两个孩子之后,丈夫就死了,为了生活又不得不改嫁。因为她来自"大叶河"村,于是村上的人们都称她为"大堰河"。所以,诗歌开头就写道:"她的名字就是生她的村庄的名字,她是童养媳……"同学们,这是采取拟人的写法,你们不能够把"大堰河"当成是一条"河"的名字来理解。

师:现在请同学们认真阅读,感受一下诗歌中到底蕴含了一种怎样的思想感情。

生1:我在课前查阅过资料,艾青出生于浙江金华的一个地主家庭。母亲生艾青的时候难产,长辈们认为这样不吉利,请算命先生算命。算命先生认为艾青在家有克死爹娘的征兆,于是艾青只能寄养在十分贫苦的大堰河家,叫自己的父亲为"叔叔",叫母亲"婶婶"。贫困的大堰河每天砍柴挖土,整日不辞辛劳,不仅不因为艾青父母歧视而冷淡艾青,还对艾青充满了真挚的爱意。正如诗中所写,"在年节里,为了他,忙着切那冬米的糖";"大堰河,把他画的大红大绿的关云长贴在灶边的墙壁上";"在梦里,她吃着她的乳儿的婚酒,坐在辉煌的结彩的堂上,而她的娇美的媳妇亲切地叫她'婆婆'……大堰河,深爱着她的乳儿"。

生2:我阅读后认为,这首诗是艾青为了纪念和怀念大堰河而创作的,从诗歌中可以看出"大堰河"母亲一样的伟大精神。从此文我们不难想到孟郊《游子吟》:"慈母手中线,游子身上衣。临行密密缝,意恐迟迟归。谁言寸草心,报得三春晖"里的母亲,还有三迁其居的孟母、让儿子精忠报国的岳母、徐庶的母亲、朱德的母亲、沂蒙母亲,等等。每个母亲都是伟大的,我觉得一个母亲的伟大不在于她养育了一个多么优秀的成功的孩子,而在于她作为一个母亲所做的、所付出的,以及对儿女们无私奉献的爱。

生3:一位哲学家说,世界上最大的悲剧和不幸是一个人大言不惭地说:"没人给过我任何东西。"因此,我们对生活应常怀一颗感恩之心,人与人、人与自然、人与社会才会变得更加和谐,更加亲切。

师:王阳明认为,知善知恶是良知,知恩知报是感恩。从艾青的《大堰河——我的保姆》与王阳明的名言来看,我们都应知恩图报,懂得对别人的感恩之心。常言道:"受滴水之恩,当涌泉相报。"

生4:2018年12月18日,习近平总书记在庆祝改革开放40周年大会上发表的重要讲话中指出,"伟大梦想不是等得来、喊得来的,而是拼出来、干出来的"。会后,多位获得改革先锋称号的企业家在接受采访时表示:"没有改革开放政策,就没有今天的我们。""深深感恩这个时代。""希望能继续为国家的昌盛、民族的复兴,做出自己的贡献。"

生5:有一种情怀,是发自内心的感恩。有一种精彩,是砥砺前行的奋进。

师：习近平总书记多次深情关注贵州这片具有后发优势的土地，一个个深深的足迹，一句句真切的嘱托，让感恩、奋进的因子深深地融入了贵州人民的血液之中。

生5：羊有跪乳之恩，鸦有反哺之义。马克思、恩格斯在《共产党宣言》中指出："过去的一切运动都是少数人的，或者为少数人谋利益的运动。无产阶级的运动是绝大多数人的，为绝大多数人谋利益的独立的运动。"坚守初心、勇担使命，正是新时代中国共产党人践行感恩之心的生动实践。

生6：作为当代中学生，我们应该心怀感恩，知恩报恩，这是做人、做事的基本准则。作为当代学生要懂得感恩，心中牢记教师的培养、人民的信任，把"一枝一叶总关情"的人民情怀转化为"守初心、担使命，找差距、抓落实"的具体实践。

师：同学们，我们要感恩组织培养，始终做到对党忠诚。个人的成长，凝聚着党的关爱、信任和期望。青年学生特别要坚定理想信念，深入学习贯彻习近平新时代中国特色社会主义思想，始终做到对党忠诚。要增强对党和人民事业的责任心，将感恩之心升华为为党和人民的事业奋斗终身的强大动力。发扬真抓实干、求真务实的精神，树立正确的世界观、人生观和价值观，做到对老师负责与对父母负责的统一，创造实实在在的成绩。

师：同学们，现在我们一起来欣赏下面几个关于感恩的小故事。

一个羞愧的拥抱

在现代大都市里，有一位漂亮的单身女子刚搬了新家。她发现隔壁住了一对非常穷的母女。有天晚上，忽然停了电，单身女子只好点起了蜡烛。没一会儿，女子忽然听到有人敲门。原来是隔壁的小女孩，只见她紧张地探试着问："阿姨，请问你家有蜡烛吗？"女子心想："他们家竟穷到连蜡烛都没有吗？千万别把蜡烛借他们，免得被他们赖上！"于是，她没有好气地对小女孩吼了一声："没有！"正当她准备关上门时，小女孩面带着关爱的笑容轻轻地说："我就知道你家一定没有！"说完，从怀里拿出两根蜡烛，说："我们怕你一个人住又没有蜡烛，所以我带两根来送给你。"女子顿时自责、感动得热泪盈眶，将小女孩紧紧地抱在怀里。

朋友的巴掌与帮助

有两个人在沙漠中行走。他们是很要好的朋友，在途中不知道什么原因，他们吵了一架，其中一个人打了另一个人一巴掌。那个人很伤心，于是就在沙里写道："今天我朋友打了我一巴掌。"写完后，他们继续行走。他们来到一块沼泽地里，那个人不小心踩到沼泽里面，另一个人不惜一切拼了命地去救他，最后那个人得救了。他很高兴，很高兴，于是拿了一块石头，在上面写道："今天我朋友救了我一命。"朋友一头雾水，奇怪地问："为什么我打了你一巴掌，你把它写在沙里，而我救了你一命，你却把它刻在石头上呢？"那个人笑了笑，回答道："当别人对我有误会，或者有什么对我不好的事，就应该把它记在最容易遗忘、最容易消失不见的地方，由风负责把它抹掉。而当朋友有恩于我，或者对我很好的话，就应该把它记在最不容易消失的地方，风吹雨打也忘不了。"

善良的力度

一对夫妻很幸运地订到了火车票，上车后却发现有一位女士坐在他们的位子上。先生示意太太坐在她旁边的位子上，却没有请那女士让座。太太坐定后仔细一看，发现那位女士右脚有点不方便，才了解先生为何不请她起来。先生就这样一直站到终点站。下了车之后，心疼先生的太太说："让位是善行，但是全程那么久，中途大可请她把位子还给你，换你坐一下。"先生却说："人家不方便一辈子，我们就不方便这三小时而已。"太太听了相当感动，觉得世界都变得温柔了许多。"人家不方便一辈子，我们就不方便这三小时而已。"多浩荡大气、慈悲善美的一句话，它能将善念传导给别人，影响周围的环境氛围，让世界变得善美、圆满。"善良"，多么单纯有力的一个词语，它浅显易懂，它与人终生相伴，但愿我们能常用它、善用它，因为老祖宗早就叮嘱过，"善为至宝"，一生用之不尽啊。

师：同学们！为了更进一步理解《大堰河——我的保姆》这首诗，现在我来给大家朗读一遍。

"在你补好了儿子们的为山腰的荆棘扯破的衣服之后，在你把小儿被柴刀砍伤了的手包好之后，……她含着笑，洗着我们的衣服，她含着笑，提着菜篮到村边的结冰的池塘去，……大堰河，深爱着她的乳儿；在年节里，为了他，忙着切那冬米的糖，为了他，常悄悄地走到村边的她的家里去，为了他，走到她的身边叫一声'妈'，……"

我的声音禁不住哽咽了，眼睛也禁不住潮湿了。这时有同学忙给我递纸巾，有几位同学也在用纸巾擦眼泪。那一刻，我被这份浓浓的爱包围了，被艾青朴实的语言、真挚的情感打动了，就连平日里调皮的学生也安安静静的。

下课时，我偷偷瞟了一眼与英语老师吵架的学生，只见她埋头在桌面上，正小声地哭着。

案例8：

做良知人，行良知事

——特殊的向阳而教课例

一、课例背景

腊月的修文六屯寒风依然威力不减，肆无忌惮地吹打着荒山、树木、草地和水面，使得嘉年华田间书院外的树枝上挂满了亮晶晶的银条，小草披上白亮亮的外衣，地上的水面铺满冰。可田间书院报告厅里却热气沸腾，散发着祥和与温馨的气息。

2019年1月20日至26日，修文县各中小学教师108人集中在六屯乡嘉年华田间书院参加"2019年修文县'向阳而教种子计划'教师研修班"培训。此次培训以"阳明文化精髓"为纲，以培养"良知种子教师"为目标，旨在用生命唤醒生命，让108颗良知种子播撒在修文向阳而教这片沃土上，渐渐地发芽，开花结果。

以下是其中一位高中老师的教学实录。

二、教学实录

师：同学们！今天我借这节语文课的机会，与大家交流2019年1月20日至26日参加"修文县向阳而教种子计划"教师培训的一些体会。本次培训对我的触动非常大，可以这样说，这次培训拓展了我的视野，让我真正懂得良知对一个人的重要性与必要性。实际上，我们学习语文的真正目标，除了懂得运用语言文字之外，还有从语文作品当中去品味作者所表达的思想情感与观点，树立自己的良知品质，"做良知人，行良知事"。习近平总书记说，创新是引领发展的第一动力。作为一名人民教师，我认为有什么样的心，就有什么样的德，就有什么样的结果。教师要以向阳而教为载体，用新的理念与方法唤醒学生的心灵，把学生心中的明灯点亮，为修文县的向阳而教谱写新的篇章。现在请大家一起来看一段视频，看看良知种子教师是如何看待向阳而教的，然后说说自己的感想。

（教师播放视频。）

生1：作为一名当代中学生，要如何做到王阳明所提倡的"知行合一"，我就以音乐的演奏为例加以说明。打击乐的核心之一在于协调，懂得按照规律与节奏顺势而行。我们许多时候都误认为只有专业学习音乐的人才能做到，但实际上只要静心听取节奏与节拍，将身体的各个部位都调动起来，几乎所有人都可以做到。懂得乐理，理解歌词的内涵与节奏，这只是知的层面，在实际演唱中把情感内涵表现得淋漓尽致,才是达到知与行的统一。致良知同样如此,只有用心修炼,树立自己的志向,朝着一个目标去做,达到身与心的统一,才能实现。

生2:我们聚焦桃源,借助阳明先生的精神与精髓,寻梦、追梦,践行良知,排除我们心中的杂念,感受和聆听内心真实的声音,放飞自己的梦想,谱写精彩的人生,共同为修文的向阳而教唱响新的乐章。作为一名当代高中生,我希望在平时的学习中认真领悟阳明文化精髓,以"培其根、种其德、养其心"为宗旨,努力成为"良知担当,知行合一"的时代新人。希望良知种子在这块土地上生根、发芽、开花、结果。

生3:成功的人在心理上藐视问题,在战略上剖析问题。我认为作为一名高中生,要想做向阳而教的学子,必须能以生转熟,践行相随,举一反三;用心研究教材,用心上好课,用好眼睛,完成老师布置的作业,有效地运用灵活多样的方式领悟老师的教学内容。可是,有许多学生往往缺乏观察与感受能力。想要解决问题,首先要实现行动调和,通过行动来改变自己,腾出时间理解自己的内心,将内心的"知"灵活呈现在行动当中,从而达到"心"与"行"一致。

生4:今天老师分享的内容与问题非常值得我们思考,所提出的实质问题及学习方法确实值得我们注意。所列举的事例生动形象,从知识逻辑、心理逻辑与学习逻辑方面入手,指出针对不同的学生应该采取不同的学习方法。在知识与文化领域,如何纠正学生成长中的错误,培育学生的未来素养是大家比较关注的问题。老师认为,向阳而教教育的宗旨是丰富学生的内心世界,其中,在教学中渗透阳明文化精髓是一个重要途径。

生5:老师提出向阳而教的理念与指导思想,我认为起点是关注学生的心理素养,培养学生的心理品质,针对具有不同心理品质的学生采取不同的教学方法给予引导与启示,激发学生的内驱力,让学生努力探索未知的领域。作为一名当代高中学生,我们应该充分借鉴和运用老师的方法,关注和做好自己的心理疏导与巩固,对自己采取正向与肯定的态度,正确处理活动、方向与工具间的关系,处理好冲突与需要之间的关系,在自主、真诚与共事之间建立平衡。

生6:老师的情感历史剧很独特,通过疏导与启发,能够触动人的心理。活动看似比较简单,但往往越是简单的东西越是值得研究与借鉴。老师将我们课堂上反映出来的常态心理因素与情感特点,通过几位同学的表演呈现出来,确实触动了所有同学。值得深思的是我们在平时的学习当中,如果做好自己的心理工作,打通自己内心的情感障碍,要想做向阳而教就没有这么难了。

生7：今天老师在课堂上的讲话，可说是语重心长，用心良苦，不难看出老师对此次"向阳而教种子计划"学习活动非常关注与重视，让我们感到欣慰，同时让我们看到希望与曙光。老师在课堂上强调，学生首先要知道自己是谁，从哪里来到哪里去，学生的使命感、责任感是什么，要找准自己的发展方向，要了解这块神圣的土地。用"格物致知"精神，忠诚于事业，忠诚于自己的内心，才能成就自己。随时都要意识到位，知行到位，纪律到位，服务到位，自我管理、自我净化、自我担当，用心修炼，探索良知精神，努力学习，研究向阳而教，联系实际将理论运用于自己的学习当中，努力为修文向阳而教做出贡献。

生8：刚才老师的一番讲话充满激情，充满肯定、愉快和期待。同学们应该：一是认真研究王阳明的经典文章，领悟其中的内涵与真谛，做一个良知大爱的学生；二是不忘初心，牢记使命，争做时代的先锋，要践行好向阳而教，特别是我们高中学生，完全可以利用历史教材内容，有效渗透阳明文化精髓，践行向阳而教，努力成为新时代有担当的新人；三是以德立身、以德立学、以德促学、以德育德；四是求真学问，练真本领，在学习上做表率；五是在向阳而教示范县中做表率。我想这就是学习的目标，同时也是向阳而教发展奋斗的目标。

师：国无德不兴，人无德不立。请同学们再来看看这段视频。这是我们通过7天的封闭式培训后的收获与感受。

（教师播放视频。）

师1：其实有太多的情感无法用语言来表达。对一名语文新教师来说，渗透阳明文化教学并不是一件轻松的事情。在之前的培训中我虽有感悟，但还是觉得飘飘浮浮，没有落到实处。平时语文教学中没有考虑将王阳明的一些教育思想与人生哲理融入教学当中，进行灵活巧妙的渗透，这不仅不利于培养学生的心理品质，也不利于促进学生立志勤学定下目标。这次封闭培训让我把自己真的沉下去，收获了知识、友谊、思想和人生感悟。越是学习越是发现自我的不足之处，从而越要学习。语言太过苍白却又充满了力量，感谢为我们付出诸多努力的老师们、专家们和教育局领导，有你们的付出，才有我们现在的收获。非常感谢！

师2：这里给我留下了美好的记忆，7天里我认识了很多很棒的老师，很多有才的同学，让我这颗一直沉重的心，逐渐打开，仿佛年轻了许多。我都不敢相信，五十多岁了居然上台跳舞，虽然跳得不好，但这也是新的突破。在这里我学到了很多东西，开阔了眼界，我感恩领导、老师、同学，与"高人"为伍，我快乐，我自豪。我将把我学到的,听到的,看到的,分享给我的学生、朋友、家人,让向阳而教的种子,在修文这块神奇的地方生根发芽,开出美丽的花,结出良知的果。

师3:学习就是一次次被打开,不断成长,格局变大的过程。感恩蓝兮老师、晓锐老师以及教育局领导为我们搭建了向阳而教的学习平台。这个温暖的大家庭,人才辈出,而汇报演出就是一次群力聚集的爆发和突破,短短两三天时间呈现了那么多丰富、精彩、独创的节目。我要写主持稿,要主持,要排练跳舞,还要参与小品即兴表演。我以为我做不到,结果我的小宇宙在大家的能量磁场里爆发了。真心为每一个优秀的你点赞,有这样强大的能量磁场,修文的向阳而教一定会成为我们修文人自己的教育。在一起学习生活了7天,感恩我们的遇见、相识、相知、相协。同样感恩我们葫芦娃组的每一个成员!谢谢你们和我聚在一起,让我们这个葫芦娃组更有力量。也谢谢活泼的操颖,你的活泼开朗感染着大家;感谢康老师,你就像个大姐姐一样照顾平衡着我们这个小组;感谢我的同事、室友路老师这几天的相伴、帮助……很荣幸能成为教师发展中心的一名志愿者。

师4:秉持教师誓言,常怀感恩之心,每次学习都有意外收获,每次学习都有进步。感恩古人给我们留下的一笔笔宝贵的财富,感恩给予我们学习机会的领导,感恩让我们在不断学习中获得进步的老师们,感恩同堂研习的同人们的鼓励与帮助,感恩默默奉献的各位志愿者老师!短短几天的学习,我想得最多的是"心",其次是教育要育什么。"心"是世界上最伟大的力量!向阳而教要从"心"开始。说实话,"心"给我的第一印象无外乎是长在体内的类似于水泵的东西而已。我只知道它是保证人或动物的生命不断延续的重要器官,由于学习的深度不够,悟性不足,学到的东西仅浮于文字表层,我十分困惑,无法领悟其强大的力量。本次学习中,受彭小虎老师的启示,受东方渝老师的点拨,以及蓝兮老师在工作中真情投入的影响,我对"向阳而教"这个词有了一种与以往不同的理解,同时也找到了一点行动的方法,感恩他们!

师:同学们刚才看了老师培训学习的一段视频,现在来谈谈感想。

生9:看了视频之后,我终于理解了教师种树培根,育人育心,教书是形式,是手段;育人是目的,是根本。正所谓"十年树木,百年树人",要做好这件事是很辛苦的,毕竟人是有情感的万物之灵。

生10:向阳而教简单的理解就是要做到"恪尽职守",用心,用"情",还要用"勤"去培根,育人即育心!这一点在几位老师身上得到了很好的证明。

生11：个人应该怎么做？我认为：先净心（让心纯洁），后静心，保持心静（有一颗纯洁向善向上之心），实施用心（要真真实实用勤示人，用情动人，勤情相融）。

师：几位同学说得好！当然，许多事情说起来容易，做起来难。我们不是圣人，教育永远没有固定模式，它是随人、随事、随时、随境的不同而千变万化的，但我们要有坚定信念。我心中的"良知教育"就是我们要时刻用"良知"监督自己，秉承笃实精神，牢记"勿以善小而不为，勿以恶小而为之"。我们还应清醒地认识到"教育无小事"。我将用心、用情、用勤，把自己身边看得见摸得着的小事做到。

同学们，今天的课快要结束了，首先感谢几位同学的分享，让我受益匪浅。向阳而教的种子一定会在王学圣地、秀美的修文这块土地上生根、发芽、开花、结果，秉承"立德、立功、立言"，实现"立志、勤学、改过、责善"的目标。大学之道，在明明德，良知在我心，关注你我行，共同践行良知精神，助推修文教育事业大发展、大繁荣，让良知教育示范县谱写修文发展新篇章。

案例9：

朋友之道，忠告善道
——《烛之武退秦师》课例

一、课例背景

从2016年开始，修文县委、县政府就下发了关于阳明文化"九进"工程的一系列文件，要求阳明文化进入校园进入课堂。于是全县教育系统掀起了研究阳明文化、学习阳明文化、传播阳明文化的高潮，许多学校开设了阳明文化课程。作为语文教师，我们要立足于践行向阳而教教学理念，在语文课堂教学当中渗透阳明文化，培养学生的爱心、责任心和担当。此次，就是利用《烛之武退秦师》这篇具有代表性的课文进行教学。

二、教学实录

师：（用PPT展示问题："烛之武____退秦师"）请在"退"的前面加一个词或者短语，使文意更加明确。

生1：三寸之舌。

生2：妙语。

生3：巧施反间计。

师:(用PPT展示《孟子·告子》中的句子:"非独贤者有是心也,人皆有之,贤者能勿丧耳。")同学们,请说说你对这句话的理解。从这句话中你们读出了什么?

生4:我读出了每个人都有贤能。

师:这句话是在说每个人都有贤能吗?其他同学是怎么认为的?

生5:我觉得这句话是说并不是有贤能的人才有良心,良心是每个人都有的。

师:这个同学说出了一个词"良心"。什么是良心呢?用阳明先生的话来解释就是"有良知的心"。那良知到底是不是每个人都具有的呢?请同学们快速阅读《智审盗贼说良知》的故事来寻找答案。

教学反思1:

通过"烛之武____退秦师"的问题展示,让学生在"退"上进行理解与推敲,然后又用《孟子·告子》中的句子引导学生,使其对良知形成一个最初的印象,并用先秦诸子的话告诉学生良知"人皆有之",为后面烛之武和阳明先生用良知感化人的故事奠定基础。

(让学生先阅读故事内容,在掌握故事内容的基础上分角色朗读,一人朗读阳明先生说话的部分,一人朗读盗贼说话的部分,教师朗读其他部分。)

师:烛之武为什么能三言两语退秦师?其游说妙在何处?

生1:春秋无义战。所有的战争出发点皆为"利"。烛之武正是抓住"利"在做文章。

师:为什么?

生2:刚开始晋国围攻郑国,本来不关秦国的事,秦国之所以出兵,第一个原因是秦晋同属于一个军事集团,他们之间有盟约,但是,在那样的时代背景之下,他们的军事联盟完全基于利益关系;第二个原因是秦穆公想借此扩大自己的势力。两个原因中,第二个原因是主要的,烛之武正是看准了这一点,紧紧抓住了秦穆公的这一心理,单刀直入:"秦、晋围郑,郑既知亡矣。若亡郑而有益于君,敢以烦执事。"烛之武作为郑国的子民,先讲自己国家的处境"既知亡矣",隐含意思是说郑国灭亡是既定的事实,所以也无法考虑郑国的利益了,但郑国的土地最后被秦国还是晋国得到呢?这还是个未知数。烛之武在这点上做文章,站在秦国的立场上说话,不仅消除了秦穆公的戒心,还赢得秦穆公的好感。"舍郑以为东道主,行李之往来,共其乏困,君亦无所害。"通过让步假设推理出不攻郑的好处，以利益引诱秦伯，让秦穆公动心。"阙秦以利晋，唯君图之。"希望秦穆公为了秦国的利益不受损害而放弃围攻郑国的计划，言辞恳切，从而坚定了秦穆公毁约的决心。

师：分析得非常到位，抓住了秦晋问题的实质。还有其他原因吗？

生3：还有就是抓住要"害"。根据现实情况分析，"秦、晋围郑，郑既知亡矣"，郑灭亡后的命运如何呢？秦国想要得到郑国的土地，"越国以鄙远"，是很难办到的，即使办到了，也是不好管理的。如果晋国得到了郑国的土地，"邻之厚，君之薄也"。一句话，亡郑只对晋国有利，对秦国不但没有利益可言，反而会因"邻之厚"而显得"君之薄"，这显然对秦国不利。而从发展的眼光来看，"既东封郑，又欲肆其西封，若不阙秦，将焉取之"，晋国的贪得无厌让秦穆公真正感到危险，从而快速做出决策，否则贻害无穷。烛之武抓住要害，采取反问的方式，强有力地阐述秦国是在做赔本的买卖，真所谓气势凌厉，锐不可当的言辞弄得秦王无话可说。

师：分析得对，还有无其他原因？

生4：烛之武还使用了离间计。例如烛之武对秦晋两国关系和矛盾了如指掌，他见秦穆公之后，只字不提郑国利益，而在以"利"攻其心理、以"害"巧析形势的同时，始终不忘离间两国关系。如果说在"亡郑"还是"舍郑"的利害分析上，烛之武的挑拨离间还是隐性的话，那么他拿出历史事实，"君尝为晋君赐矣，许君焦、瑕，朝济而夕设版焉"，指出晋的过河拆桥、忘恩负义、不可共事，则是赤裸裸地挑拨秦晋关系，以"夫晋，何厌之有"把火烧得更旺，使秦穆公不仅觉得枉费心机，又顿感危险将至。烛之武用短短的125字挑拨离间了"秦晋之好"，真是妙哉！

师：本文在人物形象的塑造方面有什么特点？

生5：烛之武的语言，不管是牢骚，还是说辞，都表现了他不仅能言善辩，而且深明大义、机智勇敢。特别是在说服秦王时，语言得体、不卑不亢、委婉曲折、步步深入，更集中地呈现了一位出色的辩臣的形象。

师：秦王的退去体现了什么？

生6：我认为有两个方面：一是表现秦王只关注"利"；二是有良知成分在里面。

师：你们又从王阳明的《智审盗贼说良知》的故事中读出了什么呢？

生7：老师！这个故事好假！

师：你为什么说这个故事好假？

生8：他明明是盗贼，什么都不怕，怎么会怕脱衣服呢？

师：对啊！他不怕脱衣服啊，他不是脱了吗？

生9：老师，盗贼怕的不是脱衣服，而是脱内裤。

师：这个同学读得很认真，听得也认真，知道了关键的地方，盗贼怕的是脱内裤。

生10：是啊！让我脱我都不会脱，盗贼肯定也不会脱。

师：为什么你这么肯定地说他不会脱？

生11：因为他脱了以后就什么也没穿，丢脸啊。

师：对！你说到一个词——"丢脸"。为什么会感到丢脸呢？其中是什么在起作用？

生12：是羞耻心在起作用。

师：没错。良知中的重要一点就是知羞耻，这个十恶不赦的盗贼有羞耻心，就说明他是有良知的。

师：那么良知到底能起多大作用呢？王阳明又是怎么善加利用良知的呢？请听我再讲一个故事。

教学反思2：

通过烛之武退秦师的一番说辞，让学生懂得除利益之外，还有良知；随后又以《智审盗贼说良知》的故事做引导，让学生明白良知不仅存于常人、圣人的心中，更是存于每个人的心中，连十恶不赦的盗贼都有良知，更何况普通人呢？用故事来让学生明白这一道理，更符合中学生的认知特性。在此环节中，教师需要引导学生慢慢体会"良知"的作用，由于学生的回答具有不可预见性，因此需要教师准确把握教学时间。

（教师口述《告谕浰头巢贼》的故事，PPT展示重点语句。）

师：王阳明曾说，"夫人情之所共耻者，莫过于身被盗贼之名；人心之所共愤者，莫甚于身遭劫掠之苦"。盗贼看到这句话之后会是什么感觉？

生13：感觉被说中心事。

生14：感到心惊肉跳。

师：为什么会感到心惊肉跳？

生15：因为他们是盗贼，他们背负着盗贼的名字，这是大家都感到耻辱的名字，这是丢脸的事情。

师:仅仅是丢脸,那大不了就不要脸了呗!为什么会心惊肉跳呢?

生16:因为他们会给自己找借口,说他们是不得已去当盗贼的,是有苦衷的!但是阳明先生说盗贼是被大家所不齿的,无论有什么理由。

师:这位同学回答得很好!盗贼就是盗贼,没有任何借口可讲!只要你当了盗贼,就要受尽天下人的白眼。阳明先生一针见血地指出了那些盗贼想为自己开脱的龌龊想法。既然这是大家所不齿的,那最好的办法是什么呢?就是不当盗贼!阳明先生这是在干什么?

生17:这是在劝他们不要当盗贼。

师:没错!阳明先生的这则告示就是要奉劝他们不要再继续当盗贼了。先生还提到,"尔等久习恶毒,忍于杀人,心多猜疑。岂知我上人之心,无故杀一鸡犬,尚且不忍;况于人命关天?若轻易杀之,冥冥之中,断有还报,殃祸及于子孙,何苦而必欲为此"。先生为什么要提及子孙?

生18:因为盗贼也有子孙。

生19:因为盗贼也怕他们的子孙遭到报应。

师:为什么盗贼也怕子孙遭到报应?阳明先生用谁来举例子?

生20:用他自己。

师:举了一个什么例子?

生21:杀鸡的例子。

师:没错,阳明先生用他们读书人来举例,说杀鸡都于心不忍,更何况杀人?用读书人和盗贼做比较,想要说明什么?

生22:想要说明读书人杀鸡都不忍心,而你们盗贼却杀了这么多人,会有报应的。

师:报应是什么?

生23:报应就是会殃及子孙后代。

师:回答得很棒!阳明先生就是要告诉这些盗贼,你们杀人如麻,一定会殃及子孙后代。这还是在劝他们什么?

生24:劝他们不要当盗贼。

师:是的。阳明先生还从什么角度出发来劝他们?

生25:从良心的角度。

师:纠正,我们讲过怎么理解这里的"良心",应该理解为——?

生26:良知。

师:没错,先生还从良知的角度出发来劝告这些盗贼弃暗投明。他指出,"尔等今虽从恶,其始同是朝廷赤子;譬如一父母同生十子,八人为善,二人背逆,要害八人;父母之心须除去二人,然后八人得以安生;均之为子,父母之心,何故必欲偏杀二子,不得已也;吾于尔等,亦正如此"。这句话怎么理解呢?

生27:说明阳明先生把这些盗贼当成自己的子女来看待。

师:既然是当成自己的子女来看待,那阳明先生忍心看到这些盗贼最后被官府剿灭,一个不剩吗?

生28:不忍心,所以阳明先生才要劝他们不要当盗贼。

师:没错。阳明先生就是要劝他们不要当盗贼。而且,阳明先生把他们当作自己的子女来看待,当父母的希望自己的子女犯错误吗?

生29:不希望。

生30:不仅不希望,当父母的都希望子女有出息。

师:说得好!当父母的都希望子女有出息!在阳明先生的眼中,这些盗贼就是犯了错的孩子,只要他们能够知错就改,回头是岸,大家都能重新接纳他们,这是给了这些盗贼一个什么?

生31:一个对未来的希望。

师:是啊!人最怕的就是没有了希望。对生活没有了希望,对未来没有了希望,那还能指望什么呢?因此,阳明先生希望他们弃恶从善。他的这句话又是从什么角度出发来劝他们呢?

生32:还是从良知。

师:没错!还是从良知。良知存于每个人的心中。阳明先生对盗贼一番推心置腹的话语,从良知出发,用一颗至诚的心去感化他们,推心置腹地给他们讲道理,就是希望他们能跟从自己内心的良知,因为每个人心中都有良知。

师:用孟子的话来说这叫什么?(PPT展示)

生33:非独贤者有是心也,人皆有之,贤者能勿丧耳。

教学反思3:

通过该环节,我们要让学生清晰地认识到哪怕是盗贼也是有良知的。而阳明先生正是用自己的良知来感化盗贼,这就更能说明良知存于每个人的心中。本环节采用了提问法、对话法等,有的学生在回答问题时不全面,有的甚至还"跑题",因此,教师在引导时就要时刻注意学生的思想动向,要及时进行纠正。

师:通过以上内容的学习,我们对良知有了一定的认知,也有了一定的理解。请同学们联系自我,说说在平常的学习和生活中我们应该怎么做。

生34:和别人发生了矛盾,不要激化矛盾大打出手,而应该心平气和地和解。

师:看来你最近和同学发生矛盾了。发生了矛盾我们就要解决矛盾,而解决矛盾最好的方式就是化干戈为玉帛。我相信,只要你时刻保持良知,你就一定能处理好与同学们之间的关系。

生35:我们在做人做事的时候,要保持一颗向善的心。

师:对,保持一颗向善的心,因为"人性本善"。

生36:虽然我们做不了圣人,但是并不是只有圣人才有良知,我们也有良知。

师:没错!作为凡夫俗子的我们也有良知,我们千万不能让良知丧失了。

生37:我们要像阳明先生一样,面对恶势力不低头,要用良知去感化他们。

师:难道你就不怕恶势力吗?你就不怕恶势力报复你吗?

生38:不怕!因为就算是恶势力,他们也是有良知的。

师:说得太好了!良知不仅仅是圣人和我们这样的凡人才有,就连那些我们所谓的"恶人"也有,因为孟子说过"非独贤者有是心也,人皆有之,贤者能勿丧耳"。我也希望同学们能将这节课所学的东西带到生活中去,在生活中做一个时刻保持良知的人!

教学反思4:

在这个拓展环节中,哪怕学生只谈到了一点点感想,也证明了学生在这节课堂上的收获。对学生的回答不要求面面俱到,也不强求唯一的答案,这才能体现"学生主体"的教学理念。

三、体会总结

1.以学生为主体,充分发挥学生的主观能动性

"圣人之学,心学也。"学习圣人的学说、思想,就是要从心出发。心是一切创造力的源泉,掌握了这颗心,也就掌握了生命的主动。因此,在教学中,一定要转变教育观念,不能一言堂,不能用教师的"讲"来代替学生的"学",特别是阳明先生的"致良知",这不是单靠教师讲就能讲明白的东西。学生要通过自己的理解,将学习内容内化,再用自己的语言表达出来,在今后的生活中外放出来,才能将"知行合一"落到实处。如果只是教师讲了,学生在课堂上"貌似"听了,但课下呢?生活中呢?学生不一定,也很难将"致良知是一种伟大的力量"运用

起来,更有甚者恐怕连什么是良知都理解不了。因此,整堂课要以学生的读和说为主要落脚点。

2.教师是教学活动的组织者,而不是旁观者

在教学活动中,不能因为"学生主体"这一原则,就放任学生随意发挥。在教学中,学生是在教师组织的教学活动中来开展学习的,教师组织的教学活动要层层推进,不能东一棒槌西一榔头,漫无目的。更不能因为这一原则的约束,就把教师自己放在了一个旁观者的角度,把活动要求阐释一遍,就让学生自说自话,漫无边际,天马行空。教师没有引导,没有纠正,没有小结,态度模棱两可,就会让学生昏头昏脑找不着北。因此,教师在本节课组织的几个活动中都有参与,而不是仅仅旁观。

案例10:

阅读阳明经典,领略圣贤精神

——读书交流分享活动课例

一、课例背景

自2016年以来,修文县委、县政府以"阳明文化"为抓手,着力打造全国阳明文化示范县,积极推进阳明文化"九进"工程。作为教育系统的一部分,学校应承担和秉承学习阳明文化、研究阳明文化、传播阳明文化的重要使命。修文县教育局要求各级各类学校将阳明文化深入课堂,通过编写阳明文化教材、进行课题研究等方式引导教师深入课堂教育教学,树立学生"立志、勤学、改过、责善"的良好品质,努力提升学校教育教学质量。

因此,一些教师就开展了以"阅读阳明经典,领略圣贤精神"为主题的读书分享活动:一是组织学生参加涌泉学苑线上学习,听教师解读王阳明经典著作,每周星期一至星期五,听导读、阅读、撰写心得体会。二是组织学生阅读王阳明的《致良知》和《传习录》等著作。通过学习,开展读书交流分享活动,重点是要求学生谈读书后的体会与心得。

二、教学实录

师:同学们!大家好,今天我们来举行以"阅读阳明经典,领略圣贤精神"为主题的读书分享活动,希望大家本着实事求是的态度,谈谈阅读王阳明的《传习录》和《致良知》两本书后的感想。现在还是由我先谈一谈我阅读王阳明的经典著作《传习录》和《致良知》后的体会,特别是对王阳明在书里谈到的"八颗心"的

体会。这"八颗心"常破坏我的生命,糟蹋我的幸福,让我的生命不能充分舒展,让我不能庄严自己的生命。王阳明说,只要我记住这"八颗心",从心中一颗一颗地扫掉它,就可以成就一番事业。结合这"八颗心",我认真回顾这些年的工作实绩,无论在教育教学还是在其他工作方面,都很难有新的起色和突破。到底是什么阻碍了我?在学习阳明先生的《传习录》《致良知》和《示弟立志说》之后,我终于找到了答案,就是这几颗心在作怪啊。

生1:我虽然没有老师这样多的感受,但我从王阳明的《传习录》中读到一个"怠"字。所以,我认为第一颗心就是"怠心"。我们要除掉怠心,要勇于担当,努力学习。

师:能具体解释一下吗?

生2:我认为怠就是懈怠,常与懒惰同行。怠心生起的时候,会让我们把那份担当放下。当老师或同学让我们做某件事情的时候,若总是以没时间或者其他借口来推诿,看起来是得了一份清闲,但实际上却失去了锻炼自己的机会,更失去了老师、同学对我们的信任。"差不多了,我每天已经学习得够辛苦了,不要再给我其他的作业""这个事你可以交给别人做"……怠心生起的时候,肩膀就软了。担当不够大,自然成就也就不会大。当我们的肩膀变软的时候,我们会错过人生中真正的机会。

生3:我还认为怠心会让我与那份担当擦肩而过,与未来的成就擦肩而过。按阳明先生说的"怠心生,责此志,即不怠",牵手圣贤,"正诸先觉,考诸古训",扫除怠心,去吾之懒惰之私欲,存吾之天理。所以担当是一种美德,一种机会。白立新老师说:让我们与推诿说不,不给自己找任何借口,勇于承担,提高执行力,和团队的伙伴一起对抗自己的惰性。与懒字说再见。白立新老师还说,解决怠心,一是每天晚上反思自己一天的工作和学习;二是拟订第二天的日程表,执行力不强者,细化到每20分钟一段,每个时间段都有任务,有要求,有具体目标,有效果反馈。这样一定能与自己的惰性对抗,增强自己的自律性和执行力。

生4:王阳明被贬到修文龙场,按照常理应该是心灰意冷,可他以平常心主动与当地老百姓交流沟通,主动帮助老百姓看病,兴办书院教化百姓,为修文乃至贵州培养了大批人才,这就是一种勇于担当、永不懈怠的精神啊!

生5:是的,我就是被"怠心"所困扰,学习比较懒惰,不爱交作业,不爱写作文,不爱参加集体活动等,总是找借口搪塞老师。

生6:我读出了"忽心",就是我们通常所说的粗心。

生7:是的,我也有这样的毛病,做事马马虎虎,心思不够缜密,总觉得"做事情差不多就得了,何必认真呢。这个事情八九不离十就可以了"。有时候还理直气壮地说:"别人都是那么平庸,我也一样的,保持这样就好……""忽心"生起的时候,我会变得不堪大任。长此以往,老师或同学就会对我不信任,特别是班主任更不敢把重任托付给我,轻者可能会失去一次机会,重者可能会造成巨大的损失。

生8:关于"忽心",我记得有这样一个故事,说的是宋代有一个画家,作画随心所欲,常令人搞不清他画的究竟是什么。有一次,他刚画好一个虎头,碰上有人来请他画马,他就随手在虎头后画上马的身子。来人问他画的是马还是虎,他答:"马马虎虎!"来人不要这幅画,他便将画挂在厅堂。大儿子见了问他画的是什么,他说是虎;小儿子问,他却说是马。不久,大儿子外出打猎时,把人家的马当老虎射死了,画家不得不给马主人赔钱。小儿子外出碰上老虎,却以为是马想去骑,结果被老虎活活咬死了。画家悲痛万分,把画烧了,还写了一首诗自责:"马虎图,马虎图,似马又似虎,长子依图射死马,次子依图喂了虎。草堂焚毁马虎图,奉劝诸君莫学吾。"这教训实在太深刻了,从此,"马虎"这个词就流传开了。

师:这位同学的故事非常有教育意义,很深刻,有哲理。

生9:我认为还有"躁心",所谓躁心就是浮躁之心,当躁心生起来的时候,我们就看不到问题的本质了。现代社会,大家都在说别人浮躁,殊不知,当我们用手指指向别人的时候,我们自己也在浮躁。有了浮躁之心,心里会乱糟糟的,一团乱麻。

生10:是的,此时我们看不清事情的本质,很多时候就变成了瞎忙,虽然每天工作十几个小时,但都是在浪费时间,所以躁心会破坏我们的专注力。我记得有这样一个故事:在一次煤矿塌方事故中,矿井下的设施几乎完全瘫痪了,几个老矿工被困在了极深的坑道中。随着时间的流逝,连他们头上戴的矿灯也一个接一个地熄灭了。尽管他们在漆黑的世界里奋力寻找出路,但因辨不清楚方向而找不到出口。精疲力竭的几个老矿工,不得不坐下来歇息歇息。一个老矿工打破了沉闷,建议说:"现在,上面一定在想方设法营救我们。与其这样盲目乱找,不如静静地坐在这里,看看是否能感觉到风的流动,因为风一定是从坑口吹进来的。"他们就在原地坐了很久很久,刚开始没有丝毫的感觉,可是过一段时间以后,他们变得很敏锐,逐渐感受到十分微弱的风吹到脸上。他们顺着风的来处,终于找到了出路。"躁心"使他们在死亡线上徘徊,静心帮助他们走向了新生。所以,我们要学会遇事冷静处理,不能盲目跟风或盲目下结论,最好的办法是静下心来想办法。

生11:王阳明提倡独坐,观心中的宁静,以独坐静思之法为自己浮躁的内心养一方净土。

师:诸葛亮曾经说过,"非淡泊无以明志,非宁静无以致远"。一个人生活在世界上,很难摆脱世俗的欲望,终日忙碌无暇,对生命的意义也来不及思索。然而当你一旦停下脚步静坐独思时,就会发觉一种至为释然的宁静缓缓由心而发。所以,同学们,我们要努力培养宁静的心灵,给自己寻找一块宁静之地。

生12:我认为还有"傲心"。

生13:王阳明在《书正宪扇》中说:"今人病痛,大段只是傲。千罪百恶,皆从傲上来。傲则自高自是,不肯屈下人。故为子而傲,必不能孝;为弟而傲,必不能弟;为臣而傲,必不能忠。"如此说来,傲慢与谦虚是相对的,傲慢与一个人职位的高低没有关系。不管是职位高的人还是职位低的人都会生起傲心,甚至职位越低的人傲慢之心越重。但凡人有了"傲心",就会"高人不见,众人不爽"。

师:当你期待着生命走向高处,你希望有高人能拉你一把,但当你生出"傲心"的时候,高人便会离开你,你身边的人也会不高兴。因为你抢了别人的光芒。别人也需要光芒,所以"傲心"常会破坏我们与他人的关系。爱新觉罗·胤禵是康熙第十四子。胤禵在康熙四十八年(1709)被封贝子(满语,意为"天生贵族",为清宗室爵位第四等。贝子在亲王、郡王、贝勒之下,镇国公之上)。他屡从康熙皇帝征讨边疆,立有战功,深受喜爱。康熙五十七年(1718),授为抚远大将军,主持西北战事。康熙皇帝去世后清世宗胤禛即位,以次年为雍正元年(1723)。他指示大臣速发公文给胤禵,令他赶回京城来。等到胤禵赶回,却命令他留守景陵(康熙帝陵墓),解除了他的兵权。雍正说胤禵缺乏知识,狂妄无理,气质傲慢,心思高深,希望他能改悔。到雍正死后,乾隆皇帝才将胤禵放出来。

师:此故事告诉我们一个什么样的道理呢?

生14:"傲心"的危害是非常大的,我们要记住,除掉"傲心",平易待人,这才是我们的做人之道。

生15:我认为还有"妒心"——忌妒之心,"妒心"的危害同样非常之大。

师:老子说"清静为天下正"。心灵清静,自己的世界才能庄严神圣。意思是我们只有保持一颗平常心,心静如水,才是天道。但是,要想除掉"妒心"是很难的。在生活中,嫉妒心强的人,往往心胸狭隘,见到别人胜过自己,或者强过自己就会妒火中烧。殊不知,这"妒火"既会烧坏自己,也会烧坏你和朋友的连接。别人会觉得不可以和你久处,和你在一起时,常会隐藏真实的自己。所以,我们要保持一颗质朴之心,不能因自己不如别人而产生嫉妒。

生16:很多时候,我们会跟自己的父母较劲,会跟自己的同学较劲,但本质上是在跟自己较劲。当心中没有了嫉妒,只有一颗质朴之心的时候,我们会感觉身边的人都是兄弟姐妹,原来难以理解的一句话,原来耿耿于怀的一句话,都会烟消云散。

师:我给同学们讲一个寓言故事吧。

一个水池中,有许多大鱼和小鱼在快乐地游动。大鱼张口,十几条小鱼就被吞入口中。一天,一条大鱼又在吃小鱼。旁边的一条小鱼愤怒地朝着大鱼喊道:"太不公平了,太不公平了!你们大鱼为什么吃小鱼?"大鱼很平静地说:"那你吃我,可以吗?"小鱼就狠狠地朝大鱼的肚子咬了一口,但只咬下一小片鳞片,还差点噎死,此后,小鱼就不再打大鱼的主意了。

这个故事说明了一个简单的道理:世界上没有绝对公平的事。这话听起来有些残酷,可事实或许就是这样。

生17:是的,我们每个人进入社会后总会遇到这样那样的无奈、责难、非议甚至莫名的中伤。奋斗是个过程,而起点可能是最低也最容易被人忽略的。此时进入社会,难免会有诸多不适应,这是每个人都要经历的过程。世上没有天生的强者,只有跨越了所有困难、波折,由弱者蜕变成强者的人。

师:其实,生活中很多事情,都是人们在进行付出与回报的比较之后产生的一种主观的心理感受,公平与不公平全在于我们怎么看。只要我们不用自己内心的天平去衡量,那么客观上的不公平对我们来说就不再重要了。

生18:我觉得还有"忿心"。

师:是的,"忿心"的危害非常大。王阳明说:"静时念念去人欲、存天理,动时念念去人欲、存天理。不管宁静不宁静。"作为学生,如果我们每天带着一颗忿心走进教室,这种情绪会直接影响其他人,这是非常危险的事情。例如看到同学就生气,自己不完成作业就抱怨老师乱布置作业。

生16:是的,这种现象在我们同学们身上表现比较突出。忿心本身就带着一股巨大的负能量。如果你把这种负能量带进教室,同学们只会远离你。所

117

以,要注意保持澄澈空灵的心态,让自己可以望见远方。比如说我们跟同学产生了分歧,争执不休,甚至拍桌子瞪眼睛,这会让我们没有办法看清争执的问题的本质,甚至导致严重的后果。《道德经》中讲"不出户,知天下;不窥牖,见天道"。当我们内心空灵的时候,世间之事都在眼里看得清清楚楚,哪还有那么多的烦恼和焦虑?

师:同学们阐述得非常清楚,认识也很深刻。

生17:老师,我认为最害人的一种应该当属"贪心",如果除掉贪心,将对整个人生产生重大影响。

师:是的,还有人的贪心。王阳明说:"殃莫大于叨天之功,罪莫大于掩人之善,恶莫深于袭下之能,辱莫重于忘己之耻:四者备而祸全。"这段话的意思非常深刻,说明最大的殃祸莫过于将上天(集体)的功劳归为己有,有意识地掩盖或埋没他人的长处,将下属的成果归为己有,还大言不惭地说出不知羞耻的言行。这样的恶习在现实生活中比较多。

生18:我觉得有没有这种心,有时候你可以从一个人的气色上看出来,"贪心"重的人会给人污浊、不干净的感觉,自己也不会快乐。就像我们穿了一件很脏的衣服,走到任何地方都会觉得不自在。"贪心"就是浊,想想我们自己会不会偶然有"贪心"呢?应该做一些反省。

生19:我记得一个关于"贪心"的故事。一只老虎去偷羊,第一次它偷吃了一只羊,牧羊人觉得这只老虎一定是饿坏了,让它吃一只羊也无所谓。经过了一个月,老虎饿得肚子直叫,它又想起了羊圈里的羊,便小心翼翼地来到羊圈,又吃掉了一只羊。牧羊人发现后心想:"这只老虎一定是有什么难处,隔了一个月才来,那一定是迫不得已,让它再吃一只羊也没事。"老虎饱餐回家后心想:"那个牧羊人一定是怕我吃了他,所以才假装看不见,躲在屋子里不敢出来,下次我可要多吃几只才行。"过了一个星期,老虎又去羊圈里吃羊,这次它放心大胆地吃了起来,咬死了几头羊,而且由原来的一个月来一次变成一个星期来一次,现在几天来一次。牧羊人终于拿起猎枪,打死了老虎。在老虎死前,牧羊人对它说:"并不是我杀死了你,而是你贪得无厌的心杀死了你。"

师:讲得非常好。我们要除去"贪心",保持一颗纯粹淡泊之心。应该专注于一件事时,就要做到心无旁骛,心无杂念,全力以赴。

生20:我从王阳明的《传习录》中读到了"吝心"对人的成长同样非常不利。

师:在现实生活中,有些人整天抱怨这样不公平,那样不公平,却舍不得花费自己的精力,不愿意多付出一些努力,创造额外的价值,这就是"吝心",也叫"小心眼"。这样的心理会使我们的心灵产生一个漏洞,心中的能量、力量、智慧、仁爱都会从这个洞漏出去。

生21:老师说得对,我们要做的,就是把这些窟窿和洞都堵上。

师:我认为阳明心学如同一面明亮的镜子,随时都在照视我们的心灵。同时我也相信有许多人会否认这种心的存在,因为他们害怕。即使有这种心,有的人觉得偶尔有之也无妨,会给自己找很多的借口来掩盖。

师:同学们,你们发觉没有,我们在注视阳明先生那双眼睛的同时,也在审视自己的内心。这八颗心就是搅乱我们生活的罪魁祸首,是毒刺、毒瘤,我们要把它们扫掉。所以,我们都要保持庄严之心,庄严之心会让我们生起一份崇高感,让这份崇高感回到我们的生活中去,让我们每天生活在轻松自由快乐的伟大世界中。把丢了的那颗心找回来,找回真正属于我们自己的质朴、纯粹、庄严、空灵的心。

五、创新作文教学模式

高考作文教学是一项非常重要的教学任务,而近几年的高考作文许多都属于材料作文。所以,教师应结合高考要求,创新作文教学模式。教师可以利用王阳明先生的经典名句或故事进行作文教学。

以王阳明的经典文章、人生际遇、生活情趣、警句名言、哲学观点为题材进行作文教学,对许多教师而言可能有些难度,这主要是因为不知道从何处着手,还有就是对相关题材不够了解,所以,在进行作文教学的时候很难让王阳明的观点渗透进去。但是,教师可以提前查找相关资料,进行归类整理,然后进入课堂教学。方式具体如下:一是所用的材料都是关于王阳明的名言警句、人生经历、人生际遇等;二是按照立志、勤学、改过、责善的方向去引导学生写作;三是在指导写作的时候,可以利用王阳明读书治学等方面的故事等进行渗透;四是鼓励学生在平时多阅读王阳明的经典文献,了解王阳明的人生经历、治学方略、生活情趣等,积累作文素材。

语文教师在指导学生作文创作时,可以按照王阳明《教条示龙场诸生》中的八字方针即立志、勤学、改过、责善逐步展开教学,在渗透阳明文化的同时,注重语言细节的描绘,让学生从中体会语言表达的内涵与情感魅力。历史教师在上历史课的时候,也可以指导学生根据历史人物故事写一则评价、心得体会、随笔等。

笔者认为在写作时必须注重细节,只有善于从琐屑的生活中挖掘独特的"那一刻",才能还原人性的真实性。如何指导学生用细腻的语言把作文写得精彩透明,是我们中学语文教师立志追求的目标之一。但是不少学生写作文时只满足于结构鲜明、情节完整、逻辑性强等,却忽略了对细节的刻画。事实上写好作文的方法很多,但笔者认为抓住细节描写非常重要。

案例1：

作文课例

一、案例背景

2021年9月12日,学校教科处王主任突然说想请我给高二年级学生上节作文指导课,要求全校7个班的学生参加,同时还想请高中语文组教师参与听课,地点设在学校学术报告厅。我看着王主任一脸严肃认真的态度便应承了下来,但心里还是有点打鼓,原因很简单,这种大课我一时还不知道该如何上才好,是采取专题讲座等特殊形式,还是采取一般的课堂教学方式？这确实让人犯愁。我立即追问：为什么要上作文课,而且是大课呢？王主任说："高一的几次考试,许多学生反映作文失分比较严重,所以想请你帮助指导,也让高中组的语文教师们学习学习。"

回想近几年的高考作文,都是提供一则材料,让学生阅读后作文。但这些材料大都选自历史故事或者其他寄寓、隐含某些哲理的文章。这类作文要求考生自选角度,自定立意,自拟题目,不要脱离材料内容。相对于其他类型的材料作文,由于寓意具有隐蔽性、暗示性、深刻性等特点,审题立意方面的难度不小,稍有不慎,就会偏题。那么,面对这类作文,考生在审题立意时应该从哪些方面入手？

从历届学生几次适应性考试的情况来看,王主任说的是实情。其实,道理很简单,只有引导学生形成良好的思维品质,才能使其达到"有思想"的写作境界。

二、教学实录

师：同学们！黑格尔曾经说过："人是靠思想站立起来的。"人类之所以伟大,是因为会思考,人类全部的尊严都在于思想,全部的成功也由于有思想。同样的道理,作文也靠思想。只有良好的思想,才能培养出良好的思维品质,才能写出好的文章来。在座的每一位同学,都具有良好的思想,但有没有良好的思维品质呢?我相信同学们都有良好的思维品质。但为什么你们在考试时却写不出好的文章来呢?要想解决这个问题,其实很简单,只要同学们平时注意培养四个方面的能力就行:一是多维度思考;二是多层次挖掘;三是多角度联想;四是多方面思考。

好,现在我们进入正题。今天,我们主要来讨论第一个问题,如何进行多维度思考。举个例子:一个圆,有人看来是一轮太阳,有人看来就是一轮满月,有人看来就是永远走不出去的怪圈。同样一件事情,从不同的角度去思考,就会有不同的结果,有的思考会产生新颖独特的见解。所以,无限的思维就会构成多姿多彩的世界。

按照王阳明的观点,"你未看此花时,此花与汝心同归于寂,你来看此花时,则此花颜色一时明白起来"。同样一则材料,只要换一个角度分析,就会有不同的结论;同一个景点,站在不同的角度去欣赏,会得到与众不同的感受。多维度思考,构思立意就可能有新意、有深度。

如《白毛女》创作主题的深化过程:反迷信——反压迫、反封建。从旧社会的角度看是把人变成鬼;从新社会的角度看是把鬼变成人。王羲之的《兰亭集序》紧扣兰亭,由眼前之景,联想到宇宙和对人生的思考感悟,千百年来激起了一代又一代人的感慨。

所以,我们许多学生的作文之所以一般化,不新颖,原因就是大家都那么看,那么想,那么写。然而,事物是立体的,我们应该用发现的眼光去观察事物,去观察事物的方方面面,追根溯源。透过现象看本质,发掘出生活的深层内涵,从而避免认识的雷同。

(提供材料,要求学生针对课文《邹忌讽齐王纳谏》,尝试写一篇读后感。)

师:应该如何去思考提炼观点呢?

生1:人要有自知之明。

师:你是从什么角度去思考的?

生1:从邹忌窥镜的角度,因为邹忌窥镜后才认识到自己并不是人们所说的那样美丽。

师:非常漂亮,掌声鼓励!(教室里响起一阵掌声)

生2:提意见要讲究方式方法。

师:从什么角度去思考的呢?

生2:从邹忌讽谏的角度来看,过去当说客确实要讲究方式方法,稍微不慎就会失败,更何况邹忌是向齐王进谏,稍有不慎就会掉脑袋的。

师:这立意不错,向对方提意见确实要讲究方式方法。王阳明曾说:"责善,朋友之道,须忠告而善道之。"

生3:还可以从齐王纳谏的角度思考——纳谏需要胆识和勇气。

师:为什么?

生3:一个皇帝要想真正听取别人的意见及建议,就需要胆识与勇气。因为人心难测,别人给你提意见与建议,有时候你并不清楚他的目的是什么。齐王听取邹忌的意见后,不但不生气,还积极采纳了邹忌的提议。这难道不需要胆识和勇气吗?

师:分析得非常透彻、准确!

生4:从妻、妾、客人恭维赞美邹忌的角度——对讨好恭维的言辞必须保持警惕。

师:你能否分析具体点?

生4:恭维的话许多都带有虚假的一面,稍微不慎就会起反作用。这样的例子在现实生活中太多了,所以,对讨好恭维的话不慎重是不行的。

师:不错,从这个角度思考确实是这样。看来同学们分析得都很不错,同样一则材料,从不同的角度去思考和提炼出观点,深入挖掘,就会写出好的文章来。现在请看王阳明的一则故事:

王阳明在私塾读书时,有一天一本正经地问老师:"何谓第一等事?"这话的意思其实就是问:人生的终极目标到底是什么?他的老师吃了一惊,从来没有学生问过他这样的问题。他看了看王阳明,笑笑,又思考了一会儿,才给出他自认为最完美的回答:"当然是读书做大官啊。"但王阳明对这个答案并不满意,他看着老师说:"我认为不是这样。"老师反问:"怎么?你还有不同的看法?"王阳明点头说:"我以为第一等事应是读书做圣贤。"

(要求学生根据提供的材料,展开合理的想象,写一篇不少于800字的作文。)

师:换一个角度,就会别有一番新的天地。假如王阳明赞同老师的观点,结果会怎么样?现在请大家构思,看谁最有创意。

生5:从故事来看,我认为王阳明志向远大,根本就没有把读书做官当回事,认为这只是通俗的想法。所以,我们同样应该像王阳明一样,从小树立远大抱负,不仅仅停留在糊口上。如果人只是这样,就太没有目标了。

师:同学们,创造性思维的主要表现形式就是开放思维,即多向思维、多角度思维、辐射思维、发散思维,它是从一个材料、一个发散点、一个信息点出发,发挥联想,不时地变换角度,从而引出不同的结果。也就是说,要从一点出发,向四面八方发散,把所能想到的角度都想到,以期待寻求更多更新的答案,然后"优"中选"新","适"中选"特"。现在,请看这样一则材料(用PPT展示):

1496年,王阳明在会试中再度名落孙山。在发榜现场,有人因榜上未见到自己的名字而号啕大哭,王阳明却无动于衷。大家以为他是伤心过度,反而无法做出悲伤的表情了,于是都来安慰他。但他却说:"你们都以落第为耻,我却以落第动心为耻。"

生6:我认为王阳明从小就对自己考取功名看得很淡,他说:"你们都以落第为耻,我却以落第动心为耻。"认为人生不是只有读书这一条出路,人生的道路应该有千万条!

师:好!非常棒!我们来汇总一下各位同学的感悟。懂得借用;善用人者得天下;因为别人闪亮而闪亮;善假于物;吸收别人的长处为我所用,成就自己;充分识别自己利用别人的长处弥补自己;如何彰显自己的价值;等等。我认为同学们对这则材料分析得不错。但有些故事类材料以叙述和描写为主,几乎找不到揭示中心的关键词句,这时候就要通过分析层次、筛选信息、提炼整合等方法巧妙概括出材料的中心。现在,请结合以下材料,谈谈王阳明是怎样利用良知说服盗贼的。(用PPT展示材料。)

材料:据说王阳明在庐陵担任县令时,抓到了一个罪恶滔天的大盗。这个大盗冥顽不灵,面对各种讯问强烈抵抗。王阳明亲自审问他时,他以一副死猪不怕开水烫的架势说:"要杀要剐随便,就别废话了!"王阳明于是说:"那好,今天就不审了。不过,天气太热,你还是把外衣脱了,我们随便聊聊。"大盗说:"脱就脱!"过了一会儿,王阳明又说:"天气实在是热,不如把内衣也脱了吧!"大盗仍然是不以为然的样子:"光着膀子也是经常的事,没什么大不了的。"又过了一会儿,王阳明又说:"膀子都光了,不如把内裤也脱了,一丝不挂岂不更自在?"大盗这回一点都不"豪爽"了,慌忙摆手说:"不方便,不方便!"王阳明说:"有何不方便?你死都不怕,还在乎一条内裤吗?看来你还是有廉耻之心的,是有良知的,你也并非一无是处啊!"

生6：我认为王阳明利用了良知当中的羞耻之心，通俗点就是心理战术。

生7：应该从战略方面去构思，会取得意想不到的效果。

生8：有时可从心理学的角度去思考问题。

师：在这一节课的讨论之后，请同学们以"立志、勤学"为话题写一篇作文。

三、教学反思

案例中所用材料都是结合《普通高中语文课程标准（2017年版2020年修订）》的具体要求来设计的。根据课程标准，我们要注重培养学生的个性化思维，让学生充分调动自己的生活经验和知识积累，在主动积极的思维和情感活动中，获得独特的感受和体验。让学生进行探究性学习，培养创新性思维，发展想象能力、思辨能力和批判能力。所以，我们在良知作文教学过程中，只需要让学生选择四个材料中的一个，从良知或立志角度去思考、撰写一篇不少于800字的作文，这旨在培养学生的阅读能力与自我辨别能力，让学生通过具体材料所提供的信息，回到现实生活中去体验、去感受，并将这种感受提炼为自己的发散点，这样的生活经验总结方式才显得新颖独特。如果教师在课堂上不去培养学生的创新性思维，不让学生去体验生活，那么学生的思维就会被封闭起来，在阅读材料时就好比被捆住了手脚施展不开。本课以学生的生活体验与阅历为基础，抓住材料，逐步引入，引导学生去朝四面八方思考，这个环节不仅能快速调动学生的积极性，更能让学生打开心扉，构建起一座心中生活与现实生活之间的桥梁。另外，在引导学生构思作文时，学生没有紧张感，而是结合自己的生活经历与材料，巧妙地口述成文，构思新颖独特，将课堂推向高潮，赢得在座教师的认可。

由于本堂课只有40分钟时间，我只讲了一个知识点——多角度思考，主要目的是抛砖引玉，让学生明白，也让在座教师明白，材料作文并不可怕，怕的是我们没有正确地引导学生，让学生自己根据材料去瞎蒙，那显然是不行的。所以，通过本堂课，学生在轻松愉快的氛围中掌握了这一个知识点，学会了采取逐步深入推进的方法，去多角度思考，找到了方向，这是本堂课最大的成功之处。

四、学生作品

我的蜡烛

"同学们，大家好！我是你们高一的班主任，我是刘老师。"刘老师激动地说。

齐肩的乌黑长发，白皙的皮肤，1.75米的身高，干净利落的职业装衬得刘老师特别精神。

刘老师简单的自我介绍,再结合她的服饰与神态,第一印象让我刻骨铭心。

我与刘老师的故事是从选团支部书记开始的。

刚刚步入高中新的班级,为了能把班级管理得更有序,刘老师组织了一次班委选举。身为团员的我希望能当选团支部书记,为新班级贡献自己的微薄之力。于是,下课后我便去她的办公室申请。她听后十分高兴,还鼓励我好好努力,让同学们更好更快地融入这个大家庭。从那以后,我对这位老师便多了一份喜欢,她的言谈举止与知识魅力潜移默化地影响着我。

一天下午,她在班会上用一节课的时间讲王阳明的故事。讲王阳明被贬到修文龙场之后,如何建立书院,如何招收学生,如何给学生讲课,如何与修文老百姓沟通等,最后还特别强调王阳明的四大原则"立志、勤学、改过、责善"。一节课听下来,总感觉在云雾里似的,没有弄清什么意思。

下课后,她陡然来到我的身边,微笑着对我说:"赵应倩同学!刚才你似乎没有听课呢,在想什么?出什么事了吗?"

我不好意思地低下头,轻轻地说:"老师,没事。我在想王阳明是浙江人,被贬到我们修文龙场,他不但没有沮丧,还有心情招学生,是不是脑子有'问题'?"

刘老师听我这样说,有些疑惑地注视着我,随后哈哈大笑起来,对我说:"这就是圣人随遇而安的心态啊,常人很难理解的。但有一点你得记住,他的立志、勤学、改过、责善值得我们学习与借鉴。你想想看,他在《教条示龙场诸生》中说'志不立,天下无可成之事,虽百工技艺,未有不本于志者',这些话难道没有道理吗?作为一个学生,如果没有立志成才,没有远大的抱负怎么能够成器呢?"

从那次过后,只要有空闲时间,刘老师就讲王阳明在修文修炼的历程。在刘老师的悉心教导之下,我慢慢地开始理解王阳明在龙场所做的一切,并产生了敬佩之情,同时这也让我在学习与生活方面有了信心,我也想立志成为更好的自己。

实际上刘老师是一个不善于表达的人,总是用一种极其婉转的方式来表达,一不注意便会误解她的真意。可是在长时间的相处后,你就会发现她真的是一个很好的老师。

一个星期一的晚自习课堂上,她突然走进教室大声说道:"赵应倩!你为什么不交作业?如果你不想好好学习,就没有必要在这里浪费时间……"这是她第一次对我发火。当时我非常难过,特别埋怨她,但敢怒不敢言,心里却埋下了仇恨的种子。

日子一天一天过去了,半期考试的成绩下来了,我进入了前10名,成绩公布后我被刘老师叫到办公室。她告诉我说:"看吧!你本来可以的,就是心思不在学习上,只要压一压,这成绩不就上来了吗?"当时的我还没搞清楚情况,她就笑了一下便离开了。回到教室后,我想了好久才反应过来,并弄清了事情的原委,此时我才意识到刘老师的用心良苦,多亏了她的谆谆教诲,我才能成为更好的自己。

是的,我发誓要像王阳明所要求的那样立志勤学,虽然成不了圣人,但能成就一个最好的自己。

"春蚕到死丝方尽,蜡炬成灰泪始干。"每一个老师都希望自己的学生变得更好,刘老师用她特有的方式关心着我,激励着我,成为我人生的启蒙导师,让我向更好的自己出发。老师就像蜡烛,通过燃烧自己来照亮别人,无私奉献的精神值得我们歌颂。她不求任何回报,只希望我能通过努力实现人生理想,做自己想做的人。

谢谢您的悉心教导,很荣幸能遇见您这样的好老师——我的蜡烛。

(有删改)

案例2:

审题与立意
——材料作文教学方案

一、教学背景

根据高中语文教学大纲要求,加强语言文字运用,提升学生核心素养,是语文教学的重要环节。其中,审题和立意是作文教学的重要环节,重点在于引导学生通过阅读材料,抓住材料中立意的核心关键词或句子。基于语言运用,一般而言,材料作文只给材料,不给话题,要求学生全面理解材料,但可选择侧面的一个角度构想作文。这种材料作文,一般不限文体,介于话题作文与命题作文之间。材料的来源一是寓言故事、历史事实等;二是诗歌、漫画、名人名言等;三是新发生的事件、报刊上的新闻等;四是一段歌词、一组台词等;五是一句格言、一个成语等。所以,在使用材料时,应有明确的引用"痕迹"。不仅在文章开头有引用,还要在中间提及,结尾处还要再一次回扣材料,这叫"善始善终"。

学情分析:高二年级的学生一般已经学过运用材料进行写作,只是不知道如何有效运用,而且要抓住材料的关键词或句有一定难度。

学习目标：

1.准确阅读材料，学会抓住关键词或句立意。

2.正确解读材料，学会抓住因果关系立意。

3.正确使用材料，学会找准立意的方法。

学习重点：

1.利用材料中的关键词或句子进行立意。

2.利用材料中的因果关系审题立意。

学习难点：正确使用材料，学会找准立意的方法。

学习课时：1课时。

二、教学实录

(一)导入课题

同学们，学习语文的关键是将自己的情感或者思想通过语言进行有效表达，把自己的情感与思想展示得淋漓尽致。在考试当中，最常见的是材料作文，如何抓住材料进行审题立意，是我们学习写作的关键所在。所以，今天我们一起来通过以下材料完成审题立意。

(二)学习活动

活动一：阅读材料一，抓住关键词，找出立意句。

材料一：

一只蚌跟它附近的另一只蚌说："我身体里有个极大的痛苦。它是沉重的、圆圆的，我遭难了。"另一只蚌骄傲自满地答道："我赞美上天，也赞美大海，我身体里毫无痛苦，我里里外外都是健康的。"这时，有一只螃蟹经过，听到了两只蚌的谈话。它对那只里外都很健康的蚌说："是的，你是健康。然而，你的邻居承受痛苦，却孕育着一颗异常美丽的珍珠。"

关键词或立意句：

1.成功必须经历艰辛与痛苦；

2.成功的喜悦与创造过程的艰辛密不可分；

3.面对苦难的态度，决定了你人生的高度；

4.人须在事上磨，方能立得住；才能静亦定，动亦定。艰难困苦，正是对心性的最好磨砺。

设计意图：让学生阅读此材料，抓住材料的核心要素，准确理解螃蟹的话，从关键词及信息中提炼内容，明确写作方向。

活动二：学习因果分析法。任何事物的产生、变化与发展，都有内在或外在的原因。从原因切入立意，这是最好的办法之一。阅读材料二，并分析材料的因果关系。

材料二：

据说王阳明在庐陵担任县令时，抓到了一个罪恶滔天的大盗。这个大盗冥顽不灵，面对各种讯问负隅顽抗。王阳明亲自审问他，他一副死猪不怕开水烫的架势说："要杀要剐随便，就别废话了！"王阳明于是说："那好，今天就不审了。不过，天气太热，你还是把外衣脱了，我们随便聊聊。"大盗说："脱就脱！"过了一会儿，王阳明又说："天气实在是热，不如把内衣也脱了吧！"大盗仍然是不以为然的样子："光着膀子也是经常的事，没什么大不了的。"又过了一会儿，王阳明又说："膀子都光了，不如把内裤也脱了，一丝不挂岂不更自在？"大盗这回一点都不"豪爽"了，慌忙摆手说："不方便，不方便！"王阳明说："有何不方便？你死都不怕，还在乎一条内裤吗？看来你还是有廉耻之心的，是有良知的，你并非一无是处啊！"

关键词或立意句：无善无恶心之体，有善有恶意之动，知善知恶是良知，为善去恶是格物。

设计意图：让学生认识王阳明审理案件的过程及方法，同时理解"良知"在人的心中的位置及意义，说明王阳明认为人人都可以成为圣人的真正原因，善与恶只在人的一念之间。

活动三：阅读材料三，探究问题，交流立意。

材料三：

面对起兵谋反的宁王朱宸濠，王阳明用了攻心一计，伪造了公文和书信，假称正规军的人数大概有十万人，宁王的谋士李士实和刘养正已投诚。之后，他再故意让这些"证据"遗落到宁王手里。有地方官员问王阳明："这有用吗？"王阳明不答反问："先不说是否有用，只说朱宸濠疑不疑。"有官员不假思索地回答："肯定会疑。"王阳明笑道："他一疑，事就成了。"

关键词或立意句：怀疑；虚张声势。

设计意图：让学生理解虚张声势也可能使事情朝好的方向发展，理解直接与间接的关系。

活动四：请同学们进行总结，谈一谈感想。

设计意图：让学生通过对以上故事的学习，理解其用意，掌握材料作文立意的基本方法。

板书:抓住关键词(成功与失败;苦难与成功;痛苦与收获)。抓住因果关系(良知在心中;善与恶)。

作业:请结合王阳明的一段话,选择一个角度或一个侧面写一篇不少于800字的文章,文体不限。(参考立意句:志于道德者,功名不足以累其心;志于功名者,富贵不足以累其心。)

三、教学反思

本堂课从制作的课件与教学方案来看都是比较好的,所涉及的问题也都是比较符合学生心理特点的,紧扣教学任务与教学目标。学生积极配合,课堂教学气氛比较浓郁,时间把握得比较好,很好地完成了教学任务,达到了相应的教学效果。并且,利用王阳明的故事有效地将阳明文化渗透到作文教学当中,这是一个非常成功的教学案例。修文县教育局教研中心语文教研员朱老师认为,教学方案写得好,教学效果都非常不错,如果把三个故事重新编排一下,或者把王阳明的两个故事更换成其他的故事就更好了。从教学导学案所反馈的情况来看,学生在课堂上所呈现的内容都非常不错,如果再次进行修改,就需要重新找一个班再上一次。

四、学生作品

在探索中成长

中华传统文化博大精深,纵是人终其一生,也无法完全领略它的奥秘。我从小在阳明文化的熏陶中成长。在浩瀚无垠的中华传统文化中,我探寻到了方向。

幼儿园时,由于我的姑姑是老师,所以在学习《弟子规》《三字经》的时候,姑姑也开始教我《示宪儿》。"勤读书,要孝悌。学谦恭,循礼仪。节饮食,戒游戏……"它教会了我在学习时勤奋努力,在处事时谦恭懂礼,在做人时不骄不躁。"譬树果,心是蒂。蒂若坏,果必坠。"是的,不论在什么条件下,我们都应保持一颗好的纯真的心,成为那"出淤泥而不染,濯清涟而不妖"的莲花。不忘初心,奋发向上!

小学时,学校里做了一个名为"阳明洞·晨诵"的吟诵节目,我感到很幸运,参加了这个节目。我们所吟诵的篇目是王阳明老先生所写的《龙冈漫兴》。《龙冈漫兴》是王阳明为忠臣上书、怒斥奸臣而得罪刘瑾后被杖责四十、贬谪至贵州龙场后所作。我记得最清楚的两句是:"投荒万里入炎州,却喜官卑得自由。心在夷居何有陋?身虽吏隐未忘忧。"

被贬后，或写诗以表对君主的忠心，或写诗向朋友倾诉苦闷，或寄情山水之间，放浪形骸之外。可王阳明胸襟宽大，"却喜官卑得自由"。他不见悲苦自伤，不装道学，倒喜欢自由而不放纵，在阳明洞内悟道，创立了阳明心学。在"夷居"却不嫌简陋，处"吏隐"却不忘操心国家政事。如此种种，表明王阳明的心境是多么开阔啊！被贬谪后非但没有怨恨皇帝，反而保持着乐观向上的心态，心系苍生。王阳明如此，如今的我们怎能为了一点小挫折而哀怨呢？所以，我们应学习王阳明老先生这种怡然自乐、泰然处之的心态。

初中和高中我都是在同一所中学读的书。我们学校是阳明文化特色学校，所以在中学阶段我更深刻地了解了阳明文化。每天早晨，我们晨读的内容是《教条示龙场诸生》。这是王阳明老先生在龙场讲学时写给学生们的劝诫书。其核心是"立志，勤学，改过，责善"。"志不立，天下无可成之事。"在做任何事之前，我们应先立下志。心中有志，才有明确的方向和目标，才能向正确的道路前进。"从吾游者，不以聪慧警捷为高，而以勤确谦抑为上。"这与爱迪生的"天才是百分之九十九的汗水加百分之一的灵感"有异曲同工之妙。我们应时时刻刻保持勤勤恳恳、谦虚的态度去学习，而不仗着自己有几分小聪明便偷懒狂妄，三天打鱼，两天晒网，"不贵于无过，而贵于能改过"。在学习时，我们应做的不是去隐藏掩盖不足，而是去发现认识并改正不足。所以在做题考试时，我们不应抄别人的答案，而是应该自己做，这样才能进行查缺补漏，找到自己没有掌握的知识点，"吾而是也，因得以明其是，吾而非也，因得以去其非"。我们应该发扬自己好的方面，找到自己做得不好的方面，看看别人是怎么做的并加以改正。

中华上下五千年，中华传统文化博大精深，而阳明文化仅是中华传统文化中的沧海一粟，我所知道的也不过是皮毛。但这些皮毛就足够我一生受益。由此可见，中华传统文化的世界是多么浩瀚无垠啊！

（有删改）

案例3：

教师创新作文教学，可以将王阳明的诗词或富有哲理的名言警句作为材料，让学生在阅读这些名句之后，从中选择相应的材料，根据其内涵进行立意写作。

例如：请阅读王阳明的几句诗和名言，理解其中的内涵，从中选择1—2句写一篇不少于800字的作文,自选角度,明确文体(诗歌除外),自拟标题;不要套作,不得抄袭。

1.最好的风水,便是你的内心。

2.破山中贼易,破心中贼难。

3.人生,就要快乐地笑,坚强地活!

4.舍聪明,要智慧。

一、材料立意解读

1."心"是人最好的风水,如果心存良知,做任何事情都能成功。心如磐石不可动摇,只要目标与方向坚定,一切事情都好办得多。王阳明在年少时就深知这道理。当遇到喜欢或讨厌的事时,可问问自己的内心,凡是违背自己内心的事,都得三思而后行。古人所追寻的"安身立命"之本,其实就是人心。当人的内心比较安稳时,整个人也会表现出一种气定神闲的状态;当人的内心惶恐不安时,就会觉得很迷茫、很无助。

2.人的欲望是很难满足的,当一个人的私心与欲望过大时,就会出现问题,害了自己。按照王阳明的观点:山中之贼可以用武力解决,这是很容易的事情,而盘踞在我们内心的欲望、内心的贼,却时时刻刻与我们战斗,与我们拉锯,就如同我们内心的魔鬼一样,有时候让我们无法战胜自己的内心。

3.人们常说要活在当下,开心是一天,不开心也是一天。我们要坚强地活在世间,正确面对生与死、荣辱与幸福、悲伤与欢乐,正确认识眼前的一切。例如王阳明刚遭遇廷杖,就被贬,途中还遇到暗杀。但当王阳明从鬼门关逃回来后,他就庆幸自己还活着,只要活着,那么就还有机会成为圣人。

4."愚人求知识,高人悟学问。"还记得王阳明在《传习录》中记载,一朋友问王阳明:"读书不记得如何?"王阳明回答说:"只要晓得,如何要记得?要晓得已是落第二义了,只要明得自家本体。若徒要记得,便不晓得;若徒要晓得,便明不得自家的本体。"从此话中我们可体会到:在读书的时候不要过分死记硬背,只了解其中道理即可,读书太多,但做起事来不能灵活运用,反而没有用。

二、学生作品

我的母亲

我最熟悉的人,便是我的母亲。她才四十多岁,可两鬓早已经开始变白,脸上的皱纹也在渐渐加深,整个身体有些佝偻,走起路来一跛一跛的,已不如从前那急促的样子,这都是为我操心而造成的。

还记得在小学四五年级时,我并不怎么喜欢与她接触,因为每当我做错事情时,她总是用批评的口吻说:"你怎么这样笨呢?"在那时,很少从她的脸上看到一丝笑容,她总是板着阴沉沉的脸,一副冰冷的样子。

上初中时我住在学校,周末才能回家。

印象最深刻的一次,一个周末回家第一眼看见母亲两鬓的白发又多了不少,在阳光下泛着白光,脸色灰青而又阴沉沉的。

后来才知道,家里发生一次重大事情,母亲仿佛老了十几岁。

不知从什么时候起,母亲变得爱笑了,头上的白发也被她染成了黑色,看上去年轻了不少。虽然我没有过问,但心里总是替母亲感到高兴。尽管这样,当与母亲闲聊或说笑话时,她眼角的皱纹老是出卖她。

在一个星期日晚上,妈妈突然叫我帮她染发,原本很不耐烦的我还是照做了。当我扒开妈妈的头发时,一根一根银白色的头发调皮地露了出来,我仔细打量一番后,然后轻轻地捏着一根根白发染着。因为是第一次染头发,手法不娴熟,弄得妈妈的头皮上和额头上全是黑色。等我全部弄完后,妈妈一照镜子便笑着说:"这还没有我自己染得好呢。"我也笑着说:"慢慢来,慢慢来,熟才能生巧嘛,我还不熟练呢。"

每次回到家我就开始弄好吃的,此时,妈妈总是笑着打趣说:"我们全家都是托你的福啊,只有你回家来才能改善生活呢!""是咯,以至于我现在学会了不少的菜。"我总是微笑着回应妈妈说。

当我完成一个学期的学业后,最害怕的便是母亲帮我一起收拾东西运回家。因为母亲身体不好提不了很重的东西,一个不小心把腰扭了怎么办?但母亲经常打趣自己的身体为国防身体,没有干不动的事。每次见她替我搬运东西的时候,身体总歪歪的,显得非常吃力,很显然,母亲的身体真已经差到了极点。

在一次回家的路上,母亲问:"前几天我到你们学校开家长会,你们老师说王阳明从小立志要做圣人,他要求学生从小立志,还要勤学,改正缺点,善于做个好人,是这样的吗?"

我感到有些突然,然后微笑着对母亲说:"那是王阳明在《教条示龙诸生》中所说的,要求学生立志、勤学、改过、责善。"

"那什么是立志、勤学、改过、责善呢?"母亲继续追问道。

我只好耐心地向母亲解释:"简单地说,就是学校要求我们学习王阳明的立志精神,树立远大志向,勤奋学习,知错能改,用知识改变自己的命运,在此过程中还要做一个有良知的人,善良的人呢。"

"哦!我知道了,那你一定要像王阳明一样立志,努力学习,做一个好人!"母亲自信地说。

看着母亲那微微佝偻的背影,我的眼睛湿润了。心里暗暗地想:"妈妈!你放心好了,你的女儿一定向王阳明学习,虽然做不了圣人,但至少做一个有良知的人。"

从那以后,每次周末回家,母亲总是唠叨地问:"在学校改过、责善没有?"

我的母亲也是一位细心的人,每次返校之前她都会叮嘱我小心一点,把钱带好,注意看车,在学校要立志、勤学、改过、责善。

现在的我已不像小学时那样,尽管母亲不了解王阳明是什么人,更不懂立志、勤学、改过、责善是怎么一回事,但我还是喜欢与母亲交流,如今我们更像无话不说的闺蜜,当校园里发生什么有趣的事情时,我都会给她说。而她也会仔细地聆听我在学校里发生的趣事。代沟肯定是有的,并且还时不时发生一些矛盾,时不时地拌拌嘴,可这不伤大雅,反而给家里的生活增添了许多乐趣。

这便是我的母亲,一位改过责善而又严厉的母亲。

(有删改)

案例4:

故事材料立意渗透作文教学

一、教学实录

师:同学们!"英雄"一词在古典诗词中经常出现,如杜甫《蜀相》"出师未捷身先死,长使英雄泪满襟",辛弃疾《永遇乐·京口北固亭怀古》"英雄无觅,孙仲谋处"。呼唤英雄成了那个时代的声音。而今,时代变迁,有人说,这是一个美的时代;还有人说,这是一个没有英雄只有偶像的年代。现在,请先阅读下面的材料。

(教师用PPT展示材料。)

材料:

①"我们太需要在银幕上看到一个中国的超级英雄了……电影表现的也不是具体的硬汉,而是国家意志硬。"吴京谈到影片《战狼2》时这样对媒体说。

②"如果英雄意味着个人主义,那么我认为不需要。如果英雄意味着觉醒,意味着伟大,那么我认为迫切需要。"网友在"知乎"上如是说。

③大江歌罢掉头东,邃密群科济世穷。面壁十年图破壁,难酬蹈海亦英雄。——周恩来

④真正的英雄不是永远没有卑下的情操,只是永远不被卑下的情操所屈服罢了。——罗曼·罗兰

⑤内心贫乏和感到自己无用,促使我抓住英雄主义舍不得放下。——萨特

师:有人说,今天是"后英雄时代"。什么是英雄?英雄是否还被需要?是否还有存在的价值?当今的时代还有英雄吗?对此,你有怎样的感触和思考?请同学们再来看一看这个故事材料。

(教师用PPT展示故事材料。)

故事材料:

凉山森林火灾烈士:天地英雄气,千秋尚凛然

2019年3月30日,四川省凉山州木里藏族自治县境内发生森林火灾。3月31日下午,四川森林消防总队凉山州支队指战员和地方扑火队员共689人,在海拔3000余米、地形复杂、交通不便、通信不畅的原始森林中展开火灾扑救。

面对险情,参与救灾的人员心系当地群众生命而不顾个人安危,虽然采取措施紧急避险,但终因火势过大、过猛,27名森林消防战士和3名地方干部群众在救灾过程中壮烈牺牲。火情得到控制后,有感于30位救灾烈士可歌可泣的英雄壮举,网友们纷纷对他们表达了敬佩、悼念之情。

空降兵勇士:不畏艰险的开路先锋

2008年汶川地震发生后,5月14日12时25分,空降兵某部15名先遣队员在无气象资料、无地面指挥、无地面标识的"三无"条件下,率先空降到四川省茂县地域。沁人骨髓的严寒,令人眩晕的窒息感,纵横的高压电线,被震坏的房屋……15名勇士历经7个昼夜,冒着多次余震,翻山越岭,徒步220公里,在7个乡、55个村庄侦查灾情,为指挥部队开进和部署抗震救灾提供了科学的信息依据。此外,15名勇士还引导机降、空投20多架次,为震中地区输送了大量救援物资,一举解决了附近10万受灾群众和伤病员的困境。

神勇战神王阳明:勇斗巢寇的先锋

王阳明的一生充满传奇色彩,正德十一年(1516),朝廷授予王阳明为都察院左佥都御史,巡抚南赣汀漳等八府一州。短短几年时间,王阳明从一个没有品级的编外人员,晋升为封疆大吏,真是堪称大明官场上的一个奇迹!

正德十四年(1519)，朱宸濠造反，王阳明带兵二战鄱阳湖，采取火攻，在谈笑之间破解宁王的"连环战船"，将宁王打得落花流水，丢盔弃甲，最终活捉宁王，创下丰功伟绩，堪称战神。最后他在临终时留下了"此心光明，亦复何言"的遗言。

师：请同学们从上面材料中选择两到三则作为基础立意，写一篇文章(诗歌除外)，谈谈你对"英雄"的思考。要求：自选角度，明确文体(诗歌除外)，自拟标题；不要套作，不得抄袭；不少于800字。

二、学生作品

假如我与心中的英雄生活一天

去年暑假我去了一趟杭州，西湖的秀丽风光让我流连忘返，而西湖旁的岳飞祠则令我陷入沉思。

以王阳明的话说，岳飞的一生可谓"此心光明，亦复何言"。

我站在岳飞像前，看着那牌匾上"还我河山"的题字，想着他背上"精忠报国"的志向，忆及他于风波亭上被秦桧等人以"莫须有"的罪名杀害之事……就这样，我穿越回大宋王朝。

那一天，正是岳飞被害的前一天。

虽已知结局，但我仍希望能改写历史——让我心中的英雄活下来，继续驰骋疆场，收复失地，弥补心中的遗憾……我决心告诉岳帅，勿去上朝，更别去那风波亭。

迈进岳府大门，只见岳帅一身戎装，威武刚健。他的眼神虽显出刚从战场上撤离的疲意，但掩遮不住眼里透出的庄重肃穆和果敢坚定。朝廷连下十二道金牌，岳帅无奈只得退兵还朝。心中期盼早日重返沙场、抗金杀敌的他，如何能料到奸臣秦桧的阴谋诡计！

"岳帅您好，我来自未来。秦桧等人明天将在风波亭设局，欲置您于死地，您万万不可前往！"

"未来人，你好！我岳飞岂是那贪生怕死之人？现在是皇上召我前来，何有秦桧设局之说？"

"岳帅，且听我慢慢道来。所谓的'圣上召见'，实为秦桧假传圣旨。他已设下毒计，不达目的不罢休！依我之见，您还是先躲躲，留得青山在，不怕没柴烧！"

"哈哈哈……"岳帅大笑，"想我岳飞，驰骋沙场，大战金兀术，遵从母愿，精忠报国！如天要亡我,我亦不负国——明天我要亲自面见圣上,请求再次抗金。"

我顿悟了:岳帅的执着并非我能改变,历史不是电影,不会重演——今天,将是岳帅的最后一个平安日了!

"我这就前去和母亲告别!"岳帅直奔后堂,我则快步跟上。只见岳帅双膝跪地:"母亲,孩儿不孝,不知明日之后还能否再侍奉您！但无论如何,孩儿决不违背'精忠报国'四字——对得起我大宋王朝,对得起我岳家列祖列宗……"

从母亲的卧室出来,又见妻子儿女,岳帅已是热泪盈眶:也许明日一别,即是天人永隔。而自己久居沙场,难为妻子在家中辛苦操劳。念及至此,他紧紧握住妻子的手,哽咽道:"岳飞今生有愧于你,只愿来世相报……"

看到英雄柔肠,我的眼泪也止不住地流淌。虽然已知结局,但我着实不愿亲见岳帅的惨痛一刻。那么,就此作别罢。我怀着对岳帅的敬意离开了大宋王朝……

(有删改)

案例5:

缘事析理,以小见大

一、教学实录

师:同学们,今天的作文素材是"缘事析理,以小见大"。以小见大法,亦称小中见大法,或称小题大做法,即通过小题材、小事件和细节来揭示重大主题,反映深广内容的写作方法。以小见大法的特点就在于抓住一事一物、一情一景,从大处着眼、小处落笔,深入发掘,展开联想,为读者创造一个比现实生活更为广阔、更为深远的艺术境界。

生1:这个作文感觉不太好写啊。

生2:应该没有问题,不就是以小见大吗。

师:关于从小事中挖掘大道理,《韩非子·喻老篇》里有这样一个故事:箕子发现纣王的生活越来越腐败,便经常通过宫中的侍从打听消息。一天,箕子问侍从:"现在,纣王吃饭时还用竹筷子吗？"侍从回答:"不再用竹筷子,已经改用象牙筷子了。"箕子说:"用象牙筷子,还会再使用陶碗吗？必然要配玉器啊。用象牙筷、玉器皿,还会吃一般的饭菜吗？必然要吃山珍海味啊。吃山珍海味,还会住芦苇屋子吗？必然要盖阁楼啊。"侍从说:"你分析得很对,现在大王正准备盖楼阁呢。"最后箕子说:"商朝怕是不会长久了。"同学们,你们从故事中领悟到了什么?

生3:看来人的贪心是无法满足的。

生4:通过改换筷子这件小事就能够推断出国家命运这种大事,这就是所谓的以小见大。

师:说得没错。我再讲一个王阳明"格竹"的故事吧。

王阳明17岁时,到南昌与诸养和之女成婚。18岁时,他与夫人返回余姚,船过广信,拜谒娄谅。娄谅向他讲授"格物致知"之学,王阳明甚喜。之后他遍读朱熹的著作,思考宋儒所谓"物有表里精粗,一草一木皆具至理"的学说。为了实践朱熹的"格物致知",有一次他下决心穷竹之理,"格"了几天几夜的竹子,什么都没有发现,人却因此病倒。从此,王阳明对"格物"学说产生了极大的怀疑,这就是中国哲学史上著名的"守仁格竹"。同学们,听完这个故事,你们有什么感想?

生5:从故事中可以看出王阳明比较执着。

生6:是的,大凡成功的人都有这种执着的精神。

师:正是如此。但王阳明之所以获得如此高的成就,还有其他原因。王阳明在私塾读书时,有一天一本正经地问老师:"何谓第一等事?"这话的意思其实就是问:人生的终极目标到底是什么?他的老师吃了一惊,又思考了一会儿,才给出他自认为最完美的回答:"当然是读书做大官啊。"但王阳明对这个答案并不满意,他看着老师说:"我认为不是这样。"老师反问:"怎么?你还有不同的看法?"王阳明点头说:"我以为第一等事应是读书做圣贤。"

生7:可以看出王阳明从小就志向远大,难怪老师也总是让我们要先立志呢。

生8:是的,人有了坚定的志向,才能够有更大的动力去朝着目标努力。

师:看来同学们也理解了志向的重要性。而在现实中,实现志向的道路不可能一帆风顺。有些同学的志向目前是考上理想的大学,找一份好的工作,那么万一没有考上理想的大学呢?我们来看看王阳明是怎么做的吧。

1496年,王阳明在会试中再度名落孙山。在发榜现场,有人因榜上未见到自己的名字而号啕大哭,王阳明却无动于衷。大家以为他是伤心过度,反而无法做出悲伤的表情了,于是都来安慰他。但他却说:"你们都以落第为耻,我却以落第动心为耻。"

生8:王阳明的心态好稳,格局真大啊。

师:请根据以上材料,再结合王阳明《教条示龙场诸生》中"志不立,天下无可成之事,虽百工技艺,未有不本于志者",写一篇不少于800字的文章。

二、学生作品

立志方可成才

"立志"是什么?是我们为自己设定的目标,是在实践活动中不断努力,朝着目标逐渐靠近的过程。有了目标,才有奋斗的动力。

立志要如山,行道要如水。不如山,不能坚定,不如水,不能曲达。远大的志向,乃成才第一要务。明代著名教育家、思想家、哲学家、军事家和心学集大成者王阳明,就对人"为什么读书"作出了诠释。他的回答是"读书,做圣人"。少年周恩来面临同样的问题时,毅然说出"为中华之崛起而读书",这都体现出他们从小就有远大抱负。他们立下的志难道不就像那山一般高吗?而正是在这种志的带领下,历代中华儿女不懈奋斗,最终成为国家之栋梁。

常言道:"无志之人常立志,有志之人立长志。"这说明光有志向还不行,还必须有实际行动。所以,坚持自己立下的志向,并为其不断努力,此则成才第二要事。正如晋代的祖逖,立志报效祖国。他小时候不爱读书,直到青年时才意识到自己知识的贫乏,便发奋读起书来。一天半夜他听到公鸡的鸣叫声,便想以鸡鸣声为时起床练剑,冬去春来,从不间断。而后功夫不负有心人,他成为能文能武的全才,得到了朝廷的赏识。

立志成才,吾辈举起手臂高喊"为中华民族伟大复兴而读书",处于这个充满知识和挑战的年代,曾听过万千热血青年高呼国家站立,民族独立,礼炮轰鸣,欢呼雀跃;曾看见飞船直冲霄云,进入太空,国家不断富强;曾心系逆行者们冲在前线,用身躯为我们筑成一面铁墙,抵御病毒,温暖人心。而后面的挑战,将由我们来面临,在这条道路上,荆棘密布,困难重重,我们终将有人为此流血,甚至牺牲生命。

我坚信,我们终将没有人会退缩,因为我们知道,国家复兴之重任在吾辈少年,此时的我们更应奉献出一份自己的力量。如今,无数青年更是成为我们的榜样,激励着我们。我们是新时代的青年,要心有远志,有国家,把握当下去努力,去奋斗,方可为祖国效力。

惧山之高者,难以靠近立下的目标;常立志者,终究于国于家无望。唯有立下宏志,坚定向前进之人,方可成为眼看满天星河,胸藏万里山河之才。

(有删改)

六、体验古代诗文韵味

诗文教学的重点是组织学生去欣赏、体验其韵味，领悟中华优秀传统文化的魅力。教师可以采取阅读分析、小组阅读交流、分组分享等方式，组织学生进行对比阅读，然后让他们谈谈自己的感悟，引导他们更好地理解各作品所表达的思想感情或观点。

例如，语文教师可以将教材中的古代诗文与王阳明的诗词进行对比分析，帮助学生更准确地抓住教材所表达的思想观点的关键。历史教师可以结合古诗，组织学生进行阅读赏析，引导学生理解中华优秀传统文化内涵与特点。

案例1：

《归去来兮辞》教案

一、教材分析

《归去来兮辞》是东晋诗人陶渊明的作品，选自人教版高中语文必修5。此作品思想内容非常深沉，艺术表现非常成熟，在同题材作品中影响很大。作者通过对田园生活的赞美和劳动生活的歌颂，表明他对当时现实政治，尤其是仕官生活的不满和否定，反映了他蔑视功名利禄的高尚情操，也流露出乐天安命的思想。全文语言流畅，音节和谐，感情真实，富有抒情意味。当然，更重要的一点，陶渊明的归隐还是出于对腐朽现实的不满。当时郡里一位督邮巡视，要他束带迎接。他气愤地说："我怎么能为五斗米而向他低三下四！"即日解绶去职，赋《归去来兮辞》。王阳明的《西园》则生动地反映了王阳明当时在龙场生活的情景，从中可以看出，王阳明心情很好，有一种随遇而安的心态。

二、学情分析

高二学生来理解本篇课文并不难。本次将《归去来兮辞》和王阳明的《西园》进行比较阅读，就部分学生而言，对王阳明的这首诗理解稍有难度。所以，学生在老师的引导下进行阅读与交流，必须要结合陶渊明和王阳明的背景来理解。

学习目标：

1.能够准确理解诗文的内容与作者所表达的思想感情。

2.对比分析王阳明与陶渊明的心境。

3.准确阐述陶渊明与王阳明当时的生活情境。

学习重点:通过反复诵读,分析王阳明与陶渊明在作品中的情感变化。

学习难点:

1.对比分析王阳明与陶渊明在作品中的情感变化。

2.准确阐述陶渊明与王阳明各自的形象。

学习方法:诵读法、探究合作法。

教学时间:1课时。

三、教学过程

(一)新课导入

同学们,"辞"是战国后期诗人屈原在楚地民歌的基础上创造出来的一种新文体,也称楚辞。一是句式散化,一般押韵;二是两句一组,四句一节;三是以六字句为主,一般每句三拍。陶渊明(约365—427),字元亮,号五柳先生,谥号靖节先生,后改名潜。东晋末期南朝宋初期诗人、文学家、辞赋家、散文家,东晋浔阳柴桑(今江西省九江市)人。他出生于没落的仕宦家庭,少年时曾怀有"大志济于苍生"的志向。曾做过几年小官,后辞官回家,从此隐居。

导入意图:通过"辞"来引出话题,理解文体,目的是想引导学生阅读分析陶渊明与王阳明在作品中所表达的情感,最终达到王阳明所说"种树者必培其根,种德者必养其心"的目的。

(二)标题解读

"归去来兮"意即"回去吧"。其中,"归去"就是"回去"的意思,"来"是助词,无实义,"兮"是语气助词。"西园"是王阳明于龙冈山悟道时种菜的地方,体现了王阳明的闲情逸致,也体现了他随遇而安的积极心态。

(三)阅读活动

活动一:对比阅读《归去来兮辞》和王阳明的《西园》。请学生自由地朗读,读准字音,读准节奏,感悟作品的韵律美。

设计意图:旨在让学生通过阅读,准确理解诗文的节奏与情感。

活动二:品读《归去来兮辞》和王阳明的《西园》,找准诵读技巧。

设计意图:旨在让学生通过阅读,掌握诵读的基础技巧,同时理解作者的情感变化。

活动三:请学生研讨以下问题,然后以表格形式展示研讨结果。

表 4-1

问题	结果
对比阅读两首诗的第一自然段,陶渊明辞官的原因是什么?《西园》表现出的王阳明的心境如何?	陶渊明辞官原因: 1.田园将芜; 2.心为形役(自责); 3.悟已往之不谏,知来者之可追(自愧); 4.迷途未远,今是昨非(自觉、自醒)。 王阳明的心境:闲情逸致
对比两首诗,陶渊明和王阳明种菜的情况怎么样?	陶渊明种菜的情况非常差(草盛豆苗稀)。 王阳明种菜的情况非常好(蔬卉颇成列)
两首诗都谈到了饮酒,对此,陶渊明和王阳明的心境如何?	陶渊明的心境:"心远"。这是一种远离尘世、自得自乐于自然的隐士心境,也是追求自由的隐士情怀的表露,更是一种遗世独立的人格魅力的体现,是中国古代士大夫精神上的一个归宿。 王阳明的心境:一种自得自乐于自然的隐士心境
何为心境?	《归去来兮辞》: (1)《黄檗山断际禅师传心法要》:"凡夫取境,道人取心。心境双忘,乃是真法。"《清远江峡山寺》:"静默将何贵,惟应心境同。"《次韵定慧钦长老见寄》之四:"根尘各清净,心境两奇绝。" (2)犹心意。《红楼梦》第三十三回:"这琪官,随机应答,谨慎老成,甚合我老人家的心境。" (3)顺应自然,安贫乐道的精神,遇事——心不乱,遇理——心不傲的从容心态。 《西园》: 王阳明曾说:"志于道德者,功名不足以累其心;志于功名者,富贵不足以累其心。" 顺应自然,安贫乐道,遇事心不乱

设计意图:通过以上两首作品的对比阅读探究,让学生掌握相关文体知识,深入探究课题,理解作者在作品中的情感变化。同时,给学生提供展示自己的平台,让学生发表自己的观点。

四、教学反思

在本课中,学生通过对比阅读分析,理解陶渊明和王阳明各自在作品中所表达的思想感情,同时看出他们各自的心境态度。在课堂教学当中,本课有三大亮点:一是学生参与度比较高,特别是在阅读过程中,学生能够充分理解诗文内容;二是交流的形式比较开放,能够让学生在课堂上自由发挥,在阐述观点的时候,有两名学生对王阳明的《西园》进行了深刻的分析,还对《归去来兮辞》进行了品析;三是在分析交流讨论时,对问题的剖析比较深刻,几个学生认为陶渊明是一个悲剧性的人物,表面上看自由,实则他的志在于德,不在于功名利禄。不足也有三:一是时间没有把握好,超时了;二是在组织学生交流讨论的时候,设计的问题不够好;三是板书不够规范。

总体而言,本节课是比较成功的,从文章的内容而言,可详细体会到两个作品各自的心态。其中,王阳明懂得人生处事之道,有一种随心所欲的心态,所以与山村百姓生活得非常融洽,生活得非常快乐。陶渊明作品语言宏大、豪放悲壮、气象不凡,尤其是音韵、节奏随着诗情的起伏,时缓时急,忽高忽低,曲折回环,奔腾向前。而王阳明的诗词则体现了委婉含蓄、意蕴深长的特点。

案例2:
《烛之武退秦师》与《与安宣慰书》教学课例

一、教材分析

在有关古代散文的教学中,除了让学生能读懂古代散文,教师还应尽力让学生充分体验其韵味。《烛之武退秦师》是人教版高中语文必修1中的一篇精读课文,也是学生升入高中后接触到的第一篇文言文。指导学生学好这篇课文,教给学生学习文言文的基本方法,对于帮助学生树立学好文言文的信心尤为重要。新课标主张调动学生学习的积极性,注重培养学生自主、探究、合作的能力。基于这种理念,教学中,要鼓励学生自主探究,疏通词句,质疑问难,合作研讨;然后再重点突破,发现创新,同时要指导学生动脑动手编制语文知识卡片,积累语言知识。《烛之武退秦师》所记述的是秦晋大军兵临城下,郑国危若累卵,烛之武受命于危难之际,说退秦师。《与安宣慰书》当中,王阳明与受命于危难之际的烛之武一样,不费一兵一卒,不动一刀一枪,使对方人马自动撤离。

二、学情分析

高一年级的学生,在理解《烛之武退秦师》的内容方面不存在问题。但《与安宣慰书》对部分学生而言,有难度。且大部分学生对王阳明写此首诗的背景不太了解,所以,学生要在老师的引导下进行阅读与交流,必要时结合王阳明的背景来理解

三、教学实录

(一)立志

教学目标:

1.阅读了解《烛之武退秦师》和王阳明《与安宣慰书》的基本内容。

2.通过自主、合作、探究的学习方式,了解烛之武与王阳明的退兵的策略。

3.学习烛之武、王阳明的大局意识,在国家危难之际置个人安危于不顾,维护国家安全的爱国主义精神。

教学重点:反复诵读《烛之武退秦师》和《与安宣慰书》,理解基本内容。

教学难点:

1.了解烛之武与王阳明退兵的策略。

2.学习烛之武和王阳明的大局意识,维护国家安全的爱国主义精神。

教学方法:诵读法、探究合作法。

(二)勤学

教师导入:同学们!今天我们来学习《烛之武退秦师》。这篇文章选自《左传》,本篇所记述的是秦晋大军兵临城下,郑国危若累卵,受命于危难之际的烛之武,不费一兵一卒,不动一刀一枪,使秦晋两国盟散约毁,人马自动撤离的故事。而《与安宣慰书》讲的是正德三年(1508),贵阳附近的水东土司领地之内,发生叛乱,涉及数万人,时间长达四年之久,王阳明向安贵荣写了三封书信,同样不费一兵一卒,不动一刀一枪,使双方和解的故事。

设计意图:让学生初步了解《烛之武退秦师》和《与安宣慰书》文章内容,从整体上感受文章,便于准确理解文章内涵及表达的思想感情。

活动一:请同学们阅读《烛之武退秦师》和《与安宣慰书》。

1.读准字音、生僻字。

朝:早晨。亡:灭亡。厌:满足。国:国家。戍:戍守。夕:晚上。危:危险。师:军队。及:达到。辞:推辞。

2.初步理解两篇文章内容。

设计意图:旨在让学生通过阅读,准确理解文章内容。

活动二:谈谈烛之武是怎样退秦师的,王阳明给安贵荣写了什么。

《烛之武退秦师》:第一段,秦晋围郑;第二段,临危受命;第三段,说退秦师;第四段,迫晋退兵。

《与安宣慰书》：第一，安贵荣有助乱之罪；第二，有纵兵之罪；第三，有固守割据之罪；第四，流言传播，加速安氏之祸。

设计意图：旨在让学生通过阅读，准确理解双方是怎样劝退军队的。

活动三：郑国当时面临的情况怎样？秦晋围郑的原因是什么？

明确：秦晋围郑，来势凶猛；弱小郑国，危如累卵。"以其无礼于晋，且贰于楚也"既道出了秦晋围郑的原因，又暗示了郑国有机可乘，为"烛之武退秦师"埋下了伏笔。

(三)改过

活动一：烛之武为什么能三言两语退秦师？其游说妙在何处？

明确：所有的战争出发点为"利"。烛之武正是抓住"利"在做文章。(利害之辨)

郑既知亡，敢烦执事(其益：益事渺茫)

越国鄙远，亡郑陪邻(其害：错事可见)

烛之武退秦师：以"史"巧施离间。

舍郑利秦，共其乏困(其利：利事可期)

君为晋赐，朝济夕设(其德：史事可证)

东封西肆，阙秦利晋(其意：祸事可测)

活动二：请同学们站在两篇文章各自的立场上进行交流分享。

第一组代表发言：《烛之武退秦师》先后围绕"秦晋围郑""临危受命""智退秦师""晋师撤离"四个部分展开。文章第二部分开头"晋侯、秦伯围郑"说明当时兵临城下，形势严峻，郑国面临生死危机。但其中的主要原因是"以其无礼于晋，且贰于楚也"。还有就是"晋军函陵，秦军汜南"，阐述了两军驻扎位置：两军分兵驻扎，郑有机会单独与秦接触，同样为烛说退秦师埋下伏笔。

第二组代表发言：从人物形象来看，"佚之狐言于……师必退"这一句生动地刻画了烛之武的形象，未见其人，先闻其名。在此也可窥见佚之狐知人善任的一面。同时，还可窥见郑伯善纳谏的一面。"臣之壮……也已"进一步刻画烛之武的形象，是一位满腹才华，却未能被重用的大臣，人物形象更鲜活。"公曰：'……'许之。"可知郑伯首先自责，体现了明君风范，然后以国家利益、形势与个人利益的透彻分析感动了烛之武，可谓善于做思想工作。烛之武最终应允，决定以国家利益为重，只身去见秦伯，体现了他深明大义的一面。

第三组代表发言：我们组认为，烛之武说退秦伯运用了攻心术。第一步，欲扬先抑,以退为进。以"郑既知亡矣"坦言知亡,避其锐气,大大消除了秦伯的防备心理。第二步,阐明利害,动摇秦君。以"邻之厚,君之薄也"来阐明亡郑只对晋有利。这一招确实厉害,玩离间计。第三步,替秦着想,以利相诱。"君亦无所害",用舍郑会对秦有益来收买。第四步,引史为例,挑拨秦晋。以"君之所知也"来挑拨离间,让秦伯对晋失去信任。第五步,推测未来,劝秦谨慎。

第四组代表发言:我们认为王阳明给安贵荣定的四个罪状非常精彩,简单而又明了地指出安贵荣内心的真实想法,同时又给他指出一条光明大道,不能够支持叛乱。可万万没有想到的是安贵荣接到信之后,急速出兵,帮助官兵平定了叛乱。不仅如此,此后一百余年,安贵荣的后代也没有发动过叛乱,甚至安氏土司一直成为明廷平定贵州和西南战乱的重要依靠力量,比如,安氏土司帮助平定了明代播州之乱。所以,不难看出烛之武与王阳明都属于智者,善于运用敌人的弱点进行攻心,这就叫不战而屈人之兵。就烛之武而言,劝诫共分五步,可看出烛之武精明的外交才能和胆识,同时体现出他识大体、顾大局的一面。最后,晋文公以"不仁""不知""不武"的理由退兵,看似冠冕堂皇,其实,"不仁"只是一个借口,如果真讲"仁义",当初就不会发兵攻郑。"不知"是实质,"知"是理智,是对现实情况的客观分析,是对动武后果的冷静判断。"不武"是因为胜负之数,难以预料。所以,说到底,晋的退兵,是"利"字使然。

(四)责善

教师对教学文言文常常感到头痛,其原因有几个:一是学生对文言文不太喜欢,认为文言实词和虚词很难理解;二是有许多生僻字,阅读比较困难;三是翻译比较困难,有些字都不认识,谈何理解;四是文言中承载着比较多的内容,要想在一堂课内很好地完成这些任务比较困难。所以,当前有许多教师都把文言文教学视作烫手的山芋,摸不得。

但是有两个问题必须引起重视:一是教师习惯于以"文"讲"言",强调各种古汉语语法规律,以总结种种规律为重点,忽视了对教学内容的审美观照;二是学生诵读感悟文本的时间被教师疏通文言字词句挤占了。由于课堂教学"文"与"言"不能兼顾,以致教学效果被严重削弱,这对培养学生的语文素养极为不利。

鉴于上述情况,如何实施文言教学呢?我认为文言教学既要教"言",也要教"文",言文兼顾。

首先,要注重文言语言教学,着力于文字梳解、语言品味,走出"重文轻言"

的误区;其次,要促进学生积累文化底蕴,要探究语言文字中的文化信息,挖掘教材文本中的文化因素并实现教学实施中的文化传递,走出"有言无文"的误区;最后,要重视反复诵读,模仿练读,想象品读,实现"文""言"融合。

所以,我认为张必锟先生提出的"两个转"是行之有效的方法。一个是"转变",是课堂教学要从教师讲解为主转变为以学生练习诵读为主;一个是"转移",是把立足点从讲翻译、谈语法转移到指导学生诵读上来。通过诵读以"文"引"言",以"言"引"文",实现"文""言"两个要素的交融合一。

在品味文章最精彩的劝辞环节时,教室里的空气凝滞了。在试讲的几节课中都在这时出现了问题,这是为什么呢?我曾经用过很多策略:小组合作交流、标注关键词,教师引导示范批注。但这些做法基本是徒劳。在朗读中品味劝说的艺术魅力,因声求气是这一课要教的重点。我居然没有明白编者把这篇文章放在此处的意图,连教的内容都有问题,还谈什么课堂效率呢?"因声求气""以读引言",朗读才是实现文言交融的最佳途径,如此精彩的劝辞脱离了朗读,理性的品析显得多么枯燥乏味啊!

烛之武和王阳明都善于言辞,都能巧妙地抓住对方的弱点,说服对方退兵,真是值得我们学习与借鉴。作为一个有经验的教师,应该做到"文与言的相融相生,文与言的并举""以文率言""以言悟文""因声求气""以读带文"。

设计意图:通过教学反思环节,我们都能够体会到烛之武与王阳明的劝说之策,体现责善教学之目的。回顾反思教学活动中的组织学生阅读、分组交流、主题研讨等环节,旨在让学生掌握文体,然后进入课题。同时,给学生提供展示自己的平台,让学生发表自己的观点。

案例3:
《荆轲刺秦王》和《告谕浰头巢贼》教学课例

一、教材分析

古代议论文是高中语文教学的重点之一,而且在历史教学中也有重要的作用,可以帮助学生了解特定的历史背景。《荆轲刺秦王》选自人教版高中语文必修1。其中所描绘的故事发生在战国末期的公元前227年,即秦统一中国之前的第六年。当时,秦于公元前230年灭韩,又于公元前228年破赵(灭赵是公元前222年),秦统一六国的大势已定。地处赵国东北方的燕国是一个弱小的国家。当初,燕王为了结好于秦国,曾将太子丹交给秦国做人质。太子丹于公元前232年逃回燕国,想派刺客去劫持或者刺杀秦王嬴政,使秦"内有大乱""君臣相疑",然后联合诸侯共同破秦。荆轲刺秦王失败之后,秦大举攻燕,于公元前226年破燕,公元前222年灭燕。而《告谕浰头巢贼》则是阳明先生在攻打浰头地区土匪之前发出的一篇告谕,全文动之情,晓之以理,充分体现王阳明的智慧与怜悯之心。

二、学情分析

高一年级的学生在理解《荆轲刺秦王》方面不存在问题。对部分学生而言,王阳明的这篇《告谕浰头巢贼》有一定的理解难度。大部分学生对王阳明这篇文章的背景不太了解,所以,学生必须在老师的引导下进行阅读与交流,在分析的过程中最好结合王阳明的背景来理解。

三、教学实录

(一)立志

教学目标:

1.阅读了解《荆轲刺秦王》和王阳明《告谕浰头巢贼》基本内容。

2.了解《荆轲刺秦王》和王阳明《告谕浰头巢贼》各自所表达的思想感情。

3.学习《荆轲刺秦王》和王阳明《告谕浰头巢贼》之后,了解荆轲与王阳明在国家危难之际置个人安危于不顾、维护国家安全的爱国主义精神。

教学重点:反复诵读《荆轲刺秦王》和《告谕浰头巢贼》,理解基本内容。

教学难点:

1.了解《荆轲刺秦王》和王阳明《告谕浰头巢贼》的思想感情。

2.学习荆轲和王阳明维护国家安全的爱国主义精神。

教学方法:阅读法、探究合作法。

(二)勤学

教师导入:同学们!今天我们来学习《荆轲刺秦王》和《告谕浰头巢贼》这两篇文章,其中,《荆轲刺秦王》选自《战国策》,生动形象地描绘了荆轲刺秦王的过程,体现了荆轲维护国家安全的爱国主义精神。在历史长河中,许多风流人物,留下了千古传唱的诗句,如荆轲的《易水歌》:"风萧萧兮易水寒,壮士一去兮不复还。"歌中透露出无限悲凉和对人生的留恋,但荆轲仍然义无反顾。许多英雄就这样走进了历史深处。今天,让我们在前人记叙中,探寻英雄的足迹,倾听历史的回音。

设计意图:让学生初步了解《荆轲刺秦王》和王阳明《告谕浰头巢贼》文章内

容,让学生通过阅读,从整体上感受文章,厘清思路,便于准确理解文章内涵及表达的思想感情。

活动一:初读课文。读懂课文的内容,厘清文章思路。

《荆轲刺秦王》结构:

开端(1、2):行刺缘起(大军压境、计议行刺);

发展(3—9):行刺准备(求取信物、准备匕首、配备助手、怒斥太子、易水送别);

高潮(10—17):廷刺秦王(厚遗蒙嘉、顾笑武阳、图穷匕见、倚柱笑骂);

结局(18):荆轲被斩。

《告谕浰头巢贼》结构:

第1段:职责所在,事出有因;

第2段:错起念头,误入歧途;

第3段:悔恶迁善,诚心归顺;

第4段:无房容身,无田耕种;

第5段:安抚晓谕,回头是岸。

设计意图:旨在让学生通过阅读,准确理解文章结构。

活动二:阅读课文《荆轲刺秦王》和《告谕浰头巢贼》,分析人物形象。

荆轲:

"微太子言,臣愿得谒之"——言出必行的侠义精神;

"行而无信,则秦未可亲也……"——勇而多谋,城府很深,胆识超人。

太子丹:

"虽欲长侍足下,岂可得哉"——恐惧;

"丹不忍以己之私,而伤长者之意"——软弱、善良。

私见樊於期:

"父母宗族,皆为戮没……购将军之首,金千斤,邑万家"——激起樊於期对秦不共戴天之仇(动之以情);

"可以解燕国之患,而报将军之仇"——此举一可报仇,二可解燕国之患(晓之以理);

"愿得将军之首……揕其胸"——让樊於期明白自己的行动计划。

王阳明:有勇有谋,有恻隐之心,善于抓住人心弱点,善于站在对方的立场上去考虑问题。

设计意图:旨在让学生通过阅读,准确理解人物形象。

活动三:总结人物形象特点。

荆轲:一个刚毅、深谋远虑、沉着勇敢、不畏强暴的侠士。行刺秦王虽然失败,但他那种刚毅不屈、慷慨赴难的精神,千秋万载之后仍令人感叹。

王阳明:有勇有谋,有恻怛之心,善于抓住人心弱点,善于站在对方的立场上去考虑问题,同时,还是一个伟大的军事家。

(三)改过

活动:结合文章的结构层次及重要人物形象进行概括分析。

第一组代表发言:我们认为本文的结构应该分四个层次:开端(行刺缘起1—2)——发展(行刺准备3—9)——高潮(廷刺秦王10—17)——结局(荆轲被斩18)。荆轲是在"秦军攻破赵国,燕国危在旦夕"的情况之下接受燕太子的委托,这可算是行刺的缘起。荆轲与太子的对话,表现了荆轲的谋略过人,胆识超人,气魄非凡。

第二组代表发言:文章第二部分是行刺准备阶段。一是荆轲在行刺前求取信物、准备匕首、配备副手三个环节。荆轲私见樊於期,语言诚恳,先从秦王的刻毒残忍说起,动之以情,再从解患报仇方面晓之以义。最后和盘托出行刺打算。这种舍生取义精神,使樊将军激动得"偏袒扼腕而进"。樊将军自刎献身,同样表现了他的义勇刚烈,也表现了对荆轲的理解与信任。

第三组代表发言:研究了解荆轲与太子丹的交往过程,可知荆轲与太子丹在准备工作中产生了分歧。这些分歧,表现为太子催促荆轲,体现出太子浮躁多疑、谋事不周的性格;荆轲怒斥太子,表现他刚烈英勇的性格。易水辞诀这一场面情景交融,侧面烘托出人物形象,表现出人物精神。

第四组代表发言:本组认为,太子及宾客"皆白衣冠以送之"预示了荆轲的永诀,激励他冒死行刺,不负重托;送别场面中所描写的音乐,表现了荆轲的思想感情,渲染悲壮的气氛。这一场面体现了几个特点:一是抓住"白衣冠"这个特点;二是重点写慷慨悲歌;三是"士皆垂泪涕泣""士皆瞋目,发尽上指冠",渲染凄凉悲怆的氛围和同仇敌忾的气势;四是有条不紊,人物活动按时间顺序描写;五是以"风萧萧兮易水寒",给人以身临其境的感觉。而通过学习王阳明《告谕浰头巢贼》,本组认为王阳明以作为人的同理心,动之以情,晓之以理,试图唤醒盗贼最后一点良知,真可谓悲天悯人!从文中还能够体会到先生放生的慈悲之心,同时也为先生的这份至诚的父母之心、菩萨之心而感动。先生不放过任何让巢贼向善的可能性,言无不尽,心无不尽,可谓苦口婆心。一如父母之心,一旦孩子能够弃恶从善,必哀悯而收之。每个人都是一只迷途的羔羊,缺的就是先生一样的当头棒喝。能否迷途知返,就要看自己那盏良知的心灯能否点亮。先生以父母之心,为巢贼谋寻了一条生路。

(四)责善

在听完课之后,同组的老师认为这节课在组织学生阅读和画导图展示方面还是比较好的,让学生能在理解的基础上画出自己对人物的分析与判断。但还是有许多不如意的地方。

在备课时,我的目标是厘清课文思路,梳理1—7段重要文言知识点。

一堂课下来,光从目标来看,就远没有达到预定目标,讲完第二段时间就不多了。过后反思,至少有以下几个方面应该改进。一是开头的检测预习,不如用填空题的形式,直接问"对于《战国策》我们应当掌握哪些内容?"这样便于学生理解。二是第一段还可以简略一点,让学生多诵读。对朗读技巧缺乏有效指导,不如简单处理,腾出时间重点理解第2、3段。三是对学情缺少了解。高一的学生对文言知识掌握太少,在分析第二段时,学生提出的问题太多。教师设置的问题没什么价值,在讲第二段知识点时浪费了不少时间。

还记得上个星期集体备课时,我们就讨论过文言教学问题。我当时也提出了自己的想法,认为既要让学生掌握文言知识,还得重视人物、情节分析,以调动学生学习文言的积极性。现在看来,理想很丰满,现实很残酷,要做到两者兼顾,真的很难。尤其是《荆轲刺秦王》与《告谕浰头巢贼》,要掌握的文言知识点太多,也是月考、高考比较青睐的文章,光是让学生理解重点词句就得两三节课。

从我今天的课来看,起初是想让学生通过朗读来激发课堂活力,也让学生在朗读中进一步熟悉文本,在文言知识这一板块,抓住问题重点攻破,没想到,最后还是陷入了文言字词的教学中,不能自拔。

课间操时间,我问了本班1名学生,初中老师讲了些什么?他们告诉我,主要是背诵,文言知识讲得不多,所以到了高中,讲这么多知识点一时很难接受。其实,反思我的文言教学,还是觉得初中老师的这种做法比较好,更能体现古文味。在文言知识这一块,我每次都花了大量时间,效果并不是很好。因为高考、月考要考查学生文言知识的积累,所以,我们往往在教学时就重在"言"的层面,要求读懂文言文,"文"的智慧与思想,涉及的较少。于是我们就很"怕",怕学生不能掌握文言知识点,怕学生在考试中拿不到分,于是文言教学就很难潇洒起来。

设计意图：让学生学习《荆轲刺秦王》和王阳明《告谕浰头巢贼》，了解荆轲的爱国情怀、王阳明的军事策略和同理心的魅力，体现责善教学之目的，让学生通过阅读、分组交流、主题研讨等，掌握文章内容。同时，给学生提供展示自己的平台，让学生发表自己的观点。

案例4：

枇杷如盖，枝叶关情
——《项脊轩志》中的"家文化"传承

一、教材分析

从家庭到家族，再到国家，"家"对中国人来说具有特殊意义。其中，家庭是中国社会的基本组织细胞，是繁衍后代、教育后代、培养亲情、稳定社会的最小组织单位。所以，家文化源远流长，凝聚着中华传统文化精髓和中国民族文化的灵魂。在家庭中，有长对幼的关爱、幼对长的尊敬，有家长的权威，也有相互的宽容。在教学过程中，我们的许多教材内容都反映了家庭亲情这一主题，例如李密的《陈情表》、诸葛亮的《诫子书》、归有光的《项脊轩志》、王阳明《示宪儿》等。这些文章，有的回顾家庭兴衰，有的教育孩子。教师可以"家文化"为核心进行综合拓展教学，引导学生深入感悟家文化的韵味，进一步理解中华优秀传统文化的特点。

《项脊轩志》选自人教版高中语文中国古代诗歌散文欣赏。学生主要通过学习形式自由活泼、内容贴近日常生活的文章，感受其中的生活气息，感受家文化所包含的亲情、爱情的魅力，再结合王阳明的《何陋轩记》进行比较阅读分析，明白两位作者虽同样都写住所的简陋，但所表达的情感是完全不相同的。欣赏这样的文章，还能帮助我们加深对家文化的理解，理解住所是否对人生有影响。

二、学情分析

1. 如今的学生与文言文存在天然的隔阂，当前高中学生因为面临高考而普遍存在语文学习的功利主义取向，因而对文言文整体感觉并不太好，学习兴趣和积极性普遍不高，甚至有一定的畏难情绪。

2. 经过高一学年的学习，学生对文言文相关知识点的掌握更加牢固，积累更加丰富，提高了文意理解的能力。

3. 经过第一课时的学习，同学们已能借助工具书和参考资料自主完成文意疏通，并通过挖空练习再度强化了重点字词。

学习目标：

1.了解归有光与王阳明的生平及其作品的独特风格,掌握文言重点字词并理解文章大意；

2.通过与王阳明《何陋轩记》进行对比分析,熟练掌握并能自如运用细节描写的艺术手法；

3.从细微的"举动"中品味"人情美",培养健康积极的人生志趣,感悟世间真情；

4.挖掘归有光将眼光局限于一室一家、热衷于功名的深层原因,感受作者与祖母、母亲、妻子之间的款款深情及"家"的情怀。

学习难点：

1.理解作者对家道衰落的伤感和对故居亲人的眷恋深情；

2.理解王阳明写《何陋轩记》的真正目的及表达的情感。

学习重点:通过与王阳明《何陋轩记》进行对比分析,熟练掌握并能自如运用细节描写的艺术手法。

学习方法:阅读法、讨论法。

教学准备:课件、教案。

学习课时:1课时。

三、教学过程

师:萧伯纳说"家是世界上唯一隐藏人类缺点与失败的地方,它同时也蕴藏着甜蜜的爱"。今天,我们就来共同欣赏被当时的人称为"今之欧阳修"的归有光饱含深情的散文名篇《项脊轩志》,一起感受他的悲情与喜悦。同时与明代教育家、哲学家、军事家王阳明的《何陋轩记》进行比较阅读分析。一是分析归有光的人生理想和价值追求,对归有光的负重人生进行思考;二是分析王阳明对人生的态度及富有生活哲理的思考。现在有谁能对归有光的《项脊轩志》标题进行解释呢?

生1:志,记事的书或文章,如地方志、墓志等,比较出名的如《三国志》。轩,有窗的廊子或小屋,旧时多用于书斋茶室饭馆名。如朵云轩、潮人轩。项脊轩,即作者书斋名。

师:作者为什么要将这篇志命名为"项脊轩"呢?

生2:从资料上看,命名之由有多种说法:一是因作者远祖曾在项脊泾住过,此为纪念先祖而名;二是住宅窄小,如同人的颈脊之间,故命名;三是宅不起眼,项在头下,脊在背后,都在不显眼的地方,故命名。

师:你赞同哪种说法呢?

生3:我赞同第一种说法。

师:现在请同学们阅读课文,然后进行小组研讨,归纳课文大意。

(板书:多可悲——修葺前:狭小、破漏、阴暗、诸父异爨。

多可喜——修葺后:牢固、明亮、幽雅。

项脊轩志——亦多可悲——老妪忆——祖母励志——回忆亡妻。)

师:整篇课文讲述了几件事?表达了作者怎样的情感?

生4:整篇课文描写的是一间书斋、两种感情、三世变迁、四位亲人以及多件小事。文章以项脊轩为感情的触发点,以"亦多可喜,亦多可悲"的感触为主线,通过对日常生活中琐细之事的叙述,表达了对家道衰落的伤感和对亲人的深切思念之情。

师:明人王锡爵评价《项脊轩记》说"一唱三叹,无意于感人,而欢愉惨恻之思,溢于言语之外"。"欢愉"从何来?"惨恻"自何出?品读下面句子,亦可找出相关片段,体味其蕴含的深情。

生5:写书斋修葺前后,突出喜悦闲适。

生6:我认为写诸父分家,突出"家道衰落之痛";写先妣,突出"慈爱关怀"。

生7:写先大母(去世的祖母),突出"殷切期望";写爱妻,突出"恩爱情深"。

师:哪位同学来总结一下课文呢?

生8:作者善于从生活中捕捉平凡的琐事,看似简简单单的一个动作、平平淡淡的一句话语,母亲的慈爱、祖母的期盼、夫妻的恩爱都如在眼前了,让我们穿越时空与归有光对话,感受他的悲伤和幸福。

生9:我们可以这样加以概括:兰桂杂植、书海啸歌、庭阶冥坐,几多憧憬几春秋;慈母舐犊、祖母殷望、妻子相敬,一度思亲一怆然。

师:请同学们阅读王阳明的《何陋轩记》,结合注释理解课文。

(学生阅读课文,教师巡视学生阅读情况。)

师:王阳明在《何陋轩记》中表达的是一种什么样的情感?

生10:《何陋轩记》以亲身经历,赞扬了苗族、仡佬族(獠)人民质直纯朴、乐于助人的品格,批驳了人们称之为"陋"的说法。相反,他们比之于中原的那些"狡匿谲诈,无所不至"的人来,倒是"未琢之璞、未绳之木",等待着大匠去雕琢,也就是用"典章文物"去影响他们,清除其"崇巫而事鬼"的陋俗。文章剖析精微。在封建士大夫中,能排除对少数民族的偏见,实在很难得。

师:王阳明在《何陋轩记》中用大量的笔墨描写当地少数民族的生活及行为,目的是什么?

生11:表达对这片地区人民的赞扬。这体现了王阳明随遇而安的心态和宽阔的胸襟。

师:记得王阳明曾经说过,"志于道德者,功名不足以累其心;志于功名者,富贵不足以累其心"。所以,王阳明属于志于道德者,对房屋的简陋根本就没有放在心上,只想到如何修炼自由的心,建立强大的心理品质。归有光也同样如此。为什么会这样呢?我想大概就是因为家教的重要原因吧。

七、品析现代诗文韵味

(一)品析现代诗歌韵味

现代诗歌教学渗透策略,教师可以运用教材中的现代诗歌,结合王阳明经典诗词,让学生进行对比阅读分析。在教学过程中,教师可以通过阅读分析、交流讨论等环节,采取"四规"(立志、勤学、改过、责善)教学策略,在每一个环节中进行交流分析,最终达到"培其根"的目的。

案例1:

戴望舒《雨巷》教学
——对比阅读王阳明《无寐》

一、教材分析

《雨巷》选自人教版高中语文必修1。《雨巷》创作于1927年夏天,那是中国历史上异常黑暗的时代。反动派对革命者的血腥屠杀,造成了笼罩全国的白色恐怖。原来热烈响应革命的青年一下子从火的高潮坠入冰的深渊。他们中的一部分人,找不到革命的前途。他们在痛苦中陷入彷徨迷惘,他们在失望中渴求新的希望出现,在阴霾中盼望飘起绚丽的彩虹。而《无寐》表现了在龙场悟道期间,王阳明背井离乡,生活困难,条件艰苦,难免有一种思乡之情。

二、学情分析

对高一年级的学生来说,理解现代诗歌并不是件难事。就部分学生而言,

《雨巷》描绘了在国家特别困难时的一种忧伤与爱国之情。王阳明的《无寐》理解上没有多大难度,但是学生们对王阳明这篇文章的背景不太了解。所以,学生在老师的引导下进行阅读与交流,必须结合当时的背景来理解。

三、教学实录

(一)立志

教学目标:

1.知人论世,了解作者及诗歌创作的时代背景;

2.品味诗之意象,领悟诗之意境,体悟诗之真情,培养学生欣赏诗歌的能力;

3.把握诗歌的象征意义,逐渐养成良好的审美情趣。

教学重点:反复诵读《雨巷》与《无寐》,理解基本内容。

教学难点:

1.了解《雨巷》与《无寐》的思想感情;

2.学习理解两位诗人的家国情怀。

教学方法:阅读法、探究合作法。

(二)勤学

教师导入:同学们!今天我们来学习《雨巷》与《无寐》这两首诗。其中,读完《雨巷》,有人说爱情是心与心的碰撞,有人说爱情是黑暗中闪闪发光的宝石,也有人说爱情令人痛苦。是啊!因为爱情,孟姜女哭倒万里长城,卓文君奔向司马相如;因为爱情,林黛玉含恨焚诗稿,祝英台忍悲赴黄泉。读完《无寐》,有人说思乡之苦,有人说苦难之思,有人说怀才不遇之苦。今天我们就一起走进两位诗人的作品,去了解他们真实的故事。

设计意图:让学生初步阅读了解《雨巷》与《无寐》两首诗,从整体感受文章厘清思路,便于准确理解文章内涵及表达的思想感情。

活动一:指导阅读,用朗诵声传达情感,总结诗歌的感情基调。

《雨巷》:忧伤、凄凉、哀怨、彷徨,可概括为低沉幽怨。

《无寐》:孤独、忧伤、凄凉。

设计意图:旨在让学生通过阅读,准确理解文章情感基调。

活动二:通过文本中的哪些信息领悟到了诗歌的基本情感?

《雨巷》:

1.事物:雨巷,丁香,油纸伞,篱墙。

2.人物形象:"我""姑娘"。

《无寐》:

1.事物:烟灯,落叶,月光,积雪,山崖。

2.人物形象:"我"和孤"灯"。

设计意图:旨在让学生通过阅读,准确理解意象及人物形象。

活动三:正确理解意象与意境。

意象:诗歌中蕴含着诗人思想情感的景象或物象。简单来说,就是传达作者思想感情的人或物。

意境:在诗歌中,由一个或几个意象所形成的氛围,这个氛围有一个特定的名称。

活动四:联想一下我们的生活实际,同时也结合诗中的字眼,假若我们走在巷子里,会有一种怎样的感受?

《雨巷》:

1.雨是什么样的雨?(细雨或梅雨)

2.细雨给人怎样的感觉?(清明时节雨纷纷,路上行人欲断魂)

3.文中的小巷是怎样的?诗人在诗中是怎样描绘的?(寂寥空巷)

4.文中多次提及油纸伞,它给人怎样的感觉?(古典、怀旧、伤感)

5.请大家综合想象一下,无人的空巷,再加上蒙蒙的细雨,湿漉漉的青石板,还有一把怀旧的油纸伞,整个色调给人什么感觉?有没有相关字眼?(冷漠、凄清、惆怅)

明确:阴冷迷蒙、破败空寂的背景,给人一种冷漠、凄清、惆怅的心理感受。

《无寐》:

1.烟灯暖无寐,忧思坐长往。——在晚上的一盏孤灯下,确实无法入眠,起身到处走走。

2.怀人阻积雪,崖冰几千丈。——想去看望家乡的老朋友,只可惜积雪太大了把路都堵住了,无法去探望,心中满是无奈与惆怅。

活动五:"我"是一个孤寂的独行者,在期待什么?在追求什么?

《雨巷》:文中的姑娘是怎样的?俗话说,美丽的事物总是和姑娘联系的,诗中用丁香来表现姑娘的整体特征。诗人为什么用丁香,而不用玫瑰、牡丹或百合花?

明确:丁香花,丁香形状像结,开在暮春时节,开花为白色或紫色,丁香花虽美,但容易凋谢。所以以丁香象征姑娘也是容易消失离去的。诗人们往往对着丁香伤春,说丁香是愁品。在我国古典诗词中,丁香象征着美丽、高洁、愁怨。如李商隐的诗"芭蕉不展丁香结,同向春风各自愁"。

《无寐》:一人在空山的月光之下,点亮孤灯是在思念家乡朋友吗?

明确:一是在思念家乡亲人和朋友;二是在思考自己的人生,思考前程在什么地方,归宿在哪里。

活动六:诗人将丁香与姑娘结合,凸显了姑娘怎样的人物形象?

明确:美丽,高洁,结着愁怨,彷徨;冷漠,凄清,又惆怅;太息,凄婉迷茫;静默,消散。

(三)改过

活动:整体交流纠过,谈谈学习后的感悟。

第一组学生总结回答:油纸伞。

这是真实的雨具,作者并没有做过多具体描写,给读者以想象空间。这样写的好处是一方面免得喧宾夺主,落俗套,另一方面又留下了雨打油纸伞的迷梦意境。因为油纸伞本身就具有复古、怀旧、神秘、迷蒙的特点,而且和雨巷很好地结合起来了。时间是在暮春,在寂寥的雨下,平添了一份冷漠、凄清的氛围,撑一伞风雨独立销魂形象。把它放在独特的环境中就能产生奇特的意象。而《无寐》中的"烟灯",同样体现凄清孤独的氛围。

第二组总结回答:雨巷。

作者幼年时住在杭州大塔儿巷8号。他小学、中学走的都是长长的青石板路,这是一种优美的意境。小巷本来就让人感到幽深、寂静,再加上蒙蒙的细雨,意境更是充满了朦胧美。雨巷是由"雨"和"巷"两个意象构成的。细雨迷蒙,天色阴沉就易产生伤感。而小巷狭窄破旧,阴暗潮湿,青砖灰瓦青石路面,色调阴冷。这是一条空巷,而且残破,有"颓圮的篱墙"。这就让人感到幽深、寂静。迷蒙的细雨笼着狭窄破旧的小巷,再加上让人怀旧的具有隐蔽和遮挡作用的油纸伞,颓圮的篱墙,这几个意象构成了阴冷、迷蒙、破败、空寂的背景,给人的心理体验是冷漠、凄清,又惆怅。王阳明的《无寐》所呈现的也是一种冷漠、凄清又惆怅的情感,同时,还有对自己人生处境的思考。

第三组总结回答:丁香。

整首诗说不清道不明的迷蒙意境都来源于"丁香"两字。美丽的事物总是和姑娘联系在一起。丁香一样的姑娘,丁香一样的忧愁,为什么作者要选用丁香这个意象呢？我们组反复查找资料，进行归类后总结得出：丁香形状像结，开在暮春时节，花为淡紫色或白色，在中国古典诗词中，丁香象征着美丽、高洁和愁怨。《雨巷》中写"一个丁香一样的结着愁怨的姑娘"源于"丁香空结雨中愁"（李璟《摊破浣溪沙》："手卷真珠上玉钩，依前春恨锁重楼。风里落花谁是主？思悠悠。青鸟不传云外信，丁香空结雨中愁。回首绿波三峡暮，接天流。"）。李商隐诗云："芭蕉不展丁香结，同向春风各自愁。"丁香花开在暮春时节，诗人们往往对着丁香伤春，说丁香是愁品。丁香花白色或紫色，颜色都不轻佻，常常赢得洁身自好的诗人的青睐。总之，丁香是美丽、高洁、愁怨三位一体的象征。雨中的丁香更是增添了许多愁怨和凄美。而且丁香花虽美，但容易凋谢。所以，以丁香象征姑娘是容易消失离去的。

第四组总结回答：篱墙、"我"和"姑娘"。

这个篱墙是颓圮的，让人有种哀怨、凄凉的感觉。"我"孤身一人，彳亍着，心事重重，是一个孤独寂寞的独行者，也是一个追求者。那么"我"苦苦追求的是什么呢？是"丁香一样的姑娘"。而《无寐》中的"烟灯"和"积雪"表现诗人孤独一身，同样心事重重难入眠，归根到底还是思念家乡、亲人、朋友，同时也有对自己的前程的思考。

教师总结：《雨巷》中，除以上6个意象外，其他都是表现情绪、动作、物态的词。这些意象一起构成了全诗迷离缥缈的超然意境。

（四）责善

在讲《雨巷》时，我收集了戴望舒以及江南雨巷的有关资料，特意选用了撑着油纸伞、身着紫色旗袍的女郎走在弯弯曲曲的江南小巷的照片作为背景，并配以音乐烘托气氛。而《无寐》中的"烟灯"和"积雪"表现了诗人的孤独，他同样心事重重难入眠，归根到底还是思念家乡亲人朋友，同时也有对自己的前程的思考。如我所料，学生虽还未读《雨巷》，就已经被朦胧、宁静、凄美的情境所感染，神情严肃而感伤。

此时，我话锋一转，对学生说："让我们走进《雨巷》，去探究诗人戴望舒的真实心境。"接着让学生自由品读，用心体验雨巷这奇特美妙的境界。目的是让学生对文本有一个大致的印象，尽管这种印象可能是粗糙的、不完整的，但它能唤起最初的审美体验。

在学生朗读的基础上，我将自己的课件集中在了江南各种小巷的照片，然后又让学生想象戴望舒描绘的"雨巷"是什么样子。罗生布拉特曾说："阅读材料、阅读情境与阅读者的心境呈现某种一致性时,那么阅读的效果就好。"创设阅读与鉴赏情境的最大目的是激发学生的阅读兴趣。兴趣是最好的老师。没有兴趣,就没有阅读的积极性,对文本的阅读就无内化可言。用图画情境可帮助学生理解感悟诗意,更深入地理解诗歌,从而提高学生的欣赏水平。

在学生展示导图后,我抛出了三个问题:《雨巷》象征了什么?为什么逢着一个丁香一样的姑娘?你最喜欢诗中的哪些句子?诗中的"雨巷",狭窄破旧,阴暗潮湿,断篱残墙被迷茫的凄风苦雨笼罩着。从这雨巷我们可以联想到当时令人窒息的时代气氛,"风雨如磐"的社会画面。诗中的那个"我",一腔愁绪,满腹哀怨,正是当时被环境憋得透不过气来的人们的精神状态。人们带着心灵上的创痛思索着、追求着那梦幻般清丽不俗的丁香姑娘。

在讲《雨巷》时我就一直在追求一种诗化语言,总认为没有很好的语言,就难以把这篇朦胧诗讲到极致,最终还是掉入了另一个误区:

语言过于唯美化,使学生无法很好地和课堂融会在一起,好像我是在自言自语,学生只是旁观者。另外我提出的问题也不够贴切,有时学生回答起来很吃力,需要我一遍又一遍启发,如:"你们能否用诗化的语言来描述一下'雨巷'这个环境?"

在教学中应力图避免上述问题,构建一个师生互动的生态课堂。我认为,课堂教学应该体现师生的双向合作,努力形成一种师生互动的对话机制。没有互动,没有交流,教学就不存在,不能产生师生互动碰撞的火花。这种"火花"是借助特定的课堂情境实现的,可是这节课并没有达到我预想中的这种效果。

设计意图:让学生学习《雨巷》与《无寐》,了解戴望舒在诗歌中所呈现的意境美与情感美,王阳明在诗歌中展现的是一种纯粹的乡愁、思念。让学生通过阅读、分组交流、主题研讨等,掌握文章感情基调。同时,让学生发表自己的观点。

案例2:

《再别康桥》和《送客过二桥》教学课例

一、教材分析

送别诗歌具有独特的韵味,而曾经经历过离别愁绪的人,更能感受到这类诗歌的魅力。此类诗歌在高中语文和历史教材中是比较多的,徐志摩的《再别康桥》选自人教版高中语文必修1。这首诗歌以情动人,是一首情感隽永的美好的送别诗。因此,一要注重引导学生入诗境,制作相应的诗、画、音三位一体配乐朗读课件,使学生直观入境,让学生能很快体会到诗人浓浓的情感和诗歌的情境;二是借助课件营造浓浓的诗歌氛围;三是在教学结束时播放歌曲《再别康桥》,在音乐的世界里让学生再一次品味徐志摩对康桥世界依依惜别的深情,在诗情画意的世界里结束全诗,达到首尾圆合、一气呵成的效果。《送客过二桥》是王阳明在修文龙悟道期间,送朋友经过贵阳二桥时所写的一首送别诗,表达了他的积极心态,对于贬谪没有怨天尤人,反而觉得在小洞里能成就大事业的自信。

二、学情分析

学生对徐志摩有一定的了解,但是这种了解大多是宽泛的,甚至有些是从影视作品(如电视剧《人间四月天》)中得到的,再加上这是一首新诗,在思想内容上学生容易把握。因此,学生在接触《再别康桥》的时候,容易只简单地理解其中的离别情感,而无法揣摩到徐志摩在与康桥离别时的复杂情怀。

三、教学实录

(一)立志

教学目标:

1.学习诗歌表现送别情境的写作方法。

2.学习送别诗歌意象表达情感的作用。

3.培养学生热爱自然,热爱母校的情感。

教学重点:反复诵读《再别康桥》《送客过二桥》,理解基本内容。

教学难点:

1.了解《再别康桥》《送客过二桥》的思想感情。

2.学习理解两位诗人送别时的情怀。

教学方法:阅读法、探究合作法。

(二)勤学

教师导入:同学们!我们学习过许多送别诗,可以想象送别时的情境与画面。在我们漫长的一生中,我们也许会爱上许多人,爱得刻骨铭心,也许会忘不了许多事,几十年都如在昨日。阅读王阳明的《送客过二桥》后,你就会体会到这种感情。你们是否深情地爱你的母校?中国有位诗人就有这种情感,短短两年的求学生涯,让他对母校充满了爱人一样的情感,难舍难离,并在离别的时候写下了一首脍炙人口的诗作,这到底缘于怎样的一种情怀?这又是怎样的一首诗?今天我们就一起来学习一下这首传世之作。

设计意图:让学生初步阅读了解《再别康桥》《送客过二桥》两首诗,从整体感受诗歌风格,厘清思路,准确理解诗歌内涵及表达的送别时的感情

活动一:欣赏诗画音乐三位一体的配乐朗读《再别康桥》,阅读《送客过二桥》

《再别康桥》:学生用眼、用心细细地体会诗境,感受诗情,陶醉于美丽如画的康桥世界中。

《送客过二桥》:此诗以送友表达作者积极的思想、心态,对于贬谪虽感无奈却没有怨天尤人,反而觉得在小洞里能成就大事业。

设计意图:一是通过欣赏音、诗、画,营造出一种柔美宁静的诗歌意境,将学生带入诗境,唤起学生对诗歌情感的强烈兴趣;二是通过诵读帮助学生把握诗歌的内容,理解作者的思想感情;三是配乐有助于品味诗歌的意境美、绘画美、语言美为后面落实教学重点做铺垫。

活动二:总结诗歌的意象及诗人抒发的情感。

《再别康桥》:云彩、金柳、夕阳、青荇等;不舍、留恋、喜欢、眷恋等。

《送客过二桥》:小洞、清泉、高崖;不舍、积极、自信。

设计意图:旨在让学生通过阅读,准确理解意象及人物形象。

活动三:《再别康桥》中,诗人连用三个"轻轻的"写诗人离开康桥时的情景,请分析其作用。

明确:三个"轻轻的"写出了悄悄来到和离开康桥时的情景,他不愿惊动心爱的母校,不愿打破她的宁静与和谐,写出了诗人对康桥的爱和留恋,写出了诗人情感的温柔细腻。

活动四:《再别康桥》中,诗人描写了康河岸边的柳树在夕阳中倒映河中的景象,请分析其作用。

明确:诗人将"河畔的金柳"比作"夕阳中的新娘",把"金柳"比作"新娘",独具匠心,这既形象逼真地写出了金柳的美好姿态,又表现了诗人对康桥极度迷恋的感情。谁愿意离开美丽的新娘呢?康河的美景,留住了诗人的心,他乐而忘返了。(融情于景,情景交融)

活动五:《再别康桥》第三节写康河的水草随微波起伏,仿佛在向诗人点头致意,请分析其作用。

"甘心"二字写出了水草的那份安闲、自在,这恰恰是诗人久寻而不得、心向往之的境界。在这样的诗情画意里,他沉醉了,"甘心"做康河里的一条水草,这

161

表达了诗人对康河永久的、热烈的爱恋。

"招摇"写出了青荇在康河里无拘无束、自由自在的样子。这正是诗人在康桥的心境,是那样的自由自在、无拘无束。

活动六:理清全诗的情感线索。

《再别康桥》:难舍的柔情—迷恋—眷恋—永久的依恋—在康桥的幸福快乐(感情达到高潮)—情绪低落—难舍的柔情。

《送客过二桥》:下马同行—共同欣赏山岭—抒情—自信。

(三)改过

活动:分组交流纠过,谈谈学习后的感悟。

第一组学生总结回答:第一节中连续用三个"轻轻的",向西天的云彩招手作别,给全诗奠定难舍难离的抒情基调,又有淡淡的无奈与感伤。第二节写到岸边的"金柳",对夕阳照耀下柳树的生动色彩的描绘,体现出它的秀美婀娜,好像"新娘"一般,既写出其形态的美好,又传达出诗人的无限欢喜和眷恋之情。谁能够舍得离开美丽的新娘呢?"艳影""荡漾"在"我的心头",物我合一,情景交融。

第二组学生总结回答:我们认为第三节写了康河的水草。绿油油的水草在水波中招摇,惬意平静,并有向诗人打招呼之意。"我甘心做一条水草",不仅物我合一,而且表达了诗人对康河的永久恋情,愿意永远留在康河,"生于斯,长于斯"。第四节写榆树下的清潭,清泉倒映着天上的彩虹,五彩斑斓,浮藻间好像沉淀着彩虹做的梦境。融情入景,将人带入梦一般的意境中。

第三组学生总结回答:我们第三组总结认为,第五节诗人的感情达到了高潮。在流连忘返的观景过程中,诗人似乎已经忘了他即将要离开,撑着长篙去寻找那"彩虹"似的梦。到晚上归来时,水波与星光交相辉映,诗人情不自禁地想要"放歌",快乐的情绪达到了顶点。至于第六节,我们认为恰恰是物极必反,乐极生悲,诗人由幻想回到现实,情绪低落下来。于是不能"放歌",只能"悄悄"吹起离别时伤感的笙箫,诗境恢复寂然。连夏虫好像也体会到了离别之情,保持沉默。"沉默是今晚的康桥",充满了无法化解的离愁别绪,将诗人沉思默想的心境推到了极致。

第四组学生总结回答:我们从王阳明《送客过二桥》中体会到,诗人在送别友人的过程中借此向朋友表达积极的心态,对于贬谪虽感无奈却从来不怨天尤人,反而觉得在小洞里整天读书学习,不与俗流为伍,同流合污,有可能成就大事业。

(四)责善

本节课可以称得上比较成功,成功之处在于充分利用多媒体等辅助手段,为学生提供大量与《再别康桥》有关的信息。对王阳明《送客过二桥》的理解也非常到位,很好地突出了重点,突破了难点。

情境创设方面:在组织学生探究课文时,通过课件播放视频并配合康桥的图片,有效展示两首诗中分别时的画面,然后抛出几个问题组织学生讨论。这一环节收到良好的教学效果,大大激发了学生的学习兴趣。

问题设置方面:本课设置的问题层层递进,逐级攀升,逐步让学生完成学习任务。在讲述意象和意境时,设置的问题是由浅入深,为的是能照顾所有的学生。

合作探究方面:自主学习是课堂教学常用的方法,也是很有效的方法,但是课堂教学更强调的是团队合作。所以,在协作讨论这一环节,希望能增进学生团队合作意识,充分发挥学生的主体作用,达到理想的教学效果。

阅读交流方面:我让学生整体阅读,听录音朗读,分组阅读后,才组织学生进行探究分析。在让学生阅读的同时,更多地让学生体味诗歌的内涵与作者在诗中表达的情感。这样的方式重点是培养学生的阅读及理解能力,常言道:"授人以鱼,不如授人以渔。"课标要求现代教育重视培养学生的自我发展能力,这就要求教师不仅要让学生"学会",而且还要让学生"会学",要用各种方法教会学生"怎样学"。

设计意图:让学生学习《再别康桥》《送客过二桥》,了解两首现代送别诗歌中所呈现的意境美与情感美,以及王阳明诗歌中那种纯粹的送别之情和积极的心态。让学生通过阅读、分组交流、主题研讨等,掌握文章感情基调。同时,让学生发表自己的观点。

案例3:

《沁园春·长沙》教学课例

一、教材分析

《沁园春·长沙》的作者是毛泽东,该词选自人教版高中语文必修1。这首词写于1925年,大约是在毛泽东同志离开湖南前往当时革命活动的中心广州时。毛泽东同志从1911年至1925年主要在长沙学习、工作和从事革命活动。在这期间,国内外发生了许多重大事件,如辛亥革命、第一次世界大战、俄国十月革命、五四运动、中国共产党成立等,都是影响世界形势的巨大变革。这样的岁月,如历史群山中耸峙的一座又一座峥嵘的高峰。毛泽东和蔡和森、何叔衡、张昆弟等立志救国的知识青年,正值青春年少,面对"万山红遍"的美景,他们既赞叹锦绣河山的壮美,又悲愤大好河山的沉沦。于是,他们发表激浊扬清的文章,抨击黑暗,宣扬真理,视当时的"万户侯"——军阀如粪土。这些既是"指点江山,激扬文字,粪土当年万户侯"的具体内容,又是写作这首词的时代背景。了解这些背景,有助于我们进一步理解词中闪耀着的革命者的崇高精神。

二、学情分析

对高一年级的学生来说,因为以前学习过毛泽东的《沁园春·雪》,他们在对《沁园春·长沙》内容的理解方面不存在问题,但是部分学生对其创作背景不太了解。所以,学生应在教师的引导下进行阅读与交流,并结合写作背景来理解这篇课文。

三、教学实录

(一)立志

教学目标:

1.能够准确理解这首词的内容与作者所表达的思想感情;

2.理解这首词的内涵;

3.准确理解毛泽东写作的目的。

教学重点:反复诵读《沁园春·长沙》,评价毛泽东在词中所表达的思想感情。

教学难点:

1.对比分析毛泽东在诗歌中的情感变化;

2.准确阐述毛泽东的写作意图。

教学方法:诵读法、探究合作法。

(二)勤学

教师导入:同学们,中国是一个诗歌的国度。谈起中国诗歌传统,人们不免想到《诗经》、楚辞、汉赋等。江山代有才人出,各领风骚数百年。20世纪的中国又出了一位独领一代风骚的大诗人——毛泽东。他的诗词,记录了他革命人生的心路历程,反映了中国革命各个时期的现实生活,是一部中国革命的英雄史诗。之前我们学习了《沁园春·雪》,今天我们要欣赏他的《沁园春·长沙》。长沙是毛泽东革命人生的起点,让我们追寻伟人的闪光足迹,走进伟人的崇高心灵。

设计意图:《沁园春·长沙》是一首记游之作,它的突出特点是塑造了抒情主人公"我"的形象。让学生通过毛泽东写作背景和学习意图,从整体感受抒情形象入手,理清思路,便于准确理解诗歌的内涵及表达的思想感情。

活动一:请同学们阅读《沁园春·长沙》,读准字音,读准节奏,感悟诗歌的韵律美。

读准字音:舸、寥廓、峥嵘、稠、遒、遏。

设计意图:旨在让学生通过阅读,准确理解诗歌的节奏与情感基调。

活动二:品读《沁园春·长沙》,找准诵读技巧。

设计意图:旨在让学生通过阅读,掌握诵读的基础技巧,同时理解作者在诗歌中的情感变化。

(三)改过

活动一:请同学们找出塑造"我"的形象的关键词,理清思路。

明确:

1.立、看、怅、问、携、忆、记;

2.上阕写眼前景物和心中所思,下阕追忆往事,表现青年时代的精神和理想,暗合了上阕的提问。

活动二:哪位同学能够通过合理的调整、补充,把前三句的大意通畅地说一说?

明确:前三句的正常语序为寒秋,(诗人)独立(于)橘子洲头,(望)湘江北去。诗歌语言常用变序,这里将"独立"置前,增强了表现力。它用一个"特写"镜头把人物从景中推出,凸显出抒情主人公卓然而立的形象,更促使读者生发种种想象与联想:

孤独的诗人最见个性。李白"独坐敬亭山"闲适,柳宗元"独钓寒江雪"隐逸,晏殊"独上高楼,望尽天涯路"超脱,那么诗人"独立"橘子洲头,又要表达怎样的情思呢?在"寒秋"的氛围中,联系"长沙""湘江",我们会想起屈原"欸秋冬之绪风"、宋玉"悲哉秋之为气"、杜甫"万里悲秋常作客,百年多病独登台"、杜审言"独怜京国人南窜,不似湘江水北流"。湘江北去,诗人南下广州接办农民运动讲习所,是不是也要抒悲秋之情呢?

活动三:体会到怎样的意境?

讨论提示:红叶、绿水、鸟飞鱼跃,这些景物单独看上去很平常,但由此是否可以联想到一些诗文名句?

活动四：如何表现"同学少年"这个意象的？毛泽东一行人的形象如何？

战斗岁月：携来百侣曾游，峥嵘岁月稠。

年龄气质：恰同学少年，风华正茂。

精神状态：书生意气，挥斥方遒。

战斗行动：指点江山，激扬文字，粪土当年万户侯。

活动五：表现了作者当时怎样的情感？

明确：词人借对"同学少年"的回忆，流露出对往事的无限怀念，表现了他和革命战友们以天下为己任，蔑视反动派，改造旧世界的革命战斗豪情。

活动六：结合课文内容进行研讨。

生1：同学们，我记得王阳明指出要放下焦虑，用心做事。我认为对"恰同学少年，风华正茂；书生意气，挥斥方遒"的解读是：在这峥嵘岁月里，作者和他的同学，如蔡和森、何叔衡、张昆弟等立志救国的知识青年，正值青春年少，神采飞扬，才华横溢，意气风发，热情奔放。诗人巧妙地化用了《庄子·田子方》中"夫至人者，上窥青天，下潜黄泉，挥斥八极，神气不变"的意境，来形容新时代的青年从旧思想的束缚中解放出来，自由奔放的胸襟。挥斥，自由奔放的意思。方遒，正当旺盛有力的意思。

生2：我认为"指点江山，激扬文字，粪土当年万户侯"是对"峥嵘岁月""挥斥方遒"的进一步具体化。面对"万山红遍"的美景，他们既赞叹锦绣河山的壮美，又悲愤大好河山的沉沦。于是，发表激浊扬清的文章，抨击黑暗，宣扬真理，视当时的"万户侯"——军阀如粪土。

生3：我认为毛泽东在词里面重点是表达积极乐观的心理，他担心在残酷的现实面前有些人失去信心，其中，对"中流击水，浪遏飞舟"，从资料得出一种解释是"击水"为游泳，在激流中奋臂划水，掀起的浪花甚至阻挡了飞速前进的船舶。这里表示诗人要在新时代的大潮里乘风破浪，鼓桨前进，立誓振兴中华的壮志豪情。使人读后仿佛听到了一颗爱国爱民的赤子心，在怦怦跃动，从而感受到一种伟大胸怀所反映出的崇高美。

生4：上半阕虽着重写景，却处处景中寓情。"万山红遍，层林尽染"，既是四周枫林如火的写照，又寄寓着诗人火热的革命情怀。红色象征革命，象征烈火，象征光明，"万山红遍"正是作者"星火燎原"思想的形象化表现，是对革命与祖国前途的乐观主义的憧憬。"鹰击长空，鱼翔浅底，万类霜天竞自由"，则是作者对自由解放的向往与追求。"怅寥廓，问苍茫大地，谁主沉浮"的感叹，则由写景直接转入抒怀,自然带出下半阕的抒情乐章。

(四)责善

按照王阳明"人人自有定盘针,万化根源总在心"的观点来看,《沁园春·长沙》这首词体现了豁达、积极、乐观的心理。

我认为,整个教学过程的思路是清晰的,逻辑性比较强,学生的参与度比较高,已达到我预想的教学效果。

在课上,学生读课文、说课文都表现得不错,在动口、动脑、动手方面都表现得非常好,在展示的过程中把听课的老师都征服了。当学生在黑板上展示自己所画的思维导图并说明理由后,教室响起了一阵掌声。

不过从对诗歌文本的分析来看,学生的分析能力和欣赏能力还是有点薄弱,不过诗歌的欣赏和分析确实也很难。但我们不能因为难而止步。在分析文本的时候,学生是有自己的独立思考能力的。"独立寒秋"之"独立"二字,教材分析中有三种意思,第一,是一个人;第二,与下文的"携来百侣曾游"相照应;第三,表现了年轻革命家砥柱中流的英雄气概。但是有学生在解读文本的时候,认为毛泽东的心境有些悲凉。其理由是毛泽东即将南下广州,离开生活达十三年之久的长沙,内心会有不舍,再加上一个人,怎能不悲凉呢?对此,我当即表示肯定,是啊,我离开生活十年之久的家乡时,也是依依不舍的。

陶行知说过:"没有生活做中心的教育是死教育。没有生活做中心的学校是死学校。没有生活做中心的书本是死书本。"社会生活与语文活动之间有着相辅相成的关系,语文教学一旦脱离生活元素的涵养和滋润,就会成为"水中月,镜中花"。在高中语文教学中,教师开展"课堂生态化,语文生活化,生活语文化"的教学活动,不仅有利于学生综合素质的提升,同时也能促进学生的个性化发展。

《沁园春·长沙》这首词,同样具有生活化的诸多因素,从词的内涵就不难发现这一点。当时湖南省省长赵恒惕派兵逮捕毛泽东,这种境地应该说也是"独"字所包含的。我个人觉得还有一点,就是当时陈独秀和毛泽东的关系越来越不好,这个时候的毛泽东内心也有孤独感。不管后面的秋景描写多么壮观豪迈,多么有气势,但是作为一个普通人,毛泽东细腻的情感也不可忽略。

另外,我觉得引导同学们自己主动发现问题很重要。李镇西老师认为读苏霍姆林斯基的《给教师的一百条建议》要读出问题,读出自己。诗歌何尝不是如此呢?但是学生仍需要教师的引导。在课程即将结束的时候,我问学生还有没有问题。他们异口同声地说没有。然后我提出了问题:词中毛泽东为何几次使用"万"字?为何几次用动词"击"?这说明了什么?以此将学生引入更深层次的思考。可是,如何让学生自己发现问题还是一个待解决的问题。

设计意图:通过教学反思活动环节,体现责善教学之目的,回顾反思教学活动中的学生阅读、分组交流、主题研讨等环节,旨在让学生明确文体,然后进入课题,理解作者在诗歌中的情感变化。同时,给学生提供展示自己的平台,让学生发表自己的观点。

(二)品析现代散文、小说的韵味

悼念文是散文体裁中的一种特殊文体模式,其内容主要是体现对死者的悼念与追忆。在中国的历史长河中,以悼念文为代表的丧葬文化是中国传统文化的重要部分。高中教材选有一部分悼念文,对此,教师在教学过程中可以结合相关资料进行对比阅读分析,组织学生在每一个环节中进行交流讨论,使其进一步理解作者对死者的悼念之情。例如,历史教师可以结合相关悼念文,拓展讲解历史上人们表达对死者的悼念的形式;语文教师可以结合王阳明的悼念文,对教材中的悼念文进行综合解析。

案例:
《记念刘和珍君》和《瘗旅文》教学课例

一、教材分析

这篇课文选自人教版高中语文必修1,是鲁迅先生为了纪念刘和珍的悼念文。但是否只纪念了刘和珍一个人呢?作者还纪念了哪些人?他们都是什么人?作者为什么要纪念他们?实际目的是什么?从文章内容与情感上看,作者不仅是纪念刘和珍,还纪念了杨德群、张静淑以及"三一八"惨案中的死伤群众,实际目的是以纪念刘和珍为切入点,记住这次惨案,警醒人们不忘血债。《瘗旅文》是从北京城路过修文龙场去南方任职的官吏三人死在修文,王阳明将其掩埋后所作的悼念文。

二、学情分析

学生对鲁迅《记念刘和珍君》的理解没有多大问题,但对王阳明《瘗旅文》的理解可能有些难度。原因是《瘗旅文》中有许多生僻字,又属于文言文,所以,只有老师引导学生疏通文意之后才能组织学生参与交流讨论。一是让学生掌握悼念文体的写作特点;二是理解怀念作者在各自的文章里面所表达的情感。

三、教学实录

(一)立志

教学目标:

1.学习爱国青年的斗争精神,铭记血债,增强民族自尊心、自信心。

2.抓住作者思想感情发展的脉络,厘清思路。

3.理解文章的思想感情和含义深刻的句子。

教学重点:反复诵读《记念刘和珍君》和《瘗旅文》,理解基本内容。

教学难点:

1.了解《记念刘和珍君》和《瘗旅文》的思想感情。

2.学习理解两位诗人当时的情怀。

教学方法:阅读法、探究合作法。

(二)勤学

教师导入:同学们!1926年"三一八"惨案是日本帝国主义支持下的段祺瑞政府迫害两百多名爱国请愿者的一段血的历史,更是中国人残害中国人的一场罪恶、一场悲哀、一场耻辱!路,还没有开始便已经走到了尽头;梦,还来不及做便已永远不再醒来。刘和珍,这位年仅22岁的女大学生就这样倒在了反动派的枪弹之下!在惨案发生后的第六天,鲁迅先生终于按捺不住心中的愤怒,毅然写下了这悲愤沉痛的悼念文章——《记念刘和珍君》,以此来警醒中国人民永远记住这笔滔天血债!现在,结合《记念刘和珍君》,请思考王阳明所写的悼念文章《瘗旅文》又包含了怎样的情感。

设计意图:让学生初步阅读了解《记念刘和珍君》和《瘗旅文》两篇悼念文,从整体上感受文章,厘清思路,便于准确理解文章内涵及表达的感情。

活动一:读课文《记念刘和珍君》,并思考问题。

明确:文章虽然以"记念刘和珍君"为题,但作者不止纪念了刘和珍,还纪念了杨德群、张静淑以及"三一八"惨案中的其他死伤群众,实际上是以纪念刘和珍为切入点,对"三一八"惨案发表评述。

设计意图:理解《记念刘和珍君》的思路及作者所表达的思想感情。

活动二:总结两篇文章主要涉及几类人,以及针对每一类人,作者表达了怎样的情感。

《记念刘和珍君》	《瘗旅文》
1.像刘和珍这样的爱国青年,如杨德群、张静淑等。 情感:沉痛悼念,颂扬他们的勇毅,告诫(斗争方式),激励"更奋然而前行"。 2.包括段祺瑞政府在内的反动势力、有恶意的闲人、流言家。 情感:控诉其暴行,痛斥其无耻流言。 3."庸人",鲁迅又称他们是"无恶意的闲人"。 情感:痛心(民族的沉默衰亡);渴望并呼唤他们"爆发",可以概括为"悲""愤"。	京城吏目、儿子和仆人。 情感:对死者的惋惜与恻隐之情。

活动三:理解《记念刘和珍君》中"悲""愤"的情感线索,理清两篇文章的整体思路。

明确:《记念刘和珍君》中,可根据作者情感及内容归纳出七节要点。第一节,"深味""悲凉""哀痛""奉献";第二节,猛士与庸人对比;第三节,"她不是'苟活到现在的我'的学生,是为了中国而死的中国的青年";第四节,刘和珍"喋血"惨象"已使我目不忍视了;流言,尤使我耳不忍闻";第五节,"谁也不会料到有这样的罗网","这是怎样的一个惊心动魄的伟大呵";第六节,徒手请愿的"意义","很寥寥";第七节,认识到"当局者"的"凶残"、"流言家"的"下劣"、"女性临难"的"从容","呜呼,我说不出话,但以此记念刘和珍君"。

《记念刘和珍君》:第一段(1—2),纪念刘和珍的缘由(一祭死者、二醒庸人);第二段(3—5),记述刘和珍的行状;第三段(6—7),纪念刘和珍的思考。

《瘗旅文》:第一段,写阳明先生在龙场期间,那是正德四年秋月三日发生的一件事;第二段,写阳明先生出于同情心,率二童子带着簸箕和铁锹之类将其埋葬,以免其暴骨于荒。

活动四:"真的猛士,敢于直面惨淡的人生,敢于正视淋漓的鲜血。这是怎样的哀痛者和幸福者?"结合上下文,谈谈对此句的理解。

明确:按照正常的思路来看,这里说的是纪念死难者应取的态度,也是生活在黑暗世界的奋斗者理想的人格。"真的猛士",指以刘和珍等人为代表的革命者。"直面",即正面面对。"惨淡的人生",指反动派统治下凄惨悲凉的黑暗现实。"淋漓的鲜血"就是"四十余个青年的血"。"这"指"真的猛士"。

(三)改过

活动:分组交流纠过,谈谈学习后的感悟。

教师总结:《记念刘和珍君》中,鲁迅先生怀着一种崇高而神圣的感情,鞭笞反动军阀和反动文人,歌颂刘和珍等几位英雄寻求真理,为真理而斗争的献身精神。可是,学生在理解上有偏差,体验和感受不深,回答和解读总是不到位。如此看来,要想让学生动情,首先必须让学生弄清时代背景。因此,第二节课时,我的做法是事先收集一些有关材料,打印下来发给学生,在课堂上介绍背景时,再加一些细节描绘,通过PPT展示刘和珍、杨德群等烈士的画像,让学生自然产生一种对旧社会的愤恨、对烈士的尊敬之情。结合王阳明的《瘗旅文》,我组织学生阅读对比分析,让学生正确理解作者面对素昧平生的人,不但埋葬了他们,而且为他们写了悼文。整篇祭文写得相当深切,表现了对死者的深切同情。

设计意图:让学生了解两篇不同时代的悼念文的区别,懂得心存善念,理解同理心和恻隐之心的重要意义。

(四)责善

语文课上,老师并不需要讲得太多,如果讲得太多,反而影响教学效果,况且学生并不喜欢。要给学生留足时间,让学生自己去探究,去寻找问题、解决问题、探究问题。因为向阳而教是培养学生的核心素养、人文情怀,让学生自己在文本中体验生活,感受和超越现实生活的一种创造性解读。

在课堂上,为了培养学生独立的探究意识,我设置了几个问题,让学生们带着问题去阅读文章。问题的设计要有针对性,太浅了,没有必要;太深了,脱离了学生的实际;太一般化了,又引不起学生的兴趣。有些问题很有意思,却不是文章的重点,反而会喧宾夺主,分散学生的注意力。我努力使问题比较适当,既是重点,又是难点;既能引导学生提出问题,又能告诉学生这些才是课文的重点。既然是重点,就得既能引导学生理解课文的难句、难点及主要内容,又有助于训练学生的综合概括能力。例如:什么是"真的猛士""哀痛者""幸福者",这是属于理解方面的;"文章回忆了刘和珍生前哪几件事""刘和珍是怎样的人?"等问题则是训练学生的综合概括能力的。

针对以上几个问题,课堂上不可能全部展开讨论,有的适合小组讨论;重点问题则适合全班讨论。总之,要尽量避免一种方法永远不变,避免呆板、单调。

关于鲁迅的作品,同学们读了不少,知道他的语言很难理解。所以,我在教学时用的时间比较多。由于时代斗争的需要,加上鲁迅本人性格等因素,自然就形成了独特的语言风格。在教学中,我着重讲了两个问题。第一,鲁迅语言的洗练、厚重。寥寥几个字,却包含着极丰富的思想内涵。比如,几个关联词巧妙、恰当的运用,几句名言(如"惨象已是我目不忍睹……""苟活者在淡红的血色中……")的理解等。第二,记事、议论、述情巧妙结合,用得恰到好处。深刻的思想,敏锐的洞察力,爱憎分明的感情,再加上纯熟的语言技巧,深厚的文字功底,几种表达方式熔于一炉。

抒情散文具有强烈的抒情性,在语言方面读起来像诗歌一样,富有节奏感和音乐美。立意清新,结构精心。抒情散文在结构上追求自由,所以,作者通常会围绕一个中心意象或情感来进行构思,这有助于作者更细腻、更深刻地传达内心的感受,使得文章既有深度又有美感。

教师在教学过程中,可以通过联读等方法,采取"四规"教学策略,指导学生在每一个环节中进行交流分析,帮助学生感受抒情散文的魅力,最终理解其表达的思想感情。例如,语文教师可以将教材中的抒情散文与王阳明的散文进行对比联读分析。历史教师可以在中华文化相关教学中,组织学生分析抒情散文的特点。

案例:
《故都的秋》《荷塘月色》《我与地坛》和《瘗旅文》群文教学课例

一、教材分析

《故都的秋》《荷塘月色》《我与地坛》都属于写景色的散文,只有王阳明的《瘗旅文》属于悼念性散文。《故都的秋》《荷塘月色》《我与地坛》属于人教版高中语文必修上的内容。我们可以分析三篇散文中作者笔下景物的不同特点,探究人与景物之间的关系,体会人与自然之间的共性问题。《瘗旅文》是王阳明为了纪念从京城被贬的路过修文龙场去南方任职的官吏所作的悼念文。

二、学情分析

学生对《故都的秋》《荷塘月色》《我与地坛》的理解没有多大问题,但对王阳明的《瘗旅文》的理解可能有些困难,原因是《瘗旅文》有许多生僻字,又属于文言文。所以,老师只有引导学生疏通文意之后,才能组织学生参与交流讨论。一是让学生掌握悼念文体的写作特点;二是理解悼念文所表达的情感。

三、教学实录

(一)立志

教学目标:

1.学习体会散文中人与景物之间的特点,产生对生命和个人苦难的感悟,懂得珍爱生命。

2.抓住作者思想感情发展的脉络,探索景物与人物之间的共性。

3.理解文章的思想感情和含义深刻的句子。

教学重点:反复诵读《故都的秋》《荷塘月色》《我与地坛》和《瘗旅文》,理解基本内容。

教学难点:

1.了解《故都的秋》《荷塘月色》《我与地坛》和《瘗旅文》的思想感情。

2.学习四位作者的写作方法。

教学方法:阅读法、探究合作法。

(二)立志勤学

教师导入:同学们!今天我们一起来欣赏《故都的秋》《荷塘月色》《我与地坛》和《瘗旅文》四篇不同时期的散文。其中,前三篇属于写景现代散文,相对好理解一些。对500多年前王阳明所写的《瘗旅文》,在理解上可能有一定的困难。《我与地坛》是史铁生的作品。史铁生1951年生于北京,1967年毕业于清华大学附中初中;1969年知青插队去陕西延安;21岁,因腿疾回北京住进医院,从此再也没站起来。双腿残疾后,他一度时间非常消沉,后来终于感悟到生命的意义,并转向写作,以实现生命的价值。《我与地坛》中地坛的正式名称叫"方泽坛",坐落在北京老城的东北角安定门外路东,是皇帝祭祀地神的地方。近些年来,这座古园又获得新生,经过整饬,成为现代化城市里一座闹中取静的公园,是人们晨昏锻炼身体和休闲的好去处,每年春节还在园中举行大型的"庙会"。

设计意图:让学生初步阅读了解《故都的秋》《荷塘月色》《我与地坛》和《瘗旅文》四篇文章,从整体上感受文章,厘清思路,便于准确理解文章内涵及表达的差别。

预习任务:收集郁达夫、朱自清、史铁生和王阳明等人的生平资料和相关写作背景;根据收集的资料和文章内容制作一张知识卡片,或者选择自己喜欢的一篇文章,为其制作一张个性化的"人物"名片;阅读四篇文章的第一部分,分别归纳第一部分的写作内容。

设计意图:让学生初步理解四篇文章的内容及其写作背景。

任务一:组织学生展示自己预习制作的资料卡片或名片,对四位作者分别进行介绍,同时还可以介绍制作设计的意图,概括作家的性格特点、人生经历。建议每名学生发言展示的时间控制在2—3分钟。

明确:根据四篇文章内容,结合四位作家的人生经历、写作背景以及性格特点进行介绍。

《故都的秋》:诗人(忧郁),爱国主义者(哀伤)。

《荷塘月色》:民主知识分子(爱国),希望和平安宁。

《我与地坛》:作家(悲悯),残疾人(相信命运)。

《瘗旅文》:教育家、思想家(忧伤),被贬官员(同理心,恻隐)。

设计意图:让学生初步认识作家,知人论世。

任务二:史铁生由残疾颓废到感悟觉醒,经过了怎样的人生轨迹?针对这一问题,筛选信息,合作讨论,进行班级交流。

人生轨迹:颓废—逃避—静观—思考—感悟—觉醒。

具体内容:

颓废——因为残疾,担心找不到工作,情绪低落,甚至想自杀。

逃避——进入地坛,本来想找一个地方回避他人,把自己藏起来。

静观——因为地坛特殊的环境和自身的无聊,而有机会静观周围景物和他人的活动。

思考——从环境景物的变化中得到启悟而引发关于生死的思考。

感悟——从景物的变化中进行深入思考,而感悟出生命的意义的思考。

觉醒——通过母亲的奉献,感悟到母亲的爱、母亲的尊重、母亲的无奈,回想母亲临终的嘱咐;我的无情、我的痛悔、我的追思,对母亲一生的总结,使我终于对生命和苦难产生感悟以至觉醒。

《瘗旅文》:第一段,写阳明先生在龙场期间,偶然遇到此事件;第二段,出于同理心,便率二童子带着簸箕和铁锹之类将其埋葬,以免其暴骨于荒野。

任务三:地坛的景观让作者有怎样的感受?地坛和残疾的作者形成了怎样的默契?

明确:

(1)景观和感受——荒芜,但并不衰败。

荒芜——园子荒芜冷落得如同一片野地,很少被人记起。"四百多年里,它一面剥蚀了古殿檐头浮夸的琉璃,淡褪了门壁上炫耀的朱红,……到处的野草荒藤。"

并不衰败——"老柏树愈见苍幽,到处的野草荒藤也都茂盛得自在坦荡。""蜂儿如一朵小雾稳稳地停在半空;蚂蚁摇头晃脑捋着触须,猛然间想透了什么,转身疾行而去……压弯了草叶,轰然坠地,摔开万道金光。"

174

(2)园子的残破被冷落,园好像需要我,我更需要园。

"我常觉得这中间有着宿命的味道:仿佛这古园就是为了等我,而历尽沧桑在那儿等待了四百多年。"

"在满园弥漫的沉静光芒中,一个人更容易看到时间,并看见自己的身影。自从那个下午我无意中进了这园子,就再没长久地离开过它。我一下子就理解了它的意图。正如我在一篇小说中所说的:'在人口密聚的城市里,有这样一个宁静的去处,像是上天的苦心安排。'"

"两条腿残废后的最初几年,我找不到工作,找不到去路,忽然间几乎什么都找不到了,我就摇了轮椅总是到它那儿去,仅为着那儿是可以逃避一个世界的另一个世界。"

任务四:品读《我与地坛》第一部分,哪些段落描写了地坛的景物?分别写了哪些景物?各有什么特点?交流展示预习作业。

第3段:剥蚀了的琉璃、淡褪了的朱红、坍塌了的高墙、散落了的玉砌雕栏、苍幽的老柏树、野草荒藤——荒芜冷落。
一面剥蚀了古殿檐头浮夸的琉璃,淡褪了门壁上炫耀的朱红,坍圮了一段段高墙,又散落了玉砌雕栏。
明确:从这些诗化或者歌词化的语言中可看出,作者采取了和一般叙述语言不一样的文学味很浓的语言。抓住特征,几笔素描,表现地坛的衰败气息

第5段:蜂儿、蚂蚁、瓢虫、蝉蜕、露水、草木——生机勃勃。
蜂儿如一朵小雾稳稳地停在半空;蚂蚁摇头晃脑捋着触须,猛然间想透了什么,转身疾行而去;瓢虫爬得不耐烦了,累了,祈祷一回便支开翅膀,忽悠一下升空了;树干上留着一个蝉蜕,寂寞如一间空屋;露水在草叶上滚动,聚集,压弯了草叶,轰然坠地,摔开万道金光。
满园子都是草木竞相生长弄出的响动,窸窸窣窣窸窸窣窣片刻不息。
明确:作者通过细致的观察,进行非常细腻的描绘,极其生动形象,既衬托自己孤独寂寞的内心世界,又从所见的情景中有所发现——园子里充满生机

第7段:落日、雨燕、孩子的脚印、古柏、草木和泥土的气味、落叶——生命气息

任务五:比较阅读,实践运用。

将学生分成三组,分别阅读《故都的秋》《荷塘月色》和《瘗旅文》中的第1—2自然段,组织学生进行展示交流。

类别	《故都的秋》	《荷塘月色》	《瘗旅文》
景物	秋院、蓝朵、秋草、秋槐、落蕊……	荷花、月光、青雾、柳树、远山……	蜈蚣坡、雾露、崖壁、万峰、瘴疠
特点	清、静、悲凉	幽静、淡雅	凄凉、悲伤
第一层	游客与旅行地的关系	教师与学校的关系	同被贬谪的关系
第二层	性格忧郁,受家事、国事烦恼	国无宁静与家不宁静,使得"这几天心理颇不宁静"	忧思忧国,担忧与恻隐之心
第三层	愿意用三分之二的生命留住北国的秋天——悲凉清静	受用于无边的荷香月色,享受宁静	感受生命的伟大,珍惜现有的一切

(三)改过

活动一:分组交流纠过,谈谈学习后的感悟。

在学生读完四篇文章之后,组织学生认真审视《荷塘月色》的精彩片段,要求学生结合课文提出自己的理解与疑难点,并分小组在课堂上进行展示。

第一组:在认真分析《荷塘月色》后,我们认为这篇散文可分三个部分。第一部分(1—3)月夜漫步荷塘的缘由及来到荷塘的感受;第二部分(4—6)荷塘月色的恬静迷人;第三部分(7—8)荷塘月色的美景引动乡思。但从结构看,情感思绪是从不静、求静、入静到出静,自然形成一个回路。

第二组:经过探究总结,我们认为《荷塘月色》作者的情感变化过程为"心里颇不宁静"——淡淡的月光下,有淡淡的哀愁——在自然美景中,有淡淡的喜悦——发出"我什么也没有"的慨叹——惦念江南,超脱而不可得。作者在文中表现出复杂的思想感情:淡淡的哀愁,淡淡的喜悦。作者的行踪路线为出家门—去荷塘—观荷塘—回家门。这显然是出门去散心,内心非常痛苦,彷徨。

第三组:从作者描绘荷塘的美景来看,作者显然是从五个方面进行描绘的。一是描绘荷叶:"弥望的是田田的叶子",用田田写出了叶子之多;"叶子出水很高,像亭亭的舞女的裙",运用比喻手法写出荷叶的风姿,由"出水很高"联想到"亭亭的舞女的裙",写出其动态美。二是荷花:"层层的叶子中间,……又如刚出浴的美人。"运用拟人、比喻的手法。"袅娜"写出荷花的饱满盛开状,"羞涩"写荷花含苞待放。这两个词本是用来描写女子娇美姿态、羞涩神情的,现在用来写荷花,赋予物以生命力和感情,这是拟人写法。接着连用三个比喻,分别描绘了淡月辉映下荷花的晶莹剔透,绿叶衬托下荷花的忽明忽暗,以及荷花不染纤尘的美质。写出了荷花的神韵,倾注了作者的主观感情,可以激发读者的想象。三是荷香:"微风过处,送来缕缕清香,仿佛远处高楼上渺茫的歌声似的。"由嗅觉向听觉转移。"缕缕清香"与"渺茫的歌声"在许多方面有相似之处,时断时续、若有若无、轻淡缥缈、沁人心脾等,其间感觉的转移伴随想象的跳跃。"清香"与"歌声"同属美好的事物,把"清香"比喻成远处的"歌声",烘托出几分幽雅和宁静来。四是荷波:"叶子与花也有一丝的颤动,……这便宛然有了一道凝碧的波痕。"运用拟人的手法,写出微风过处叶花颤动的情状,既有视觉形象,叶子"有一丝的颤动"化为"一道凝碧的波痕";又有听觉形象,风吹花叶颤动的声音。动静结合,形象地传达出荷塘富有生气的风姿,创造出了清幽恬静的氛围。五是荷韵:"叶子底下是脉脉的流水,遮住了,不能见一些颜色;而叶子却更见风致了。"作者把所见与想象结合,"脉脉"本指默默地用眼神或行动来表情传意,这里用来写流水,塘水在茂密的荷叶下是看不到的,作者却由叶子的"风韵"想象到那叶子下的水"脉脉"有情,真正做到了言有尽而意无穷。

第四组:我们认为,月色本是难状之景,作者用了"泻""浮""洗""画"等传神的动词,描绘出了可感的月光形象特点。泻——既照应了以流水喻月光,又写出了月辉照耀,一泻无余的景象,使月光有了动感。浮——写深夜水汽由下而上轻轻升腾,慢慢扩散、弥漫,以动景写静景,描绘雾的轻飘状态。洗——写"叶子和花"在月光映照下一种奶白色而又鲜艳欲滴的状态。画——有"人为"动作含于其中,仿佛有无形的手在展纸描绘"倩影",写出了投在荷叶上的月影之真、之美。所以,我们总结得出,本段着意写月色,但又处处不忘荷塘,用几个传神的动词,从不同角度写出淡月辉映下荷塘里雾光叶色、水气交相杂糅而形成的朦胧景象,使难状之景如在眼前。

(四)责善

《荷塘月色》是一篇以写景为主的抒情散文。写于1927年7月,那时作者在清华大学教书,住在清华园。文章里描写的荷塘就在清华园。这篇文章,为我们描绘了一幅清淡素雅、超凡脱俗的月下荷塘图。教材中要求欣赏文章的意境美,因此我在设计教学时,主要从意境这方面引导学生学习欣赏。

我的做法是阅读:范读、伴读、分段读,要读出感情,读懂,读透。

首先,让学生体会荷塘之美、月色之美,以及在描写荷塘月色时所用的语言之美,并探究语言刻画的手法。其次,让学生领悟一切景语皆情语,探索朱自清先生在文章中蕴藏的情感,紧扣开头的第一句(文眼)"这几天心里颇不平静"对全文进行思想感情上的分析,因此我安排了两课时。

第一课时重点鉴赏文章的语言,欣赏美丽的荷塘月色。

第二课时从景入情,对其情感和所表达的思想进行分析,感受文章的意境美。

上完这节课后,我感觉最满意的有两点:一是点评这一环节,学生的点评非常到位,有些学生的点评甚至可代替教师的讲析。例如有一名学生说:文中第四段对荷塘的描写中,"曲曲折折"写出了荷塘形状的不规则也写出了荷塘回环曲折的美感,而田田则写出了荷叶之多,亭亭写出了荷叶之高、荷叶的动感、荷叶的美,叠加了袅娜、节奏、羞涩,用拟人的手法写出了荷叶娇羞之态,像少女一般的美。而写流水则用脉脉一词来描述,把水写活了,写出了人的感情。

二是学生画的导图很好。学生把作者的思想情感变成思维导图,非常难得。学生展示时阐述的观点非常到位。还有一个学生对文中叠词进行改写,对比改写之后与之前,学生学会了从语音、节奏的角度来鉴赏诗词、散文。

我注重学生的自主探究,自发生成,尽量避免出现意想不到的事情,学生在学习过程中也提高了自己的欣赏能力。

当然,课堂还是存在不足之处。

一是在引导学生过程中,只注重了自己的预设,而忽略了在此中的引导。以至于一味地把学生往自己设定好的路子上引,却引不过来,学生不明白我在想什么,也不知道该如何回答。因此,我感觉到在预设与生成中,我的引导作用不可忽略。

二是上课时语速太快,提问时没有注意语言轻重缓急,让学生难以抓住问题的要点。课堂上学生反应较慢,无法达到预设效果。学生无法从我的语言中体味到文章舒缓朦胧的意境美。

现代小说的艺术魅力有很大一部分来源于其对环境与人物形象的塑造。教师可以采取"四规"教学策略,结合教材,立足小说主要人物形象进行群文教学,使学生感受现代小说的魅力。例如,历史教师可以以小说人物为中心,引导学生分析相关历史背景。语文教师可以组织学生阅读和品味教材中的小说,立足小说主要人物形象进行综合分析,如小说中的自然环境和社会环境等特点,以及小说的主题思想等。

案例：

《祝福》和《林教头风雪山神庙》教学课例

一、教材分析

《祝福》和《林教头风雪山神庙》都是小说。其中，《祝福》选自鲁迅《彷徨》，出自人教版高中语文必修3。小说讲述鲁迅年轻时曲折的生活经历及思想发展过程，体现鲁迅文学报国之梦，唤醒那些愚昧麻木的民众，慰藉在寂寞里奔驰的革命者。而《林教头风雪山神庙》选自人教版高中语文必修5。《水浒传》是我国文学史上第一部以农民起义为题材的优秀长篇小说。这部书艺术地再现了梁山泊农民起义的产生、发展、经过直至失败的过程，歌颂以宋江为首的起义英雄的反抗斗争精神，揭露北宋王朝政治的黑暗腐败。小说中的人物性格是由多方面因素造成的，有先天遗传的因素，也有后天促成的因素。我想大家都知道"孟母三迁"的故事吧，今天学习《祝福》和《林教头风雪山神庙》来见证这一说法吧。

二、学情分析

学生曾经学习过小说，针对《祝福》和《林教头风雪山神庙》两篇小说中小人物的分析和理解没有多大问题，但对鲁迅的《祝福》的理解可能有些困难，原因是《祝福》里面祥林嫂的形象很难把握。所以，教师只有组织学生联读之后才能组织学生交流讨论，主要是为了让学生掌握小说的写作特点。

三、教学实录

（一）立志

教学目标：

1.学习小说的语言、行动、心理描写表现人物性格的写法。

2.准确掌握祥林嫂悲剧性格变化。

3.理解林冲思想的发展变化，认识封建社会"官逼民反"的本质，体会被压迫者走上反抗道路的必然性。

教学重点：反复诵读《祝福》和《林教头风雪山神庙》，理解人物形象。

教学难点：

1.了解《祝福》和《林教头风雪山神庙》人物形象及性格发展。

2.了解封建社会"官逼民反"的本质。

教学方法：阅读法、探究合作法。

（二）勤学

教师导入：同学们！今天我们一起来欣赏《祝福》和《林教头风雪山神庙》两

篇小说。其中,《祝福》写于1924年2月,是小说集《彷徨》中的一篇,成功塑造了一个中国封建社会妇女祥林嫂的形象。她的悲惨遭遇,反映了辛亥革命以后中国的社会矛盾,深刻地揭露了地主阶级对劳动妇女的摧残与迫害,以及封建礼教吃人的本质。而《林教头风雪山神庙》让人认识到封建社会"官逼民反"的本质,体会到被压迫者走上反抗道路的必然性。

设计意图:让学生初步阅读了解《祝福》和《林教头风雪山神庙》两篇小说,从整体感知小说人物形象以及环境对人物思想发展的影响。

预习任务:

1.厘清《祝福》和《林教头风雪山神庙》中诸多人物与祥林嫂和林冲的关系;找出《林教头风雪山神庙》中关于"雪"的描写片段。

2.课前阅读《祝福》和《林教头风雪山神庙》,准确梳理小说的故事情节。

3.根据课文内容,编制两篇小说人物形象及社会环境异同的卡片,在课堂上进行交流分享。

设计意图:让学生初步熟悉两篇小说的内容及社会背景。

任务一:小说结构归纳。

结构	《祝福》	《林教头风雪山神庙》
引子	鲁镇年终祝福景象	林教头沧州遇旧知
开端	祥林嫂初到鲁镇做工	陆虞候密谋害林冲
发展	祥林嫂被强行改嫁给贺老六	林教头接管草料场
高潮	祥林嫂第二次到鲁镇做工	风雪夜山神庙复仇
结局	祥林嫂在鲁镇人的祝福声中凄然死去	破庙借宿—偶听真情—报仇雪恨

任务二:准确理解环境对人物的作用。

条目	《祝福》	《林教头风雪山神庙》
第一处	环境描写内容:鲁镇年终祝福景象。 作用:渲染封建沉闷气氛,预示了祥林嫂悲剧的必然性	环境描写内容:正是严冬天气,彤云密布,朔风渐起,却早纷纷扬扬卷下一天大雪来。 作用:这"纷纷扬扬"的大雪体现草房子岌岌可危,给林冲带来困境与麻烦,为后面故事做好铺垫

续表

条目	《祝福》	《林教头风雪山神庙》
第二处	环境描写内容:鲁镇富有特色的封建迷信活动。 作用:推动了情节的发展,增加了人物形象的真实感与感染力	环境描写内容:雪地里踏着碎琼乱玉,迤逦背着北风而行。那雪正下得紧。林教头接管草料场,看那雪,到晚上越下得紧了。 作用:恶劣的天气,给林冲到店里面吃酒创造了条件,到晚上雪依然下得紧,这给林冲造成心理压力,他担心草房被大雪压垮,房果然被大雪压垮,只好到庙里投宿
第三处	环境描写内容:祥林嫂第二次到鲁镇。 作用:对旧社会杀人本质的揭露,同时在布局上也起到了首尾呼应的作用,使小说结构更臻完善	环境描写内容:林冲踏着那瑞雪,迎着北风,飞也似的奔到草料场门口。 作用:雪喻示着林冲所处的环境一步步趋于恶化,从发配到被追杀再到被纵火,他的命运之"雪"越来越紧。雪,暗示这是一场有着阴谋与命运的结果
总结	祥林嫂在鲁镇人的祝福声中凄然死去。封建势力通过祝福杀害了祥林嫂。 作用:把"杀人的愚顽欢呼"和"悲惨软弱者"的不幸,鲜明地摆到读者的面前,形成强烈的对比,增强了祥林嫂遭遇的悲剧性	"雪"构成了林冲生存的客观环境,他的反抗意识在高太尉和陆谦等人构成的"漫天大雪"前微弱至极,但是在古庙里听到了他们的卑劣阴谋后,林冲才如梦初醒,最终杀死仇人
评语	按照王阳明的理论,人心是天、渊。心之本体,无所不该,原是一个天。只为私欲障碍,则天之本体失了。心之理无穷尽,原是一个渊,只为私欲窒塞,则渊之本体失了。如今念念致良知,将此障碍窒塞一齐去尽,则本体已复,便是天、渊了	

任务三:准确理人物形象。

林冲:作为八十万禁军教头,安分守己,忍辱求全,也被逼得走投无路,愤然而起。性格的转变,关键在于一个"逼"字,"官逼民反""逼上梁山"。林冲的遭遇完全是由封建统治阶级的凶残、卑劣、阴险、狠毒造成的。林冲由逆来顺受、委曲求全，走向反抗道路，体现了中心思想——"官逼民反"。

祥林嫂：生活在旧中国的一个被践踏、被愚弄、被迫害、被鄙视的，勤劳、善良的劳动妇女的典型形象。

(三)改过

任务：分组交流纠过，谈谈学习后的感悟。

第一组：经过研讨，我们认为关于祥林嫂的三处肖像描写的用意是不同的。第一处，初到鲁镇。"头上扎着白头绳，乌裙，蓝夹袄，月白背心，年轻大约二十六七，脸色青黄，但两颊还是红的。……模样还周正，手脚都壮大，又只是顺着眼。""她反满足，口角边渐渐的有了笑影，脸上也白胖了。"这表明祥林嫂精神状况良好，能独立生活，对生活有希望，勤劳能干。第二处，再到鲁镇。"仍然头上扎着白头绳，乌裙，蓝夹袄，月白背心，脸色青黄，只是两颊上已经消失了血色，顺着眼，眼角上带些泪痕，眼光也没有先前那样精神了。"这说明精神上受打击，心情没有以前好了，但还是对生活充满希望。第三处，死前与作者相遇。"五年前的花白的头发，即今已经全白，全不像四十上下的人；脸上瘦削不堪，黄中带黑，而且消尽了先前悲哀的神色，仿佛是木刻似的；只有那眼珠间或一轮，还可以表示她是一个活物。她一手提着竹篮，内中一个破碗，空的；一手拄着一支比她更长的竹竿，下端开了裂：她分明已经纯乎是一个乞丐了。"这说明她完全失去精神支柱，精神压力大，内心痛苦而无助，看不到希望与未来。

第二组：初到鲁镇时祥林嫂勤劳、朴实、善良、温顺，要求极低，易于满足。但再到鲁镇时，她两颊和眼睛发生了变化，这说明她精神上受到刺激，极度悲伤。第三次则看到她遭遇悲惨，乞讨无路，隐于绝境，内心受到摧残，精神麻木，已是濒于死亡。作者用白描手法，在对比中揭露人物的境遇、内心的痛苦和悲哀。三次描写完整表现了祥林嫂悲惨的命运。

第三组：鲁镇人对祥林嫂的态度以及他们自己的生活状态也是一种环境。这种环境同样也显示了祥林嫂悲剧的社会性。这些人是怎样把祥林嫂往绝路上逼的呢？我们可以鲁四老爷为例进行总结。鲁四老爷两次对祥林嫂的态度是"皱眉"，讨厌她是寡妇。祥林嫂被抢走时，他用两次"可恶"和"然而"来概括。第一次"可恶"是婆婆抢的举动，给自己带来了麻烦。第一次"然而"是祥林嫂私自逃出，礼教不容，婆婆做主，理所当然。第二次"可恶"是针对卫老婆子，先荐祥林嫂后又合伙劫她，闹得沸反盈天，有损鲁家的体面。第二次"然而"是找到像祥林嫂这样比男人还勤快的劳动力是不容易的。从中可以看出他自私伪善、冷酷无情,对祥林嫂的迫害大都是他的授意或默许的,是他通过"祝福"阻断了祥林嫂的生路,把她逼向死路。他也是导致祥林嫂惨死的人物之一。

第四组:我组经过讨论,认为导致祥林嫂死去的还有婆婆柳妈和鲁镇的人们。婆婆强迫祥林嫂改嫁,说明旧社会劳动妇女没有人身自由,丈夫死了还得受制于婆婆。绳子一捆,塞在花轿里"卖了"。实际上是封建思想在支持她的婆婆,祥林嫂的反抗是不应该的,然改嫁又偏偏是祥林嫂最大的罪名。可见在这个巨大的矛盾中,我们根本看不到祥林嫂的活路。

设计意图:让学生通过交流,指出祥林嫂悲剧的原因、作者塑造此人物的目的,并在此基础上进行纠正,找到问题的关键所在。

(四)责善

说实话,这篇课文我已经讲过四回了,但每一次教学效果都不同,学生的反应也不同。为了上好这节课,我改变了原来的教学思路,重新进行了教学设计,并且仔细研读了专家学者对《祝福》的教学研究著作,把新华书店有关的书目都翻了个遍。

经过广泛学习和深入思考,在充分吸收借鉴成功经验后,我意识到传统教学认为祥林嫂的悲剧仅仅是封建礼教造成的说法值得商榷:祥林嫂的丈夫如果不病死,儿子阿毛如果不被狼叼走,她都有活下来的可能。自然的力量无法抗拒,老天都不让她活,这是多么的悲惨!大量阅读同类题材的悲剧后,我又关注到这样一个问题:在漫长的封建社会里,封建礼教禁锢着每一个女性,而普天之下,子死夫亡,被婆家所卖所典的又何止祥林嫂一个?可是为什么有的能坚韧地活着,有的却如祥林嫂般死去?这又让我意识到自身的性格、心理和能力也是造成她们命运差异的一个不可回避的因素。这样我就成功地颠覆了传统教材的解读,创造性地解读了祥林嫂悲剧的内外成因。

我想,一个优秀的语文教师必须以丰富的文化底蕴支撑起自己的人性,必须以高超的教育智慧支撑起自己的灵性,必须以宏阔的视野支撑起自己的生活,必须以远大的职业理想支撑起自己的特性。而这一切大多来自读书学习,来自对前人成果的审视,来自对文本的潜心钻研,来自自己的思考。我这样去做了,尽管过程是痛苦的,但收获的幸福是无与伦比的。

从授课过程来看,学生并不能理解祥林嫂生活的那个时代及那个时代的人,不了解为什么祥林嫂的再嫁会有那么大的悲剧,会遭到那么多人的歧视。因此授课过程中总是出现一些不和谐的因素,面对祥林嫂的悲惨遭遇,有的学生居然笑了,面对祥林嫂反复说阿毛的故事,有的学生更是无法理解。祥林嫂在学生的眼中是个不值得同情的人。面对学生的笑声,我无言以对,这不能不说是一种悲哀。面对我的提问,学生竟然不知如何回答,我想,我的课是不成功的,因为我没办法让学生入境。如何教好经典,是摆在我们语文教师面前的难题。那个时代、那些人、那些事,对学生而言是陌生的,我们如何能在有限的时间内让学生明白,把学生深深地带进去,再浅浅地走出来,是所有语文教师都要思考的问题。

设计意图:让学生学习《祝福》和《林教头风雪山神庙》,了解两篇不同时代的小说,得出环境对人物性格的变化有决定性影响的结论。

八、感受课本剧的魅力

课本剧一般是带有戏剧性特色的综合性的舞台艺术,课本是课本剧的基础,是其舞台演出的依据。学校大力倡导课本剧进课堂,提倡以课本剧为载体,提高教学质量。要想把课本内容改编为课本剧,首先要懂得课本和剧本的特点,然后才能根据其特点编出符合要求的课本剧。教师在教学过程中,可以选取一些历史人物的故事,结合课本与相关拓展内容编写课本剧,让学生通过表演展示教学内容,还可以让学生来编写他们自己的课本剧。例如,选取王阳明的经典文章,有针对性地编写课本剧,组织学生进行表演,从而达到渗透与宣传阳明文化、学习阳明文化的目的。

案例1:

《南赣乡约》课本剧历史教学课例

一、教学背景

《南赣乡约》是王阳明被任命为南赣汀漳等处巡抚时所作的作品。正德十二年(1517),新任南赣巡抚王阳明来到了赣州。明朝的南赣巡抚专职负责整顿赣闽粤湘四省交界地带的社会秩序。对当地社会秩序构成最大威胁的是盗贼横行。当时百姓无力承担日趋繁重的赋税徭役,大批邻近地区的编户民众逃亡到赣闽粤湘四省交界地带,他们涌入官府控制较为薄弱的山区谋生,或耕地,或开矿,或种植蓝靛、甘蔗等经济作物。为了争夺经济利益,移民之间、移民与原住民之间时有冲突。移民的开发行为向来被官府视为非法的"盗垦""盗耕",因此移民与官府的对抗在当地也颇为严重,其中作乱者就是官府所称的"流寇""流贼"。王阳明剿灭了南安的三巢贼后仍然未能解决这问题。

在得知当地民众的一些陋习无法改变,且这些陋习严重影响当地百姓生活和社会治安之后,王阳明感叹道:"破山中贼易,破心中贼难。"王阳明十分重视社会教育,为了教化当地百姓重善去恶,他颁布了十家牌法等一系列规章,目的是教化百姓、改革风俗、增进道德。明正德十三年(1518),又颁布了《南赣乡约》,开篇即提出了对入约民众的希望:"自今凡尔同约之民,皆宜孝尔父母,敬尔兄长,教训尔子孙,和顺尔乡里,死丧相助,患难相恤,善相劝勉,恶相告戒,息讼罢争,讲信修睦,务为良善之民,共成仁厚之俗。"

目前,《南赣乡约》被选编入修文县第一中学校本教材,旨在让学生们通过此篇文章,自律自强,向上向善,提升自己约束自己、自己管理自己的能力。

二、《南赣乡约》主旨

第一,王阳明肯定了社会教化的重要性和必要性,认为人的善恶是教育造成的,寇盗是由于官吏的教育无方及长辈的训诲、朋友的奖劝失所致。

第二,确定了社会教育的目标是培养善良的人和养成仁厚的乡风民俗,"今凡尔同约之民,皆宜孝尔父母,敬尔兄长,教训尔子孙,和顺尔乡里"。

第三,规定了社会教育的内容是在家遵孝悌之义,在乡里相助相恤、劝善戒恶、讲信修睦、息讼罢争等。

第四,指出了社会教育的办法应依靠群众的批评和检讨,因为人虽至愚,责人则明;虽有聪明,责己则昏。他认为使民众互相监督、集体表扬、检讨是改造民众的道德人格的有效方法。

三、教学目标

(1)组织学生阅读《南赣乡约》,让学生认识到"蓬生麻中,不扶而直;白沙在泥,不染而黑"的道理,揭示环境对人的影响。

(2)让学生认识到,在充满复杂陋习的环境下,要保持一颗廉洁、善良、守法的心灵,这才是正确的处世之道。如果"无道",轻则危害乡里,重则危害国家利益。

(3)让学生懂得王阳明的教育思想与治乡方略,就学校而言,旨在教化学生自立自强,向上向善,树立良好品质,对整肃校风、班风,净化校园亦具有积极作用。

(4)通过《南赣乡约》展演,增强学生自我监控、自我指导、自我管理、自我约束的能力,将班级的教化功能内化成自觉行为和习惯。

四、教学意义

通过《南赣乡约》课本剧教学,让学生认识到环境对人的重要影响;应时时保持一颗廉洁、良善、守法的心灵;自觉维护班风、校风。学校德育主任或班主任老师可利用《南赣乡约》,减轻德育处或班主任的工作压力。因为《南赣乡约》中的许多理论与方法都可以增强学生自我监控、自我指导、自我管理,自我约束的能力,让学生自律自强,向上向善,在铸就良知心理品质的同时,努力做一个知行合一时代新人。

五、剧本节选

《责善堂》

人物

会长:有德性,负责任,进行善恶纠错。

副会长:进行善恶纠正。

体育部部长:判断正误,负责找善恶之人进行表彰和纠错。

文艺部部长:通情达理,明察事务,负责记录。

卫生部部长:管事后勤,记录人名及所做的事情。

故事梗概

学生会考德大班会分四项进行。

第一项:考德大班会开始前在多功能报告厅准备物品。

第二项:大班会开始后进行宣誓,由会长宣读完通知后,会长及成员一起宣誓。

第三项:彰善,表扬行善突出的人。

第四项:改过,批评行为有过失的人。

第一幕

时间:2021年考德大班会前一天下午。

地点:多功能报告厅。

(在考德大班会上,大家忙碌纷纷。卫生部部长带领各成员将报告厅打扫干净,并摆上各种用具,在南边添设告示牌及王阳明像。忙完后,会长紧紧捏着待发布的文件,挺直了身躯,在大班会的讲桌前站立。)

会长:有句俗话说,蓬草在麻田里,不用扶持,自然而直;白色细沙混在黑土中,不用染色也会变黑。为了在学校快乐地生活,大家必须遵守校规,共同维护美丽而又和谐的校园。

(会长列了十六条校规,并带领大家共同宣誓。)

会长:(右手握拳宣誓)从今起,我们共同订校规,就应该自觉遵守。我是修文一中人,我深深地爱着修文一中的一切,我立志为中华民族伟大复兴而读书,我深知父母艰辛,老师不易;我牢记善心善行,文明有礼;我做到向上向善,自强自律,我坚持说到做到,知行合一,每天做最好的自己。

众人:(右手握拳宣誓)我是修文一中人,我深深地爱着修文一中的一切,我立志为中华民族伟大复兴而读书,我深知父母艰辛,老师不易;我牢记善心善行,文明有礼;我做到向上向善,自强自律,我坚持说到做到,知行合一,每天做最好的自己。

会长:(坚定而大声)既订校约,必行遵守。

众人:(肯定语气)是的!

第二幕

(组织部部长将"彰善牌"搬到席位旁边,面向北方,把笔墨与彰善册放在席位南边。众人起身)

(文艺部部长站到"彰善牌"旁边,宣布好人好事的例子。)

文艺部部长:(大声)张某(需要根据演员的名字来定)他拾金不昧,在学校操场边的草地上捡到了王某的生活费,并还给了王某;李某爱护环境,不乱扔垃圾,并且把地上的垃圾都捡起来扔进了垃圾桶。请把这些事情记在彰善册中,成员们应以此互相勉励。

体育部部长:怎样呀?

众人:文艺部部长举例都很恰当。

(体育部部长将张某、李某请了出来,站在彰善位旁边。)

文艺部部长:我只知道这些,还有没有人知道其他人的善行呢?

张某:赵某在走廊上帮助扶起了跌倒的同学。

(体育部部长将赵某请出。)

文艺部部长:还有吗?

众人:就是这些了。

(会长、副会长、体育部部长站出来,到表彰处;文艺部部长登记完放下册子;礼仪部部长走出来,为张某等人颁发奖状。)

会长(举杯大声):张某(需要根据演员的名字来定)他拾金不昧,在学校操场边的草地上捡到了王某的生活费,并还给了王某;李某爱护环境,不乱扔垃圾,并且把地上的垃圾都捡起来扔进了垃圾桶;赵某在走廊上帮助扶起了跌倒的同学。我们都应向他们学习,这样坚持下去,学校的风气将会变得更好。

第三幕

(组织部部长将"纠过牌"立在台阶下,朝北放好笔、砚,摆好纠过册。众人皆起,礼仪部部长列出纠错事例。)

(文艺部部长来到"纠过牌"旁,挺直身躯。)

文艺部部长(拿出本子,庄严):听说黄某无故顶撞老师,给我们班级造成了不良的影响。

体育部部长(茫然):到底怎么样啊?

众人:文艺部部长说的话是有依据的。

文艺部部长:我所到的就这些,请大家说说还有什么。(众人有所闻就补充,没听过的就算了)

众人:就是文艺部部长听到的那些了。

(会长、副会长、体育部部长来到"纠过牌"处,分东、西站立,文艺部部长将这些事情一一记录好。)

会长(体谅,庄严):虽然你犯了些错,但暂且不进行处罚,只希望你尽快改正。

黄某(真挚,歉意):我哪敢不认错呢?有错定改之!(自罚三杯茶)

(众人回到原来的位置站立,会长再一次带领大家宣誓。)

会长(举起右拳):我是修文一中人,我深深地爱着修文一中的一切,我立志为中华民族伟大复兴而读书,我深知父母艰辛,老师不易;我牢记善心善行,文明有礼;我做到向上向善,自强自律,我坚持说到做到,知行合一,每天做最好的自己。

众人:我是修文一中人,我深深地爱着修文一中的一切,我立志为中华民族伟大复兴而读书,我深知父母艰辛,老师不易;我牢记善心善行,文明有礼;我做到向上向善,自强自律,我坚持说到做到,知行合一,每天做最好的自己。

(宣誓完毕,各自按队伍离场。)

《察举堂》
第一幕

时间:2021年11月X日星期一晚自习。

地点:高二(1)班教室。

(各小组成员提前准备好工具,组长组织成员进入教室回到座位后,起身整理衣物,拿出发言稿,准备开始讲话。同时,记录员拿出示意牌)

副组长:人非圣贤,孰能无过,作为修文县一中学生,岂能不改过?阳明先生说,龙场诸生须立志勤学,改过责善,而今天,我们组将针对上一周的表现举行察举堂组会,相信通过这次组会,每个组员能认识自己的不足,肯定自己的善举,对有过者进行纠察,对行善者进行表彰,并制定出我们的组规。

旁白:组长上台,宣读组规。

组长:(1)平时互帮互助,责任共同承担,不埋怨,相互体谅。(2)小组间不得有矛盾,要团结一致。(3)善于接受其他成员的意见,态度端正、谦虚。(4)提出意见和建议之后求同存异。(5)组规的修改需经过大家投票决定。

众人(举起右手宣誓):我是修文一中人,我深深地爱着修文一中的一切,我立志为中华民族伟大复兴而读书,我深知父母艰辛,老师不易;我牢记善心善行,文明有礼;我做到向上向善,自强自律,我坚持说到做到,知行合一,每天做最好的自己。

组长(面向众人):凡立约之人,务必遵守约定。

第二幕

组长:众人请举善。(焦某站在彰善位旁。)

于某:三人行必有我师焉,择其善者而从之。各位可有推荐之人?(看向众人)

杨某:周某见孙某因踢足球膝盖受伤,主动背孙某去医务室。周某助人为乐,应当表彰!

焦某(看周某,又看孙某):同学,可有此事?

孙某:确有此事,当日踢球时不慎跌倒,膝盖受伤,多亏周某相助。

焦某:周某的品格让我们钦佩,有才还有德!让我们一起为他鼓掌!好,还有谁?

张某:李某捡到钱包交给学校德育处,为我们班增添荣誉。

焦某:请李某。

李某:当时我闲游于操场,拾了钱包,其中有现金若干,想必是某人的生活费,良心告诉我,应当交于德育处。

于某:(清了清嗓子):以上同学都是我们学习的榜样,让我们一起为他们鼓鼓掌,并且我们要立志成为和他们一样的人!

第三幕

组长:可有检举揭发者?

陈某:有!(声音铿锵有力),上个星期,刘某因为一些鸡毛蒜皮的小事,与同学黄某发生口角,争执破口大骂,并将黄某打伤,事情恶劣,特此检举揭发!

焦某:请刘某!

刘某(神色慌张地起身):我没有做过此等事。

焦某:此时你认错还有挽回的余地,不要因为害怕觉得羞愧,不敢承认,若你做下此事,便勇于承担,如若不是,则再次和陈某、黄某进行交谈!

刘某:(低头沉默片刻后,弱弱地说)是,是我做的。

焦某:(神色语气愤怒)你可知错?

刘某:当日,过于冲动,现已知错。

于某(激昂的):阳明先生说过,"夫过者,自大贤所不免,然不害其卒为大贤者,为其能改也"。念你是初次犯错,且尚有悔过之心,这次便不给予你惩罚,但要向他人道歉,下次也不可再犯!

刘某:定当铭记!

焦某:可还有检举揭发者?(环顾四周)

张某:王某、冯某乱扔垃圾,让我们班被扣分了!

焦某(气愤地看向王某、冯某):可有此事?

记录员:确有此事,同学们多次向我反映。

王某、冯某(低下头,略显惭愧地说道):我们知错了!

于某:下次不可再犯了,再犯如刘某一样当众指出并向众人致歉。

王某、冯某:是!

旁白:每个人都有过错,错了能改的人方为善者,而对不知悔改者,应当予以惩罚,本次纠过环节共纠错三人,三人也进行了相应的反思,望大家以后多行善举,文明有礼!

于某:今晚的组会圆满结束,被责善的同学不必气馁,应当进取向上,让我们一起努力!

众人(齐称):善!

旁白:温馨的组会就这样结束了,下星期的组会也一定会有更多的好人好事,让我们期待下期!

案例2:

学生改编课本剧范例——《桃花源记》

第一场

画外音:武陵人,捕鱼为业,缘溪行,忘路之远近。(渔夫划着船出现)忽然遇到一片桃花林,桃树夹着溪流两岸,长达几百米,中间没有别的树,地上香草鲜艳美丽,坠落的花瓣繁多交杂。渔夫惊异于这种美景。再往前走,想走完那片桃林。(桃花林在一旁随着渔夫的走动而移动。突然,桃花林停止移动,山出现在渔夫面前。渔夫穿过山到达桃花源。)

渔夫:(看着房屋)原来这个世界上还有这样的人间仙境。这显然跟王阳明在龙场悟道的地方差不多嘛。(里面的人在耕作。)

老人:先生,请问你是谁呀?

渔夫:我?(指着自己)我是个打鱼的。

老人:原来你是从外面的世界来的。我还以为你是王阳明呢?

渔夫:什么意思?

老人:我们这从来就没有来过生人,更没有见过王阳明呢。

渔夫:老人家,我看你们穿的衣服怎么都怪怪的。(看着其他人。)

妇人:我们看你的衣服也觉得很奇怪。

老人:实不相瞒,我们已经在这个地方住了很久了,都不知道外面是什么样的。

渔夫:很久?

老人:这话说起来可就长了。

渔夫:老人家,你们到底是什么人啊?(疑惑)

妇人:父亲,我看您也累了,干脆先回家休息吧。(扶着老人。)

老人:也好。(对渔夫说)先生要是不嫌弃就到我家去坐坐吧。

渔夫:那就打扰了。

第二场

甲:(放下手中的活)听说张家来了个什么外面的人,我们过去看看怎么样?

乙:那还等什么,赶紧走。(说着就去村长家。)

妇人:我们家也没什么好东西可以招待你,可别见怪。

渔夫:(拿起一碗酒)这是哪里的话?

妇人:父亲,您和先生聊一会儿,我再去准备点酒菜。(老人和渔夫点点头。)

渔夫:老人家,我看你们的穿着打扮,不会是秦朝的吧?

老人:先生真是好眼力。

渔夫:你们怎么会生活在这个世外桃源呢?(看一下外面的人。)

老人:(摇摇头)我也不清楚,听上一辈人说是祖先为了躲避秦朝时候的祸乱才来到这儿的。

渔夫:后来就一直在这里生活?

老人:是啊,都好长时间了。

渔夫:难道你们就没有想过要离开吗?

妇人:(拿着酒菜出来)离开?(笑了笑)我们在这里生活得好好的,为什么要离开?(看着围在门前的其他人。)

渔夫:唉,不离开也好啊。

妇人:这话怎么说?(老人拿起一碗酒。)

渔夫:外面的世界实在太美丽了。

妇人:(转过头看见老人在喝酒)村长。

老人:呵呵,我就喝一点点。(接着喝)

妇人:不行,您的身体不太好,怎么能喝酒?(抢过碗)

老人:罢了,不喝就不喝吧。

(渔夫呆呆地看着村长。)

老人:那秦朝怎么样了?

渔夫:(发呆)啊?秦朝?那是什么时候的事喽,现在已经是新中国了,好着啦!

老人:这么说秦朝是毁灭了。(摇头)

妇人:村长,当初我们的祖先之所以会来到这里就是因为战乱,秦朝毁灭是注定的。

老人:想当初秦朝是何等强大,没想到……

渔夫:老人家,难道你们都不知道秦朝已经毁灭几千年了?

老人:什么,已经几千年了?(惊讶)

渔夫:是啊。

渔夫:唉,那你们肯定也不知道后面的朝代了。

妇人:没想到,外面的世界变化那么快。

老人:还是我们这里好,至少没有战乱。

(孩子跑到村长身边。)

渔夫:你们就准备一直在这个地方生活吗?实际上现在外面的世界好得很,县县通高速,村村通过公路,一派祥和,哪还有什么战争?

孩子:那好啊!能不能带我们出去走一走,看一看啦!

妇人:看什么啊!小孩子不要插话。

老人:刚才你提到王阳明是谁呀?

渔夫:就是明代教育家、哲学家、军事家王阳明啊,他曾经在朝廷做官被贬,还被打四十大板后,贬到贵州修文龙场呢。

妇人:他一个人到龙场之后呢?

渔夫:唉!真是了不得啊!王阳明到龙场之后,就开始兴办龙冈书院教育学生,让学生从小立志、勤学、改过、责善呢!

孩子:那很好啊,先生你看,我们这山好水好,你可以请王阳明到这里来教我们啊!

渔夫:孩子们啊!实在对不起,王阳明是明代的,离现在已经500多年喽!

孩子:那怎么办啊?

渔夫:现在都是义务教育啦!但是,你们如果不出去恐怕不能享受这样的待遇啊!(遗憾)

村长:既然是这样,我们就不说了,先生!(拿起碗)来者是客,我敬你一碗。

妇人:父亲,都说你不能喝酒了。

村长:我就陪先生喝一点,不碍事的。

第三场

画外音:余人各复延至其家,皆出酒食,停数日辞去。

老人:先生,你这就要离开了。(其他人围在旁边。)

渔夫:我家中还有事,这几天打扰各位了。

妇人:先生何必那么客气?

孩子:就是啊,有朋自远方来,不亦乐乎?(摇头晃脑)

渔夫:这小孩《论语》学得不错啊!

老人:听到先生夸你怎么说啊?

孩子:谢谢先生夸奖。(低头弯腰)

老人:(满意地点点头)老朽有个请求希望先生能够答应。

渔夫:老人家请说!

老人:希望先生离开后不要告诉别人有这么一个地方。

渔夫:这又是为何?

老人:我们这里不值得让其他人知道。

渔夫:难道你们都不想知道外面的世界是怎样的?

甲:我们只想过平静的日子。

乙:希望先生成全。

渔夫:那好吧,我答应你们,只不过我还是希望你们出去走一走,看一看,现在的中国真的很好,人民富裕,社会稳定。有高楼大厦、小汽车、飞机、高铁,方便得很呢。

老人:好的,到时候再说吧。

画外音:渔人出来后,找到了他的船,就沿着旧路回去,一路上处处做了标记。回去后,便向政府报告了这些情况。

工作人员:报告,外面有个渔夫说他发现了一个世外桃源。

长官:什么?(惊讶)带他进来。

渔夫:长官好。

长官:听说你发现了什么世外桃源?是真是假?

渔夫:千真万确。

长官:那好,我这就跟你去看看(带上一些人)。

渔夫:长官,就在前面,马上就到了(来到自己的船前)。

长官:(来到船边)就是这?

渔夫:(到处找记号)我明明做了记号怎么都不见了。

长官:你竟然敢骗人。

渔夫:长官,我没有骗人啊。

长官:来人啊,把他带回去候审。

工作人员:是(带着渔夫离开)。

画外音:之后,有个叫刘子骥的人听说这件事后就高高兴兴地计划前往。可是这个计划并没有实现,不久他就病死了。后来就再也没有探访的人了。

参考文献

[1]张帆.中国古代简史[M].北京:北京大学出版社,2001.

[2]罗华勇.教师成长之路——高中语文生态有效课堂教学研究与反思[M].成都:西南交通大学出版社,2017.

[3]京城说书匠.王阳明传:心学大师修炼记[M].北京:中国法制出版社,2015.

[4]本书编写组.阳明文化的当代价值[M].北京:人民出版社,2019.

[5]杨德俊.王学之源[M].贵阳:贵州大学出版社,2016.

[6]汪建初.吾心光明[M].贵阳:贵州人民出版社,2015.